中华优秀传统文化概论

主　编　苏全有
副主编　王涛锴

河南人民出版社

图书在版编目(CIP)数据

中华优秀传统文化概论 / 苏全有主编. — 郑州：河南人民出版社，2021.12
ISBN 978-7-215-12884-2

Ⅰ.①中… Ⅱ.①苏… Ⅲ.①中华文化-研究 Ⅳ.①K203

中国版本图书馆 CIP 数据核字（2021）第 247686 号

河南人民出版社 出版发行
（地址：郑州市郑东新区祥盛街 27 号 邮政编码：450016 电话：65788028）
新华书店经销　　　河南金之汇信息技术有限公司印刷
开本　710 毫米×1000 毫米　　1/16　　印张　15
字数　260 千字
2021 年 12 月第 1 版　　　　　　2021 年 12 月第 1 次印刷

定价：36.00 元

序　言

世人公认,中国文化比西方任何一个国家的文化都更为广泛和复杂。而对于这种特殊性,学者大都归结于中国国境广袤,尤其是南北距离辽远;中华民族是多元一体的,富于包容性;华夏文明起源甚早,且连续至今,等等。即便近代以后,中国社会经历巨大变革,经济、思想及制度发生现代转型,仍有人认为其在本质上不过是一场广义的文化冲突。① 一言以蔽之,中国文化既是传统的也是现代的,需要不断地传承和发展。

中华优秀传统文化概论,有别于史学角度的文化史、文学视域的文化常识与概论,也不同于哲学语境的文化要义或精神,其内核是马克思主义与中国传统文化的融合发展。自20世纪以来,中国共产党人始终继承和弘扬中国优秀传统文化。毛泽东创造性地运用中国文化核心理念,把"实事求是"与唯物论、知行观与实践论相联系,带领人民取得了中国革命的光辉胜利。邓小平借鉴古代的"小康"思想,提出"小康之家"的社会主义理想,为中国的现代化建设勾画出美好蓝图。可以说,中国优秀传统文化与马克思主义中国化息息相关,水乳交融。

中共十八大以来,习近平对中国优秀传统文化作出了全面而深刻的专门概括。他认为:中华优秀传统文化是中华民族的根与魂,积淀着中华民族最深沉的精神追求,是中华民族的突出优势;而且中国坚定的道路自信、理论自信、制度自信,本质上是建立在5000多年文明传承基础上的文化自信。他要求:坚持古为今用、推陈出新,推动中华优秀传统文化创造性转化、创新性发展。他指出:文化建设必须带有浓烈的中国特色、中国风格、中国气派;同时讲好中国故

---

① 参见柳诒徵:《中国文化史·绪言》,中华书局2015年版;[美]费正清、刘广京编:《剑桥中国晚清史》第五章,中国社会科学出版社1996年版。

事、传播好中国声音、阐发中国精神、展现中国风貌。

在习近平新时代中国特色社会主义思想指引下,2014年3月教育部颁布了《完善中华优秀传统文化教育指导纲要》,2017年1月中共中央、国务院办公厅发布了《关于实施中华优秀传统文化传承发展工程的意见》。这两大文件对中华优秀传统文化教育和传承的基本原则、目标和任务等进行了开拓性研究,归纳了以爱国、处世、修身三个层次为重点,以核心思想理念、中华传统美德、中华人文精神为中心的主要内容。鉴于此,本书以挖掘、梳理价值理念和道德规范为主体,研究阐发与此相联的历史文化精髓,力图讲清楚植根于中华文化沃土的中国特色社会主义核心价值观,最后落脚于总结传统文化传承与实践的当代经验,以期展望中华民族伟大复兴的文化未来。

概言之,我国政教风俗虽屡有发展与变化,但传统思想与美德却绵亘数千年。对于这厚重深邃的优秀传统文化,中外学者自然见仁见智。本书尽力综合多方成说,折中于己见,是为序。

苏全有

目 录

第一部分 中华文化核心理念、人文精神与优秀思想文化

第一章 核心理念与治国理政 ·············· 3
- 第一节 "和合"治世 ·············· 3
- 第二节 "民本"为政 ·············· 11
- 第三节 因时革新 ·············· 21
- 第四节 居安思危 ·············· 28

第二章 核心理念与人文精神 ·············· 36
- 第一节 礼治精神 ·············· 36
- 第二节 实学精神 ·············· 45
- 第三节 公正无私 ·············· 52
- 第四节 世界大同 ·············· 59

第二部分 社会主义核心价值观与中华民族传统美德

第三章 社会主义核心价值观 ·············· 69
- 第一节 爱国立德 ·············· 69
- 第二节 荣辱修身 ·············· 79
- 第三节 崇善成风 ·············· 85

第四章 中华传统美德 ·············· 94
- 第一节 孝亲爱家 ·············· 94
- 第二节 敬业乐群 ·············· 102

第三节　扶危济困 …………………………………………………… 108

第三部分　历史与中华民族文化精髓

第五章　经典文化 …………………………………………………… 117
　　第一节　古典诗词 …………………………………………………… 117
　　第二节　出土文献 …………………………………………………… 123
　　第三节　濒危文字 …………………………………………………… 130

第六章　文物与遗产 ………………………………………………… 136
　　第一节　古籍善本 …………………………………………………… 136
　　第二节　历史建筑 …………………………………………………… 143
　　第三节　历史文化名城名镇名村 ……………………………………… 150
　　第四节　非物质文化遗产 …………………………………………… 157

第七章　革命传统与优秀文化 ……………………………………… 165
　　第一节　革命文物资源 ……………………………………………… 165
　　第二节　革命老区 …………………………………………………… 170
　　第三节　革命传统 …………………………………………………… 177

第四部分　中华优秀传统文化的传承与实践

第八章　美好生活与优秀传统文化 ………………………………… 187
　　第一节　传统节日与"新"民俗 ……………………………………… 187
　　第二节　农耕文化传统和乡村振兴 ………………………………… 195
　　第三节　中华老字号 ………………………………………………… 203
　　第四节　家训文化与家教、家风 …………………………………… 206

第九章　中国故事与世界共同价值 ………………………………… 215
　　第一节　"和平崛起"的中国故事 …………………………………… 215
　　第二节　文明交流互鉴与人类命运共同体 ………………………… 225

后记 …………………………………………………………………… 234

第一部分

中华文化核心理念、人文精神与优秀思想文化

第一章 核心理念与治国理政

第一节 "和合"治世

习近平在《文化育和谐》一文中指出:"我们的祖先曾创造了无与伦比的文化,而'和合'文化正是这其中的精髓之一。'和'指的是和谐、和平、中和等,'合'指的是汇合、融合、联合等。这种'贵和尚中、善解能容,厚德载物、和而不同'的宽容品格,是我们民族所追求的一种文化理念。"①进而,他从人与社会关系的角度给予深度阐释:"构建和谐社会,从以人为本的理念出发,关注人与自我、人与人、人与社会、人与自然之间的和谐,进一步明确经济发展以社会发展为目的,社会发展以人的发展为归宿,人的发展以精神文化为内核。"②

由此可见,和合文化是中华优秀传统文化的核心理念,它在人与自我、他人、社会以及自然等多个维度蕴含着丰富内涵。这样,以和合为中心,中华文明衍生发展出"天人合一""和而不同""中和泰和""协和万邦"等人文精神,并在当今社会构筑起"尚和合、求大同"之时代价值。

一、"和""合"观的渊源与发展

"和""合"理念的形成,与文明初期的语汇密切相关。而先秦经典《诗经》《尚书》《周易》及诸子书中就已多次出现,如"百姓昭明,协和万邦"(《尚书·尧典》)、"与天地合其德,与日月合其明"(《周易·文言》)、"诗言志,歌永言,声依永,律和声。八音克谐,无相夺伦,神人以和"(《尚书·舜典》)、"文王初载,

---

① 习近平:《之江新语》,浙江人民出版社2007年版,第150页。
② 习近平:《之江新语》,浙江人民出版社2007年版,第150页。

天作之合"(《诗经·大明》)、"上下和同而有礼义"(《管子·五辅》)、"天地相合,以降甘露"(《老子·第三十二章》)等。在这些文献中,"和""合"两字的使用虽各自独立,却都针对天人、礼乐、政事及道德等而立论,显示出内在的逻辑关联。以此为起始,早期中华文明涵养出以天人伦理为表征的朴素宇宙观。

"和",金文为"🈴",释义为不同音节相应、合拍,相互协调。"和"很早就进入国家与社会治理领域,如《尚书·大禹谟》"德惟善政,政在养民。水、火、金、木、土、谷,惟修;正德、利用、厚生,惟和"。该文中,夏禹认为,帝德在于施行善政,保养民众。而保养之道在于生产供给六种物质资料,即水、火、金、木、土、谷,同时协调好"正德、利用、厚生"三方面的方略,而国家治理的任务就是理顺这九件事。春秋战国的百家争鸣时代,"和"的意义趋于复杂:其一,在道家学说中与形而上的"道"相系,反映出中华文化的特殊宇宙观,如"万物负阴而抱阳,冲气以为和"(《老子·第四十二章》)、"至阴肃肃,至阳赫赫。肃肃出乎天,赫赫发乎地。两者交通成和而物生焉"(《庄子·田子方》)。其二,在儒家典籍中,与礼乐人伦相关,反映出中华文化独有的政治、社会观,如"均无贫,和无寡"(《论语·季氏》)、"和而不同"(《论语·子路》)、"天时不如地利,地利不如人和"(《孟子·公孙丑下》)。值得注意的是,汉语词汇"和""谐"关系密切,"和"强调不同声音、不同观点因相合拍、相融合而产生共鸣,意指诸异而致同;"谐"表示相同的声音、相同的观点因一致而统一,意在诸同而大同。总体上"和"的统一性比"谐"更为丰富。

"合",甲骨文为"🈴",象征嘴巴上下相接,又像器盖相合之形,延伸为会集、聚集及闭拢。在上古、秦汉文献中,合的词义较为广泛,既可指涉人事、礼乐,如"妻子好合,如鼓瑟琴"(《诗经·常棣》)、"始有曰:苟合矣"(《论语·子路》)、"古之所谓士仕者,厚敦者也,合群者也"(《荀子·非十二子》)、"阴阳变化,一上一下,合而成章"(《吕氏春秋·大乐》);又可论物理、自然,如"以天合天"(《庄子·达生》)、"是故天地之间,六合之内,不离于五,人亦如之,血气和合,荣卫流畅"(《子华子·北宫意问》)、"天地相合,阴阳相得,煦妪覆育万物"(《史记·乐书》)。

和、合理念形成之后,主要有三方面的发展与实践。首先,通过礼乐制度创建,寻求实现社会政治领域的中和、和平、和谐乃至"和合"之境。其次,以儒、道两家为代表,不论入世抑或出世,皆讲求社会个体的修养之道,以修身而致"和合"。再次,和、合逐渐成为"大一统"制度下的主流意识形态,天下之"和"成为官方、民间共同的价值和信仰以及风俗。① 由下表可概观其历代变迁。

表1-1 "和""合"理念演化简表

时代	原典	出处
西周	乾道变化,各正性命,保合太和,乃利贞。	《周易·彖》
	文王曰何谓仁义?太公曰敬其众,合其亲。敬其众则和,合其亲则喜。是谓仁义之纪,无使人夺汝威,因其明顺其常顺者,任之以德,逆者绝之以力,敬之勿疑,天下和服。	《六韬》
春秋	畜之以道,则民和,养之以德则民合。和合故能习,习故能偕,偕习以悉,莫之能伤也。	《管子·幼官图》
	天下之人异义。 内之父子兄弟作怨雠,皆有离散之心,不能相和合。	《墨子·尚同中》
战国	夫成天地之大功者,其子孙未尝不章,虞、夏、商、周是也。虞幕能听协风,以成乐物生者也。夏禹能单平水土,以品处庶类者也。商契能和合五教,以保于百姓者也。	《国语·郑语》
	喜、怒、哀、乐之未发,谓之中。发而皆中节,谓之和。中也者,天下之大本也。和也者,天下之达道也。致中和,天地位焉,万物育焉。	《礼记·中庸》
汉唐	中者,天地之所终始也,而和者,天地之所生成也。夫德莫大于和,而道莫正于中,中者,天地之美达理也,圣人之所保守也。 能以中和理天下者,其德大盛,能以中和养其身者,其寿极命。	《春秋繁露·循天之道》
	天有和、有德、有平、有威、有相受之意、有为政之理,不可不审也。春者,天之和也,夏者,天之德也,秋者,天之平也,冬者,天之威也。	《春秋繁露·威德所生》

---

① 张岂之主编:《中华优秀传统文化的核心理念》,江苏人民出版社2016年版,第161—166页。

续表

时代	原典	出处
汉唐	圣深知之,皆务正己以为表,明礼义以为教,和德气于未生之前,正表仪于咳笑之后。民之胎也,合中和以成;其生也,立方正以长。是以为仁义之心,廉耻之志,骨著脉通,与体俱生。	《潜夫论·德化》
	薛收曰:何谓命也?子曰:稽之于天,合之于人,谓其有定于此而应于彼。	《文中子·问〈易〉篇》
两宋	子之燕居,申申夭夭,如何?曰:申申是和乐,中有中正气象,夭夭是舒泰气象,此皆弟子善形容圣人处也。为申申字说不尽,故更着夭夭字。令人不息惰放肆,必太严厉,严厉时则着此四字不得,放肆时亦着此四字不得。除非是圣人,便自有中和之气。	《二程遗书》
	凡天下,至于一国一家,至于万事,所以不和合者,皆由有间也,无间则合矣。	《近思录·治体》
	朱子曰:纲,网上大绳也。三纲者,夫为妻纲,父为子纲,君为臣纲也。畴,类也,九畴,见洪范,若顺也。此所谓理而后和也。	《近思录·治法》
明	知此,则知未发之中、寂然不动之体,而有发而中节之和,感而遂通之妙矣。然谓良知常若居于优闲无事之地,语尚有病,盖良知虽不滞于喜怒忧惧,而喜怒忧惧亦不外于良知也。	《阳明先生文集·与黄宗贤书》
	往时见世俗朋友易生嫌隙,以为彼盖苟合于外,而非有性分之契。	《阳明先生文集·与陆元静》

简言之,"和合"是中华文明的精神内核之一,由和合思想延伸出来的"天人合一""厚德载物""贵和尚中""善解能容""和而不同"等理念,塑造出中华传统的宽容精神、道德追求、包容意识,也成为宝贵的民族文化基因。

二、和谐文化建设:"天人合一""和而不同""中和泰和"

"和合"观,体大思精,包罗万象。一方面,在具体微观上包含修身养性、家庭建设和文化传承,另一方面在宏观上广涉治国理政、对外交往以及生态治理等。对多向多元的现代生活而言,其社会观、道德观、生态观都离不开"和合"价值的指引。当前,我国大力推进和谐社会建设,正是创造性运用了这一理念。关于和谐文化的理解,习近平在接受记者采访时有创新性地概括,他指出,琴瑟和鸣,黄钟大吕,这是音律的和谐,青山绿水,山峦峰谷,这是自然的和谐,天有其时,地有其财,人有其治,天人合一,这是人与自然的和谐,尊老爱幼,夫妻和睦,邻里团结,谅解宽容,与人为善,这是人与人之间的和谐,社会各阶层平等和谐,兼容而不冲突、协作而不对立、制衡而不掣肘、有序而不混乱,这是社会分工和社会内部的和谐。和谐就是指矛盾着的双方在一定条件下达到统一而出现的状态。在这种状态下,自然界内部、人与人、人与社会、人与自然之间以及社会内部诸要素之间等诸多元素实现均衡、稳定、有序,相互依存,共生共荣。①

从以上论述中,可以清晰地发现,汲取传统文化"和合"观的营养成分,当代的和谐文化包含音律和谐、自然和谐、人与自然和谐、人与人之间和谐、社会分工和社会内部的和谐等诸多层面。鉴于此,后文将主要梳理、探讨与其联系紧密的"天人合一""和而不同""中和泰和"等核心理念。

"天人合一"是中国哲学基本命题,也是中、西方文化的显著区别,因而引起众多学者的长期关注。钱穆曾说:"中国文化过去最伟大的贡献,在于对'天''人'关系的研究。中国人喜欢把'天'与'人'配合着讲。我曾说'天人合一'论,是中国文化对人类最大的贡献。"②季羡林进而指出,"这个思想不限于儒家。如果我们从更宏观的角度来看这个问题,把'天人合一'理解为人与大自然的关系,那么在儒家之外,其他道家、墨家和杂家等等也都有类似的思想",他还补充说,"不但中国思想如此,而且古代东方思想也大多类此。我只举印度一个例子。印度古代思想派系繁多。但是其中影响比较大根柢比较雄厚的是人与自然合一的思想"。③ 不仅印度,日本、韩国也有类似的思想。大体上,天人合一主要有两重含义:其一,天人一致,即宇宙自然是大天地,而人是小天地,两者本源皆是"太和"之气。该观点为宋儒所发扬。其二,天人相应,或天人相通,强调天、人之间的作用及互动,儒家、道家、医家都有此理念,其中还含有影响后世颇

---

① 叶辉:《习近平:和谐社会需要平安》,《光明日报》2006年3月20日。
② 钱穆:《中国文化对人类未来可有的贡献》,香港中文大学《新亚月刊》1990年12月号。
③ 季羡林:《"天人合一"新解》,《传统文化与现代化》1993年第1期。

深的"天、地、人"三才之道。① 对于今人而言,"天人合一"还蕴含着打造生态文明与可持续发展的时代价值。经济发展如果以过度消耗资源为代价,它和环境的冲突必然会影响社会和谐与平安。习近平主政浙江时就提出打造生态省,他认为,"生态兴则文明兴,生态衰则文明衰。经济与环境、社会与环境的和谐是构建和谐社会的题中之义",进而主张"更好地保护环境,要以最小的资源环境代价谋求经济、社会最大限度的发展,走上一条科技先导型、资源节约型、生态保护型的经济发展之路"②。

"和而不同",语出《论语·子路》,原文是"君子和而不同,小人同而不和",意指人际交往中能够与他人保持一种和谐友善的关系。后来,逐渐发展到多个理念层面。其一,秦汉隋唐间,人们较多倾向于将之诠释为一种和谐的君臣、臣僚关系,一种政治秩序和风习,如东汉刘梁所作《辩和同之论》就说"君子之行,周而不比,和而不同;以救过为正,以匡恶为忠"(《后汉书·文苑列传下》)。其二,将"和而不同"与重义轻利相整合,即"和因义起,同由利生",这也成为人学修养的重要组成。其三,在本体论上,"和而不同"是一种分中有合的世界结构,也是一种"有象斯有对""仇必和而解"的辩证关系。③ 对当前社会而言,"和而不同"与和谐精神存在着内在的关联,即"要以共同目标为价值追求,和而不同,求同存异,和衷共济",共同构建具有时代特征与中国特色的和谐社会。④

"中和泰和","中和"原指音乐方面,如"乐者天下之大齐也,中和之纪也"(《荀子·乐论》),"泰和"则指政治民情,如"或问泰和,曰:其在唐虞成周乎,观《书》及《诗》,温温乎其和可知也,发号出令而民说之"(《扬子法言·孝至》)。在秦汉以后,"中和"理念扩展至政治、文化信仰及价值观等领域,如"殷者,中也,明当为中和之道也"(《白虎通德论·号》)、"稷者,得阴阳中和之气,而用尤多"(《白虎通德论·社稷》)、"夷狄者,与中国绝域异俗,非中和气所生,非礼义所能化"(《白虎通德论·王者不臣》)、"天本诸阳,地本诸阴,人本中和,三才异务相待而成"(《潜夫论·本训》)。最后形成儒家所诉求"致中和,天地位焉,万物育焉"(《礼记·中庸》)的绝对价值。这种主张认为超功利的道德有极大的

---

① 俞步松编著:《核心价值观与精神家园:当代中国马克思主义的中华文化寻根》,浙江大学出版社2013年版,第95—99页。
② 叶辉:《习近平:和谐社会需要平安》,《光明日报》2006年3月20日。
③ 张岂之主编:《中华优秀传统文化的核心理念》,江苏人民出版社2016年版,第166—170页。
④ 习近平:《与时俱进的浙江精神》,《哲学研究》2006年第4期。

功用,能达到人、己、物、我的和谐。① 在当代,习近平主张要追求精神生态的和谐、要追求人际关系的和谐与精神生活的充实,追求生命的意义,正是对"中和泰和"思想的创造性转化、创新性发展。

三、爱好和平:"和为贵""协和万邦""亲仁善邻"

"和合"文化,从全球来看,是促进世界和平的国际观。"礼之用,和为贵,先王之道斯为美。"(《论语·学而》)以和为贵、与人为善的理念在中国源远流长,赋予中华民族爱好和平的基因。学者张立文将其归纳为以下内容:其一,协和万邦,万国咸宁,即"(通过)各正性命,各得其所,天地万物保持最大的和合、和谐,和实生物,使天下万国大和、安宁的共同体的意愿得以实现"。其二,大同世界,天下为公。"大道之行也,天下为公,选贤与能,讲信修睦",就是说以构建实施"天下大同"的世界,达到人类命运共同体的目标。其三,民吾同胞,物吾与也。天地是人类的父母,四海之内皆兄弟,没有尊卑、贵贱之分,没有亲疏、上下之别。这为人类命运共同体提供平等、公正、正义的平台。其四,天下和平,修齐治平。"天地感而万物化生,圣人感人心而天下和平",就是说人们必须通过修身,做到诚实、心正而善,才能消除战争、动乱和对抗,从而达到天下和平,安居乐业。其五,天下和合,共为一家。"圣人所能,以天下和合,共为一家,能以中国,共为一人者",这个和合天下的人类共同体世界,是因为人有不忍人的仁爱之心,是根于天命之性的灵昭不昧的心。张立文先生总结说:"中华民族往圣前贤以其对天下观的智慧卓识,为人类命运共同体提供了古代中国方案。如此全面、系统、合理、正义、公平的设计智能,是中华传统文化精华的体现,是中华文明精神文化的根和本的所在,在当时独领世界之鳌头,是中华民族对人类的贡献。"②中国的外交方针"和平共处五项原则",无疑继承了这一优秀文化,习近平就说,"在5000多年的文明发展中,中华民族一直追求和传承着和平、和睦、和谐的坚定理念。以和为贵,与人为善,己所不欲、勿施于人等理念在中国代代相传,深深植根于中国人的精神中,深深体现在中国人的行为上",他还强调,"中华民族的血液中没有侵略他人、称霸世界的基因,中国人民不接受'国强必霸'的逻辑,愿意同世界各国人民和睦相处、和谐发展,共谋和平、共护和平、

---

① 张岱年、程宜山:《中国文化精神》,北京大学出版社2015年版,第162—170页。
② 张立文:《中华传统文化与人类命运共同体》,中国人民大学出版社2018年版,第3—6页。

共享和平"①。

另一方面,"和合"理念所包含的以"和而不同"为代表的中华文化"会通"精神,同样有着极强的时代价值。"会通",源于"圣人有以见天下之动,而观其会通,以行其典礼"(《周易·系辞》),意思是圣人发现天下万物的运动变化,而观察其会合变通,从而推行管理社会众象的典章制度。这一理念强调融合、创新,成为我国古代文化的基本精神。张茂泽认为"会通"精神有以下特质。首先,通过交流讨论,相互吸收、提高,取长补短,在坚持自身原则的基础上纠正不足。其次,不排斥吸收外来文明,使其与本土文化相融合。值得注意的是,"会通"需要经过不断论辩的长期过程才能实现。再次,"会通"的价值不可一概而论,需要具体辩证地分析。② 鉴于此,习近平多次强调,"维护世界和平也好,促进各国共同发展也好,关键是要让各国人民充分认识和平与发展对人类的意义。因此,我们必须大力加强文明交流互鉴,而民间外交则是推进文明交流互鉴最深厚的力量"。他还进一步指出,推进与"会通"精神密切关联的民间交流,"民间外交要开拓创新,多领域、多渠道、多层次开展民间对外友好交流,广交朋友、广结善缘。要以诚感人、以心暖人、以情动人,拉近中外人民距离,使彼此更友善、更亲近、更认同、更支持,特别是要做好中外青少年交流,培养人民友好事业接班人。民间外交应该发挥优势作用,开拓更多交流渠道、创建更多合作平台,引导国外机构和优秀人才以各种方式参与中国现代化建设。要大力开展中国国际友好城市工作,促进中外地方政府交流,推动实现资源共享、优势互补、合作共赢。要重视公共外交,广泛参加国际非政府组织的活动,传播好中国声音,讲好中国故事,向世界展现一个真实的中国、立体的中国、全面的中国"③。

最后,中国学者在长期研究中提出"和合学",即和生、和处、和立、和达及和爱等"五和"原理。该学说在学科体系上又有所谓"八维",即理论层面的道德和合(和合伦理学)、人文和合(和合人类学)、艺术和合(和合美学)、形上和合(和合自然科学)、形下和合(和合经济学)、实践层面的工具和合(和合技术科

---

① 习近平:《在中国国际友好大会暨中国人民对外友好协会成立60周年纪念活动上的讲话》,《人民日报》2014年5月16日。
② 张岂之主编:《中华优秀传统文化的核心理念》,江苏人民出版社2016年版,第176—181页。
③ 习近平:《在中国国际友好大会暨中国人民对外友好协会成立60周年纪念活动上的讲话》,《人民日报》2014年5月16日。

学)、社会和合(和合管理学)及目标和合(和合决策学),从而践履通达和合之道。这一学说得到张岱年、邢贲思等国内学者的认同,同时在海外的日本、韩国等也有一定影响。

张立文先生作为学说提出者,在《新世纪的和合学》一文全面阐述了研究和合学的价值与意义。一是当前人类共同面临人与自然、人与社会、人与人、人与心灵和不同文明之间的五大冲突和危机的挑战,人类成为命运共同体。二是从历史层面说,从宋明理学的旧三学(理体论、心体论、气体论)到现代新三学(新理体学、新心体学、新气体学),人文语境、依傍文本、核心话题未变,应依时代变化而变化。三是多年来西方文化的强势影响,使得中国在向西方学习过程中丧失了自我身份、自我话语,中国哲学仅是照搬西方哲学来讲,成为西方哲学的注脚,以证明西方哲学原理的普遍性;而民族哲学是民族文化精神的灵魂和核心,中国心、民族魂是中华民族的根脉,割断和丢弃就会灭族亡国。四是在现实层面,面对科技发展尤其是信息智能革命时代的冲击与国内外时局的变化,民族哲学创新不仅迎来了新机遇,而且可能推动新哲学的诞生,以化解时代所面临的种种冲突和危机,中国哲学要与时偕行。

第二节 "民本"为政

习近平总书记在《做人民群众的贴心人》一文中讲道,"'群众利益无小事',柴米油盐等问题对群众来说就是大事。老百姓可能不关心 GDP,但他们关心吃穿住行,关心就业怎么办、小孩上学怎么办、生病了怎么办、老了怎么办,等等。针对这些问题,我们必须切实把发展的理念转变到科学发展观上来,转变到以人为本上来"[①]。他进而强调领导干部在工作中,应坚持"权为民所用、情为民所系、利为民所谋",从实现和维护最广大人民的根本利益出发,认识到我们的一切权力来自人民,我们的一切工作都是为了人民,对上负责、对下负责最终都是要体现对人民负责。[②]

习近平总书记的以上论述,反映出中华优秀传统文化以民为本的核心政治

[①] 习近平:《之江新语》,浙江人民出版社2007年版,第139页。
[②] 习近平:《之江新语》,浙江人民出版社2007年版,第230页。

思想。这一理念,在民众与国家、政府、执政者以及行政等多个维度蕴含着丰富内涵。中华文明正是以民本思想为纽带,孕育出"治国有常,而利民为本""为政以德""政者正也""以民为本""安民富民乐民"等价值精神,进而在当今社会构筑起"不忘初心,牢记使命"之时代价值。

一、"民本"观念的渊源与发展

我国民本思想的萌芽与生成,可从文字学角度窥其端倪。"民"在甲骨文中写作"𠂉",即在 ⊙(眼睛)下面加 𠂆(手抓握),而金文则为"𠃮",象征"民"是没有眼瞳的瞎子。两者字义皆是手持利器刺瞎战俘,将其驯为顺从的奴隶。因而,在文明之初,"民"本义是奴隶,如《诗经·瞻卬》有言"人有土田,女反有之。人有民人,女覆夺之"。后来"民"的本义扩大,泛指被统治的百姓、民众,如《左传》成公十三年载"民受天地之中以生,所谓命也"。不难发现,先秦时期的语言演进,深刻反映了早期文明变革。大体而言,从夏、商到秦代的数千年时间,与"民"相关的统治思想经历了从崇天尚鬼到"明德保民",再从"仁爱""重民"到民贵君轻的不断发展历程,终于形成深刻影响后世的民本思想。

具体来说,民本思想滥觞于商周"革命"之际,并在早期典籍《尚书》中多有体现,譬如《尚书·五子之歌》,此篇传为夏代太康失国时所作,其中说:"皇祖有训,民可近,不可下,民惟邦本,本固君宁。"这可以说是"民本"概念的出处。而与周代相关的《康诰》《酒诰》《梓材》等章,以民为本的言辞则更是多见,如"若保赤子,惟民其康乂""人无于水监,当于民监""欲至于万年,惟王子子孙孙永保民"等。

西周以前的民本理念,成为春秋、战国时期诸子百家的重要思想源泉。其中,影响最大的儒家,从道德修养出发诠释民本政治,将"爱民保民""重民"作为君主"仁政"、君子"仁爱"的原则与要求。与之相近,主张"兼爱"的墨家,则认为仁君应当对天下百姓无差别地关爱,从而实现天下大治,即所谓"夫爱人者,人必从而爱之;利人者,人必从而利之"。在道家方面,清静无为的宗旨,体现出民众对自然、自由发展的政治尊重,如《老子·第四十九章》中"圣人无常心,以百姓心为心",《老子·第五十八章》的"其政闷闷,其民淳淳;其政察察,其民缺缺"。尽管儒、墨、道的民本理念内涵有显著差异,但重视民心民意,以民众为立国之本却存在一致性。概括而言,先秦诸家思想以儒家为主体逐渐融合起来,民本理念的内涵则主要有三个方面的内容:其一,在国家观上的"民为邦本",即从民众对国家的重要地位和基础作用方面强调"民本";其二,主张统治者"执政为民",这是从君主治国的角度说明民心民意在政治领域的深刻影响;其三,君、民关系上的"民贵君轻",必须重视民众力量,这是对君王的独裁专权的思想制约。①

秦汉以后,我国上古民本思想成为历代统治思想的重要组成部分,并且在君主专制的实践中有所发展与完善。特别是,在政治本体论方面,以西汉董仲舒为代表,推崇"立君为民"的民本政治观。有学者指出,在思想史上,"立君为民"产生早于"民为国本",而且在理论上"立君为民"是"以民为本"的终极依据,"民为国本""政在养民"则是"立君为民"的推论、引申和落实;"立君为民"属于"设君之道",它还有"立君为公""立君为天下"等表述形式。在中国古代,从影响来看,"立君为民"的民本思想更容易获得统治者的广泛认同。② 迄于唐宋,上述理念都几无疑议者,如北宋李觏《安民策》认为"立君者,天也;养民者,君也。非天命之私一人,为亿万人也"。某种意义上,立君为民,可以说是制约君主专制的主要思想依据。

值得注意的是,对于官僚政治中的吏民关系,由"立君为民"的民本思想还衍生出"吏为民役"的观念,如西汉贾谊在《新书·大政上》中说"闻之于政也,民无不为本也。国以为本,君以为本,吏以为本",又说"吏能为善,则民必能为善矣。故民之不善也,吏之罪也"。而唐代柳宗元则在《送薛存义序》中提出:"凡吏于土者,若知其职乎?盖民之役,非以役民而已也。"这样,君、吏、民三者在"立君为民"的思想体系中各司其职,结合为有机整体。

元明以后,尤其是明清之际,民本思想的探讨再次兴盛起来,并突破汉唐之窠臼,达到新的高度。首先,对君主独裁"天下为私"的专制社会进行猛烈批判,黄宗羲在《明夷待访录·原君》中就抨击道:"今也以君为主……敲剥天下之骨髓,离散天下之子女,以奉我一人之淫乐,视为当然……为天下之大害者,君而已矣","今也天下之人怨恶其君,视之如寇,名之为独夫,固其所也"。其次,针对这种极端对立的君民关系,明末清初思想家打破长久的"民本—尊君"现实,

---

① 张岂之主编:《中华优秀传统文化的核心理念》,江苏人民出版社2016年版,第113—117页。
② 张分田等:《中国古代"民本思想"内涵与外延刍议》,《西北大学学报(哲学社会科学版)》2005年第1期。

对君主专制的合法性进行大胆否定。或主张君民"平等",如唐甄提出"天子虽尊,亦人也"(《潜书·善游》),君主生活中应当"处身如农夫,殿陛如田舍,衣食如贫士"(《潜书·尚治》);或对君、民、臣关系作出新诠,如黄宗羲认为"盖天下之治乱,不在一姓之兴亡,而在万民之忧乐",又"君臣之名,从天下而有之者也。吾无天下之责,则吾在君为路人",这种有"民"无"君"的臣道观念具有革命性,与先秦时期《荀子·臣道》"从道不从君"的思想可谓前后相应。因而,不少学者将明清之际的这些变化,称为"新民本"思想。

然而,必须说明的是,起始于商、周时代而贯穿于整个中国古代的民本思想虽然具有鲜明的思想启蒙意义,但它不是一种主张"民权""民治"的思想学说,也不反对所谓贤君的开明专制,更类似于"一种明智的、眼光远大的君本位理论"。①

晚清以至近代,中国传统民本观念受到西方文明极大冲击,西方近代民主思想、君主立宪与共和制度持续影响着致力于中华复兴的革命志士。其一,维新派思想家对"民贵君轻"的经典思想进行改造和创新,如谭嗣同在《仁学》中提出,"生民之初,本无所谓君臣,则皆民也。民不能相治,亦不暇治,于是共举一民为君。夫曰共举之,非君择民,而民择君也";而康有为在《大同书》中也提出"君主立宪以申民贵"的观点,并强调"虽有君主,不过虚名虚位而已"(《救亡论虚君之共和国说》)。其二,对西方民主政治有深刻认识的革命派思想家,以孙中山为代表,跳出君主制的藩篱,提出"民族、民权、民生"为核心的三民主义学说。从孙中山开始,我国发生了从民本到民主的本质性政治思想转变。② 在继承传统民本思想基础上,孙中山号召"以我五千年文明优秀之民族,应世界之潮流,而建设一政治最修明、人民最安乐之国家,为民所有、为民所治、为民所享者也"(《建国方略》)。这一宏伟目标振聋发聩,可谓近代民主思想的最强音。

二、重民本:为政以德、安民养民、富民教民

我国民本思想在数千年的实践中得到充分的细化、演进,形成了众多富有生命力的命题与范畴,并且在历代开明君主、贤良官吏的宽政惠民、厚生利民、除暴安民、济世为民等施政行为中得到显著体现。可以说,以民为本是中国古

---

① 参考胡波《20世纪中国民本思想研究述评》,《学术月刊》2001年第5期。
② 张岂之主编:《中华优秀传统文化的核心理念》,江苏人民出版社2016年版,第119—120页。

代国家治理的重心,也是当代治国理政最重要的经验借鉴。其中,"为政以德""安民富民乐民"等仁政思想更是深入民心,下文将据此展开系统论述。

"为政以德",典出《论语·为政》,本文是"为政以德,譬如北辰,居其所而众星共之",意指统治者以道德治理国家,就会像北极星一样处于中心位置,而民众则如众多星辰般在其周围紧紧围绕。孔子对此进而阐释说,"道之以政,齐之以刑,民免而无耻。道之以德,齐之以礼,有耻且格"。这就是说,统治者依靠刑法政令来管理国家,老百姓只求免于惩罚而缺乏廉耻之心;而以道德礼制引导教化百姓,他们会有羞耻之心并且恪守正道。这一儒家传统理念,与"立君为民"的民本思想难以分割,成为历代王朝不得不推行"仁政"的基本依据。鉴于此,习近平指出:"古往今来,为官者'不患无位而患德之不修','不患位之不尊,而患德之不崇'。在历史的长河中,那些帝国的崩溃、王朝的覆灭、执政党的下台,无不与其当政者不立德、不修德、不践德有关,无不与其当权者作风不正、腐败盛行、丧失人心有关。"他还强调说,"每一位领导干部都要清醒地认识到这一点,时刻以'君子检身,常若有过'的谦诚态度,常修为政之德,常思贪欲之害,常怀律己之心,在实践中把做人与做官统一起来,把学习与改造统一起来,把'立言'与'立行'统一起来,真正做到为民、务实、清廉,把做人的过程看作是完善自我人格、夯实从政基石的过程,把做官的过程看作是提升政德境界、践行为民宗旨的过程"[①]。

安民(又称保民)、养民,春秋以降成为民本思想的重要组成部分。"治国安民",《汉书·食货志》明确地将其联系起来,"财者,帝王所以聚人守位,养成群生,奉顺天德,治国安民之本也"。安民、养民的思想来源于农业经济生产,旨在使民众衣食充足、生活安定,因而主张不违农时、轻徭薄赋,从而实现社会稳定和国家发展。关于安民之法,西汉《淮南子·诠言训》曾有深刻见解,"为治之本,务在于安民。安民之本,在于足用;足用之本,在于勿夺时;勿夺时之本,在于省事;省事之本,在于节欲",从中可见,不扰民的"无为之治"是封建时代帝王盛世的关键。在当代中国,安民养民思想被新时代的国家安全观所继承和发展。习近平总书记对此就有全面论述,"国泰民安是人民群众最基本、最普遍的愿望。实现中华民族伟大复兴的中国梦,保证人民安居乐业,国家安全是头等

---

① 习近平:《做人与做官》,见《之江新语》,浙江人民出版社2007年版,第258页。

大事。要以设立全民国家安全教育日为契机,以总体国家安全观为指导,全面实施国家安全法,深入开展国家安全宣传教育,切实增强全民国家安全意识。要坚持国家安全一切为了人民、一切依靠人民,动员全党全社会共同努力,汇聚起维护国家安全的强大力量,夯实国家安全的社会基础,防范化解各类安全风险,不断提高人民群众的安全感、幸福感"①。

富民教民,典出《论语·子路》,原文是"子适卫,冉有仆,子曰:'庶矣哉!'冉有曰:'既庶矣,又何加焉?'曰:'富之。'曰:'既富矣,又何加焉?'曰:'教之'"。卫国人口众多,面对国家如何治理的疑问时,孔子认为应当在民衣食足之后,进行道德教化。历代思想家的富民言论,文献记载不胜枚举,如"百姓足,君孰与不足;百姓不足,君孰与足"(《论语·颜渊》),"凡治国之道,必先富民,民富则易治也,民贫则难治也"(《管子·治国》),"不富,无以养民性"(《荀子》),"治国之道,富民为始"(《史记·平津侯主父列传》);再如"为国者以富民为本,以正学为基"(《潜夫论·务本》),"天下顺治在民富……天下兴行在民趋于正"(《慎言·御民篇》)等。这些精辟的言论无不体现出富民教民的民本主义思想,富民是教民的基础,教民则能使民众知礼节、知荣辱,实现国家文明强大。改革开放以来,经过数十年经济建设,我国初步实现了"富民"的目标,因而党中央提出弘扬社会主义核心价值观,习近平特别提出在宣传思想工作上,"坚持以民为本、以人为本。要树立以人民为中心的工作导向,把服务群众同教育引导群众结合起来,把满足需求同提高素养结合起来,多宣传报道人民群众的伟大奋斗和火热生活,多宣传报道人民群众中涌现出来的先进典型和感人事迹,丰富人民精神世界,增强人民精神力量,满足人民精神需求"②。这一卓见正是对富民教民观念的创造性转化和创新性发展。

概言之,包含安民养民、富民教民在内,我国传统民本思想衍生出一系列的重民忧民爱民、宽民利民乐民等政策方略。这是中华民族古圣先贤留给炎黄子孙的丰厚精神遗产,下表则对民本思想进行补充说明。

---

① 习近平:《在首个全民国家安全教育日之际作出的指示》,《人民日报》2016年4月15日。
② 习近平:《把宣传思想工作做得更好》,见《习近平谈治国理政》,外文出版社2014年版,第154页。

表1-2 中国古代重要民本思想列表

时代	原典	出处
西周	子曰：上下无常，非为邪也，进退无恒，非离群也。君子进德修业，欲及时也，故无咎。	《周易·文言》
	天佑下民，作之君，作之师，惟其克相上帝，宠绥四方。天视自我民视，天听自我民听。	《尚书·泰誓》
	善为国者，驭民如父母之爱子，如兄之爱弟。见其饥寒则为之忧，见其劳苦则为之悲，赏罚如加于身，赋敛如取于己，此爱民之道也。	《六韬》
春秋	不尚贤，使民不争；不贵难得之货，使民不为盗；不见可欲，使民心不乱。是以圣人之治：虚其心，实其腹，弱其志，强其骨。常使民无知无欲，使夫智者不敢为也，为无为，则无不治。	《老子·第三章》
	天于人，无厚也。君于民，无厚也……势者，君之舆。威者，君之策。臣者，君之马。民者，君之轮。世固则舆安，威定则策劲。臣顺则马良，民和则轮利。为国失此，必有覆车奔马折轮败载之患。安得不危。	《邓析子·无厚篇》
战国	凡有地牧民者，务在四时，守在仓廪。国多财，则远者来，地辟举，则民留处；仓廪实，则知礼节；衣食足，则知荣辱；上服度，则六亲固。四维张，则君令行。故省刑之要，在禁文巧，守国之度，在饰四维，顺民之经，在明鬼神，只山川，敬宗庙，恭祖旧。	《管子·牧民》
	民为贵，社稷次之，君为轻。是故得乎丘民而为天子。	《孟子·尽心章句》
	天地生万物，圣人裁之。裁物以制分，便事以立官……明王之治民也，事少而功立，身逸而国治，言寡而令行。事少而功多，守要也；身逸而国治，用贤也；言寡而令行，正名也。君人者，苟能正名，愚智尽情，执一以静，令名自正，令事自定，赏罚随名，民莫不敬。	《尸子·分》

续表

时代	原典	出处
汉唐	大学之道在明明德,在亲民,在止于至善。知止而后有定,定而后能静,静而后能安,安而后能虑,虑而后能得。物有本末,事有终始,知所先后则近道矣。	《礼记·大学》
	人视水见形,视民知治不。 言能听,道乃进。君国子民,为善者皆在王官。	《史记·殷本纪》
	下有忧民,则上不尽乐;下有饥民,则上不备膳;下有寒民,则上不具服。徒跣而垂旒,非礼也。故足寒伤心,民寒伤国。	《申鉴·政体》
	可爱非君,可畏非民。天子者,有道则人推而为主,无道则人弃而不用,诚可畏也。 君,舟也;人,水也。水能载舟,亦能覆舟。	《贞观政要·论政体》
两宋	夫信者,人君之大宝也。国保于民,民保于信。是故古之王者不欺四海,霸者不欺四邻,善为国者不欺其民,善为家者不欺其亲。反之,欺其邻国,欺其百姓,甚者欺其兄弟,欺其父子,上不信下,下不信上,上下离心以至于败,所利不能药其所伤,所获不能补其所亡,岂不哀哉。	《资治通鉴·周纪》
	不以物喜,不以己悲,居庙堂之高则忧其民,处江湖之远则忧其君,是进亦忧,退亦忧……先天下之忧而忧,后天下之乐而乐乎。	《范文正公文集·岳阳楼记》
	财者,人之所好,自是不可独占,须推与民共之。未论为天下,且以作一县言之,若宽其赋敛,无征诛之扰,民便欢喜爱戴……又曰宁过于予民,不可过于取民。	《朱子语类》
明清	善治者视民犹己,爱而勿伤;不善者征敛铢求,惟曰不足。殊不知君民一体,民既不能安其生,君亦岂能独安厥位乎。	《明太祖宝训·仁政》
	明明德、亲民而不止于至善,亡其本矣,故止于至善以亲民而明其明德,是之谓大人之学。	《大学古本问》
	官之得民与否,去官日见真,幕之自爱与否,去馆日毕露。佐主人为治,须算到去官日,不可有遗议败名。总之,官之得民,要在清勤慈惠,故苛细者与极冗,交识幕之自爱,要在谦慎公勤。	《佐治药言》
	安民者何? 无求于民,则民安矣;察吏者何? 无求于吏,则吏察矣。	《格言联璧·从政类》

三、以人为本:"立党为公、执政为民"

20 世纪初,马克思主义全面进入中国并逐渐流行起来,这促使中国民本思想发生根本变革,达到以人为本的全新阶段。马克思的人本思想是以共产主义为理想,主张关心人、重视人,把人作为一切发展的根本目的。而在马克思主义演进过程中,"人"的问题居于重要地位,既是研究问题的起点,又贯穿于马克思主义全部学说。在本质上,它强调人的实践活动,主张无产阶级和全人类的解放、人的全面而自由的发展,其最终目标是实现人的全面而自由的发展。① 这些论断指明了人类社会的方向,无疑具有跨越国界的生命力、创造力和感召力。

需要指出的是,马克思的人本思想与中国传统民本观念存在融合互通之处,二者在思想内核上都强调民众是执政者治国中的主体力量,重视民众在国家和社会中的地位。中国共产党的诞生和发展,尤其是马克思主义的中国化,实现了两者的有机结合。毛泽东、邓小平、江泽民、胡锦涛等党和国家领导人在各自著作和讲话中都对以人为本的理念作出了深刻阐述:即在历史观上提出人民是历史的创造者,认识论上强调人民是认识的主体,政治观上主张人民是国家的主人,同时工作实践中坚持群众路线,特别是改革开放后,"三个代表"重要思想、科学发展观等重要思想还展现出坚持以人为本、促进经济社会科学发展的新理念,从而在总体上实现了对传统民本思想的历史性超越。可以说,这些重要论述共同构成了新时代中国特色社会主义理论的源泉。习近平新时代中国特色社会主义思想,在治国理政实践中创造性提出人民主体思想,这是马克思主义中国化的重要成果,既坚持马克思的人本思想,又继承了中华优秀传统文化的民本思想内核。

具体来说,习近平总书记在他的系列重要讲话和著作中强调最多的是"人民","立党为公、执政为民"充分体现出了其人民主体思想。其一,内涵上认为党性包含着人民性。1989 年 5 月习近平主政福建宁德,在《把握好新闻工作的基点》中指出:"我们强调的党性,包含着人民性的深刻内涵。我们党是代表人民利益的党,她没有独立于人民利益的自身利益","我们党既代表人民的眼前

---

① 孙振宁:《习近平的人民主体思想与马克思人本思想及中国古代民本思想的互通研究》,《改革与开放》2018 年第 11 期。

利益,也代表人民的长远利益;既代表人民的局部利益,也代表人民的全局利益"。① 其二,党性寓于人民性之中,没有脱离人民性的党性。党的路线方针政策要始终符合时代要求,顺应民心民意,就必须把党的头脑和广大群众的实践结合在一起。习近平认为,一系列重大改革之所以取得成功,人民的首创精神居功至伟。改革开放伟大实践充分证明,唯有尊重人民首创精神,尊重实践、尊重创造,鼓励大胆探索、勇于开拓创新,才能始终使改革朝着正确的方向前进。尊重人民的首创精神,并不断向人民学习,是破除美国学者普特南提出的"缸中之脑"幻象的唯一路径。习近平特别强调要做群众的学生,他要求各级领导干部要放下架子,甘当小学生,多同群众交朋友,多向群众请教,要真正悟透群众是真正的英雄。② 其三,以人民为中心统领全局。2016年7月1日,习近平总书记在庆祝中国共产党成立95周年大会上的重要讲话中指出:"全党同志要把人民放在心中最高位置,坚持全心全意为人民服务的根本宗旨,实现好、维护好、发展好最广大人民根本利益,把人民拥护不拥护、赞成不赞成、高兴不高兴、答应不答应作为衡量一切工作得失的根本标准,使我们党始终拥有不竭的力量源泉。带领人民创造幸福生活,是我们党始终不渝的奋斗目标。我们要顺应人民群众对美好生活的向往,坚持以人民为中心的发展思想,以保障和改善民生为重点,发展各项社会事业,加大收入分配调节力度,打赢脱贫攻坚战,保证人民平等参与、平等发展权利,使改革发展成果更多更公平惠及全体人民,朝着实现全体人民共同富裕的目标稳步迈进。"③ 以上论述,从马克思主义唯物史观的高度,进一步科学回答了当代中国"为谁发展""靠谁发展""发展成果由谁享有"的基本问题,指明了坚持和发展中国特色社会主义的前进方向和根本目的。

概言之,党所代表的是人民的长远利益和全局利益,党性是人民性最根本、最集中的体现,因而在治国理政中必须以民为本、以人为本,"治理之道,莫要于安民;安民之道,在于察其疾苦"(张居正《答福建巡抚耿楚侗》)。习近平又指出:"尊重人民主体地位,保证人民当家作主,是我们党的一贯主张。我们要毫不动摇走中国特色社会主义政治发展道路……扩大人民群众有序政治参与,保

---

① 习近平:《摆脱贫困》,福建人民出版社1992年版,第63页。
② 杨英杰:《坚持以人民为中心的工作导向》,《学习时报》2016年3月21日。
③ 习近平:《不忘初心,继续前进》,《习近平谈治国理政》(第2卷),外文出版社2017年版,第40页。

证人民广泛参加国家治理和社会治理,形成生动活泼、安定团结的政治局面。"①

需要强调的是,党的十九大报告指出:"全党必须牢记,为什么人的问题,是检验一个政党、一个政权性质的试金石。"而在学习贯彻党的十九大精神研讨班重要讲话中,习近平总书记也明确提出"时代是出卷人,我们是答卷人,人民是阅卷人"。可以说,"人"作为主题,是复杂深奥、永不过时的,坚持人民的主体性地位,坚持以人民为中心的发展思想,解决好"人"的问题,是以习近平总书记为核心的党中央治国理政的出发点和落脚点。

第三节 因时革新

习近平在题为《创新正当其时,圆梦适得其势》的讲话中说,"创新是一个民族进步的灵魂,是一个国家兴旺发达的不竭动力,也是中华民族最深沉的民族禀赋。在激烈的国际竞争中,惟创新者进,惟创新者强,惟创新者胜"②。他又在《改革开放只有进行时没有完成时》中说,"改革开放只有进行时没有完成时。没有改革开放,就没有中国的今天,也就没有中国的明天。改革开放中的矛盾只能用改革开放的办法来解决"③。习近平总书记的以上谈话,展现出中华优秀传统文化中因时革新的民族精神特质。

因时革新的理念,包含着天人生生、事物变化以及社会时势等多个维度的丰富内涵。中华文明正是以革新精神为核心,衍生出"苟日新,日日新,又日新""与时迁移、应物变化""御政之首,鼎新革故""与时偕行""尊时守位"等典型观念,进而孕育出中国特色社会主义建设中改革创新的时代价值。

一、"革""新"观念的渊源与理论内涵

"革""新"理念的生成,首先需要进行语言学的追溯。"革",金文作"𰀀",是"克"与"手"两字的结合,本义表示手持工具除去兽禽的皮毛,如《虞书·尧典》

---

① 习近平:《不忘初心,继续前进》,《习近平谈治国理政》(第2卷),外文出版社2017年版,第40—41页。
② 习近平:《习近平谈治国理政》,外文出版社2014年版,第59页。
③ 习近平:《之江新语》,浙江人民出版社2007年版,第230页。

"日永,星火,以正仲夏。厥民因,鸟兽希革"。起初带有"除去、消除"的含义,后来引申出"变更"的意思,《说文解字》就解释说"古文革从三十。三十年为一世,而道更也",如《吕氏春秋·执一》"天地阴阳不革而成"。"新",本字为"辛",在甲骨文中"辛"作"𢆉",由▽(象刀刃)和木(象木)组成,象征加刃于木,意为用工具劈柴、取木。"辛"的本义消失后,另加偏旁(斧子),造甲骨文(新)字,强调用刀斧劈开原木,由此引申出"开辟性、前所未有"的含义,如《尚书·胤征》"旧染污俗,咸与唯新",《诗·小雅·采芑》"于彼新田"。可以肯定的是,商周之间"革""新"已具有变革、创新的含义。而周秦之间,"革新"更演化为一种突出的政治、社会乃至人生观念,如《礼记·大学》所言,"汤之《盘铭》曰:'苟日新,日日新,又日新'。《康诰》曰:'作新民。'《诗》曰:'周虽旧邦,其命维新'。是故君子无所不用其极"。这种革新精神,要求统治阶层打破成规,开拓进取,无疑具有超越时空的意义。

具体来说,首先,"革""新"理念源自中国早期文明"天地生人""生生变化"的宇宙理论。在古人眼中,四季交替不息,万物繁衍消长,天地间永不停息地演进,这一深刻印象培植出"生生""阴阳""日新"等思想观念。到东周列国,诸子并起的时代,不论儒者或是道家皆认为人是宇宙自然涵化所生,如《周易·系辞下》说"天地絪缊,万物化醇。男女构精,万物化生",《庄子·知北游》载"天地有大美而不言,四时有明法而不议,万物有成理而不说"。由此,"天地生人"成为中华传统文化的一个基本观念。而其很容易引发人事应与天道相一致的思想,于是就有了古代"天人合一""人与万物一体"的世界观。这一点可与前文所讲的和合观联系起来。

其次,"革""新"理念以《周易》为代表的先秦经典为哲学基础。著名学者陈来指出,以《周易》为代表的宇宙观始终把宇宙看成一个生生不息的运动过程。他认为这种变易哲学推动中华文明不断与时俱进地向前发展。[①] 在《周易》中,变化是有明确方向的,变化的重要内容是"生生",或者说新生事物不断出现是变易的本质,正如《周易·系辞上》所说,"一阴一阳之谓道,继之者善也,成之者性也……富有之谓大业,日新之谓盛德,生生之谓易"。因此,可以说"生生"包含创新,运动不止的变化意味着不断革新。

---

① 参见陈来:《中华文明的核心价值:国学流变与传统价值观》,三联书店2015年版。

再次,中华文明从"革""新"理念发展出"开物成务"的创造精神。譬如《周易·系辞》曰:"夫易开物成务,冒天下之道,如斯而已者也。是故,圣人以通天下之志,以定天下之业,以断天下之疑……是故,天生神物,圣人执之。天地变化,圣人效之"。这就是说,人类按照自然变化之道,可以实现自身的创造性目标。儒家经典对其多有继承与诠释,如《礼记·中庸》"天命之谓性,率性之谓道,修道之谓教",又说"唯天下至诚为能尽其性。能尽其性,则能尽人之性。能尽人之性,则能尽物之性。能尽物之性,则可以赞天地之化育。可以赞天地之化育,则可以与天地参矣",这充满对人类创造性的推崇。而《礼记·大学》强调其宗旨"大学之道,在明明德,在新民,在止于至善",更是将创造性融于政治教化当中。必须强调的是没有革新难以实现开物成务,诚如"《易》曰:革之时义大矣哉,圣人所以开物成务由斯道也"(《册府元龟·革弊》)。

值得说明的是,"革""新"理念早在汉代之前就已成熟,后世不同派别的思想家仍对其有所发展和完善,如北宋理学家周敦颐认为"二气交感,化生万物,万物生生而变化无穷焉"(《太极图说》),明清之际实学家王夫之则提出"新故相推,日生不滞"(《尚书引义·太甲》)。这些经典学说使得"革""新"理念更为精细和丰富。以下附表将对历代革新思想进行简要整理。

表1-3 历代重要"革""新"思想简表

时代	原文	出处
商周	夫大人者,与天地合其德,与日月合其明,与四时合其序,与鬼神合其吉凶,先天而天弗违,后天而奉天时。	《周易·文言》
商周	道大,天大,地大,王大。域中有四大,而王处一。人法地,地法天,天法道,道法自然。	《老子·第二十五章》
商周	人之生,气之聚也,聚则为生,散则为死。若死生为徒,吾又何患,故万物一也。是其所美者为神奇,其所恶者为臭腐;臭腐复化为神奇,神奇复化为臭腐。故曰:通天下一气耳。	《庄子·知北游》
商周	圣人不凝滞于物,而能与世推移。	《楚辞·渔父》
秦汉	人者,其天地之德,阴阳之交,鬼神之会,五行之秀气也。	《礼记·礼运》
秦汉	夫天能动物,物焉能动天,何则?人物系于天,天为人物主也。	《论衡·变动篇》

续表

时代	原文	出处
唐宋	天之所能者,生万物也;人之所能者,治万物也。	刘禹锡《天论》
唐宋	造化所成,无一物相肖者,以是知万物虽多,其实一物;无无阴阳者,是以知天地变化,二端而已。	张载《正蒙·太和篇》
元明	阴阳迭行无息,纯粹清明之气常少而错糅偏驳之气常多,故圣人不世出,其得气之清纯而受大任者,既立乎其位而化当世矣。	许谦《白云集·上刘约斋书》
元明	天地气机,元无一息之停。然有个主宰。故不先不后,不急不缓。虽千变万化,而主宰常定,人得此而生。若主宰定时,与天运一般不忌。虽酬酢万变,常是从容自在。"	王阳明《传习录·门人薛侃录》
清	天地之化日新。今日之风雷非昨日之风雷,是以知今日之日月非昨日之日月也。	王夫之《思问录·外篇》
清	生生者,化之原;生生而条理者,化之流。动而输者,立天下之博;静而藏者,立天下之约。博者其生,约者其息;生者动而时出,息者静而自正。	戴震《原善》

二、"日新"观:循道而行、与时俱进、文明以止

中华传统的革新精神,造就了以"苟日新,日日新,又日新"为核心的民族禀赋和内蕴。这种基于天人和谐的"日新"观,强调人道与天道的一致,天道本来日新,人道理应日新。因而人类应该取法自然之道,用于指导生存与创新。大体而言,"日新"的原则与方法运用于实践,包括三个方面的内容,即循道而行、与时俱进、文明以止。①

其一,循道而行,语出《大戴礼记》,原句为"天下无道,循道而行,衡涂而债,手足不掩,四支不被,此则非士之罪也,有士者之羞也"(《大戴礼记·曾子制言中》卷第五十五)。其意在强调即便社会一时失序,儒者仍坚持对天道的遵守,这正是生生变化之道的首要之义。后来这一原则演变为士大夫"从道不从君"的政治信仰,展现出知识分子超越私人得失、以身殉道的守正精神,更成为理学

---

① 参考石力波:《日新月异》,学习出版社2014年版。

家为生民立命、为万世开太平的理论基调。"循道而行"对于执政同样重要,宋人有言"古之王天下者,循道而行,顺理而动,未尝见其有为之迹"(《南华真经义海纂微》卷四十一),意思是实现"无为而治"必须遵循天道。这种守正的日新观,对古代中国影响甚大,《子夏易传·乾上震下》说,"守正处卑,得中之道,全其壮也,故贞吉矣"。这又要求治国者秉持中正之道,从而营造良好局面。

其二,与时俱进,又作"与时偕行""与时迁移",源于《周易》,如"损益盈虚,与时偕行"(《周易·彖》)。它与道家密切相关,《史记六家论》认为,"其为术也,因阴阳之大顺,采儒墨之善、撮名法之要,与时迁移,应物变化"。该理念强调"穷则变,变则通,通则久","为道也屡迁,变动不居","变通者,趋时者也"(《周易·系辞》)。清代牛运震的《周易解》诠释说:"显则日新,昭明发扬,与时俱进,盛德于此而著,故曰日新之谓盛德,此阴阳之道之在天地者,所谓大而无外,久而不穷者也。"

这种变通的日新观,主张"时中",也就是随时而处中,即根据时间及周围环境的变化选择最优策略,正如东汉荀悦《郦食其谋立六国论》所说,"权不可预议,变不可先图,与时迁移,应物变化,此设策之机也"。时中观念包含着丰富的辩证思维,其要求人类的实践因地制宜、因时而变,反映了中国古代朴素的文明进化观念。清代学者惠栋甚至认为"易道深矣,一言以蔽之曰,时中"(《易汉学》)。这一理念与马克思关于"自然—人—社会"有机统一关系的论述可以说不谋而合。在历史实践中,"尊时守位"是时中观念的鲜明体现,它强调人们恪守本职,以顺应、引领历史大势与时代潮流,如"虑善以动,动惟厥时"(《尚书·说命》),"天尊地卑,乾坤定矣。卑高以陈,贵贱位矣"(《周易·系辞》),"圣人之大宝曰位,何以守位?曰仁"(《周易·系辞》)。反之,人情与时势相违,则招致灾害,如"哀乐失时,殃咎必至"(《左传·庄公二十年》)。数千年来,"尊时守位"的思想对中国社会影响至深,"时位"问题既关乎国族命运,也对个人行事颇为重要,如"天难谌,命靡常。常厥德,保厥位"(《尚书·咸有一德》),"得时者昌,失时者亡"(《列子·说符》),"圣人能辅时,不能违时"(《管子·霸言》),"君子时诎则诎,时伸则伸也"(《荀子·仲尼》),"事之难易,不在小大,务在知时"(《吕氏春秋·孝行览》)等。简言之,"时中"与"守位"相辅相成,也是对"与时俱进"原则的完美诠释。

其三,文明以止,语出《周易·彖》,原文是"刚柔交错,天文也。文明以止,人文也。观乎天文,以察时变。观乎人文,以化成天下"(《周易》卷三)。在这里,天文即天道自然,人文指社会人伦,治国必须依照天道自然时序而行,同时又应当规范社会人伦秩序,明晰公私人际关系,使人类行为合乎道德礼制,从而实现天下"大化"。鉴于此,文明的意义系乎社会政治的革新,东汉《周易参同契》就说"可不慎乎,御政之首,鼎新革故"(《周易参同契·君臣御政章》)。而且这种文明知止的日新观,讲求"时止则止,时行则行,动静不失其时,其道光明"(《周易·艮卦》),倡导改变因循守旧,积极革除旧弊。汉代大儒董仲舒用调理乐器比喻革新政治,"琴瑟不调,甚者必解而更张之,乃可鼓也;为政而不行,甚者必变而更化之,乃可理也。当更张而不更张,虽有良工,不能善调也;当更化而不更化,虽有大贤,不能善治也",他指出"更化则可善治,善治则灾害日去,福禄日来"(《汉书·董仲舒传》)。

此外,革新精神也寓于个人德性之中,如"新服厥命,惟新厥德。终始惟一,时乃日新"(《尚书·咸有一德》),"君子之过也,如日月之食焉,过也,人皆见之;更也,人皆仰之"(《论语·子张》),这一思想全面渗透在宋以后的新儒家思想中,如"克己须要扫除廓清,一毫不存方是。有一毫在,则众恶相引而来"(《传习录·门人陆澄录》),"悔者,终身于悔之道也。动悔有悔,终身于葛藟。往而即新,以尽其乾惕,然后得吉焉"(《思问录·内篇》)。

三、改革创新的时代精神

受近代剧变影响,以"日新"为表征的革新思想吸收西方进化论的思想,主张变法图存、救亡革命,最终得以实现中华民族和国家的独立。新中国社会主义现代化建设时期,尤其是改革开放以来,中国化的马克思主义创新思想——改革创新,成为引领全国人民不断奋进的时代精神。

2012年,习近平总书记在中共中央政治局集体学习时,旗帜鲜明地指出:"改革开放是坚持和发展中国特色社会主义的必由之路,所以必须始终把改革创新精神贯彻到治国理政各个环节,不断推进我国社会主义制度自我完善和发展。"[①]这一论断,从宏观上言明革新精神与社会主义的全面而深刻的联系,更揭示出改革创新包括治国理政的各个环节。

---

① 习近平:《紧紧围绕坚持和发展中国特色社会主义学习宣传贯彻党的十八大精神》,《习近平谈治国理政》,外文出版社2014年版,第13页。

具体说来,其一,改革创新是社会主义核心价值体系的基本内容,是实现中国梦的伟大精神力量。2006年10月,党中央相关决议把改革开放作为构建社会主义和谐社会的基本原则,并将其列入社会主义核心价值体系的基本内容①。2013年,习近平主席在第十二届全国人民代表大会上说,"实现中国梦必须弘扬中国精神。这就是以爱国主义为核心的民族精神,以改革创新为核心的时代精神。这种精神是凝心聚力的兴国之魂、强国之魂",又说"改革创新始终是鞭策我们在改革开放中与时俱进的精神力量"。② 这些论述清晰表明,改革创新是中国精神的核心组成部分,必须大力弘扬。

进而言之,改革创新不仅传承了中华优秀传统文化,也与践行社会主义核心价值观息息相关。习近平在北京大学"五四"讲话中论及传统文化时说,"这些思想和理念,既随着时间推移和时代变迁而不断与时俱进,又有其自身的连续性和稳定性。我们生而为中国人,最根本的是我们有中国人的独特精神世界,有百姓日用而不觉的价值观。我们提倡的社会主义核心价值观,就充分体现了对中华优秀传统文化的传承和升华"③。

其二,改革创新是建立以合作共赢为核心的新型国际关系的强大手段。首先,依靠改革开放所实现的中国梦,不仅造福中国人民而且造福世界人民。这是因为"实现中国梦,必须坚持和平发展","实现中国梦给世界带来的是和平,不是动荡;是机遇,不是威胁"。

其三,外交理念也需要革新精神,习近平指出:"要找到利益的共同点和交汇点,坚持正确义利观,有原则、讲情谊、讲道义,多向发展中国家提供力所能及的帮助。要推进外交工作改革创新,加强外交活动的策划设计,力求取得最大效果。""我们要依托论坛支点,不断开拓创新。论坛的生命力在于创新。我们双方要运用新思路、推出新举措、创建新机制,努力破解务实合作遇到的各种难

---

① 决议指出马克思主义指导思想,中国特色社会主义共同理想,以爱国主义为核心的民族精神和以改革创新为核心的时代精神,社会主义荣辱观,构成社会主义核心价值体系的基本内容。详见中共十六届六中全会:《中共中央关于构建社会主义和谐社会若干重大问题的决定》,2006年10月。
② 习近平:《在第十二届全国人民代表大会第一次会议上的讲话》,《习近平谈治国理政》,外文出版社2014年版,第40页。
③ 习近平:《青年要自觉践行社会主义核心价值观》,《习近平谈治国理政》,外文出版社2014年版,第171页。

题,以改革创新精神打破现实瓶颈、释放合作潜能。"①

其四,改革创新是社会主义精神文明建设的总体要求和重要任务。2019年10月,继21世纪初党中央颁布《公民道德建设实施纲要》以后,我国再次印发《新时代公民道德建设实施纲要》,其指出:"坚持在继承传统中创新发展,自觉传承中华传统美德,继承我们党领导人民在长期实践中形成的优良传统和革命道德,适应新时代改革开放和社会主义市场经济发展要求,积极推动创造性转化、创新性发展,不断增强道德建设的时代性实效性。"②这种守正创新的作风,一方面展现出新时代中国特色社会主义的时代特征,另一方面既遵循了社会主义道德建设规律,也通过发扬革新精神提升道德建设的感召力、影响力。

第四节 居安思危

习近平在《顺利时更应防骄躁》一文中警示说,"骄兵必败,骄和躁历来是革命工作的大敌。特别是发展顺利时,极易滋长骄傲自满的情绪,也是容易出错时",因而"我们必须进一步强化忧患意识,戒骄戒躁,如临深渊,如履薄冰,毫不懈怠,只争朝夕",他又说,"各级领导干部要认真思考在加强党的执政能力建设中自己该怎么办,切实增强执政的忧患意识,切实在领导工作实践中提高自己的执政本领,切实树立良好的执政作风"③。总书记围绕政府行政和执政人员所做的以上深刻论述,重点明确了忧患意识在国家治理中的重大意义。这告诫人们,在国力不断强盛、社会主义事业日益繁荣的今天,必须注意潜伏的危机与隐患,建立和完善相应的预警机制及处理措施。

忧患意识在传统文化的集中体现是"居安思危",不仅包括政治层面上的治乱兴亡、社会的长治久安,也涉及微观层面的个体人生、组织事业发展等问题。这一核心理念展现出中华文化的深层特质,如"生于忧患,死于安乐""慎始而敬终""天下之治乱,不在一姓之兴亡,而在万民之忧乐"等人文精神。在当前日益

---

① 习近平:《坚持亲、诚、惠、容的周边外交理念》《弘扬丝路精神,深化中阿合作》,《习近平谈治国理政》,外文出版社2014年版,第299页、第318—319页。
② 中共中央国务院:《新时代公民道德建设实施纲要》,2019年10月。
③ 习近平:《顺利时更应防骄躁》《执政意识和执政素质至关重要》,《之江新语》,浙江人民出版社2007年版,第39页、第84页。

复杂化的"风险社会"中,"居安思危"的忧患意识无疑具有相当普遍的积极意义。

一、忧患意识的渊源与发展

忧患理念的形成,始于上古时期先民对于兴、危、乐、困等生活经验的理性认识。甲骨文中"忧"(憂)作"㥑",象人(𠂇)双手掩面(𦥑)而止(止,步履沉重之意)的情形。因此,从文字的源头来看,忧有"思虑重重"的含义。患,金文为"㥲",由"冖"(宀,房屋)、"𣎴"(象病人疼痛皱眉)和"𠬞"(象双手)构成,表示对家中病人进行抚慰,本义是病人卧床,亲人忧虑。两字组合就有了因某些事物而思虑、忧愁的意思,如《诗·小雅·小弁》的"我心忧伤",《论语·宪问》的"不患人之不己知"。忧患意识的出现,与商周之际《易经》的诞生相伴而成。有学者指出夏商周三代的更替嬗变,使统治者认识到吉凶成败与当政者的行为密切相连,进而生发"忧患"意识。而《易经》可以说作于忧患之中,其论始于忧患,亦终于忧患。更有论者认为中国人文精神的基本动力就是忧患意识,其在周初表现为"敬",此后融于"礼",更进为"仁",最终演化为涵摄儒道释诸家的心性之学。①

忧患观念的确立,要求执政者必须遵循居安思危的原则,如《周易·系辞》所说:"危者,安其位者也;亡者,保其存者也;乱者,有其治者也。君子安而不忘危,存而不忘亡,治而不忘乱,是以身安而国家可保也。""居安思危"语出《左传》,原文是"《书》曰居安思危。思则有备,有备无患"(《左传·襄公十一年》)。这一原则在先秦时期被多数思想家所认可,如儒家的"忧道不忧贫"、墨家的"自苦为极"、道家的"慎终如始"等。

经过长期发展,"居安思危"衍生出相当丰富的文化内涵。首先,在国家大政、人身安危等方面,先秦诸子认为应当主动评判现状,讲求"以危为安",对灾祸人事提前感知并预防。尤其是强调事前谋划的"有备",如"虑善以动"、"惟事事,乃其有备,有备无患"(《尚书·说命》),"谋无主则困,事无备则废。是以圣王务具其备"、"以备待时,以时兴事"(《管子·霸言》),"心无备虑,不可以应卒"(《墨子·七患》),"满则虑嗛,平则虑险,安则虑危,曲重其豫,犹恐及其祸"

---

① 庞朴:《忧乐圆融》,收入《儒家精神:听庞朴讲传统文化》,中国华侨出版社2014年版,第2—3页;张其昀:《孔学今义》,北京大学出版社2009年版,第158—161页。

(《荀子·仲尼》)等。这种谋定而后动的战略思维,对后世影响很大,如《礼记·中庸》载"凡事豫则立,不豫则废",《贞观政要·纳谏》载"备豫不虞,为国常道",它也显然具有一定的理论价值和现实意义。

其次,忧患意识以知识阶层的精英思想而存在,其典型文献为《周易》,这与东周以后趋于动荡的历史背景难以分离。① 以《周易》旨趣而言,《周易·系辞》诠释说,"《易》之兴也,其当殷之末世,周之盛德耶?当文王与纣之事耶?是故其辞危。危者使平,易者使倾。其道甚大,百物不废。惧以终始,其要无咎,此之谓《易》之道也",又说"其出入以度外内,使知惧。又明于忧患与故"。不难看出,先秦思想家认为《易经》是以殷周革命为基础的哲学鉴戒,对人们从抽象层面认识忧患的本质很有指导意义。例如《易经》以坎卦象征忧患,坎为水,有陷之意,而《乾》《坤》之后《屯》《蒙》《需》《讼》《师》《比》等六卦皆带坎(水),从中可见《易经》认为忧患无处不在。② 而《诗经·兔爰》有"我生之初,尚无造;我生之后,逢此百忧"的感叹,也就不难理解了。

再次,忧患意识的集大成者为孔孟为代表的儒家学说。孔子说"德之不修,学之不讲,闻义不能徙,不善不能改,是吾忧也"(《论语·述而》),孟子则说"君子有终身之忧,无一朝之患也""忧之如何,如舜而已矣"(《孟子·离娄下》)。这里的忧虑,或者从德、学、义、善对忧患的个体内涵做出具体要求,或者以远古舜帝为榜样来效法,凸显出儒者的价值理想与理性精神。值得注意的是,儒家之忧患意识具有"忧""乐"相融的特色,其意图并不在于身处困境的责任担当,穷难时儒者恰恰表现为"乐天知命",即所谓"饭疏食饮水,曲肱而枕之,乐亦在其中矣"(《论语·述而》),遇到危险应当临危不惧、履险如夷。因此,儒家的忧患重点在于顺境或"乐"时不忘危亡,这种自律之忧,或者说居安思危,方是其思想精髓。③

二、以史为鉴:言忧不言乐、治不忘乱、移风易俗

中华文化浓郁的忧患意识,尤其是居安思危的核心理念,在商代以后的数

---

① 张岂之主编:《中华优秀传统文化的核心理念》,江苏人民出版社2016年版,第45—50页。
② 张其昀:《孔学今义》,北京大学出版社2009年版,第158—161页。
③ 庞朴:《忧乐圆融》,收入《儒家精神:听庞朴讲传统文化》,中国华侨出版社2014年版,第9—11页。

千年历史进程中不断深化、完善,最终被塑造成内容广博而邃密的政治哲学与伦理传统。这种政治哲学规定,统治者必须高度重视前代的治乱兴衰,以天下兴亡为己任。相应地,在伦理道德上,社会精英应当以艰难困苦为安身立命之本,以民众的苦乐为苦乐。大体而言,居安思危的观念可归结为"言忧不言乐""治不忘乱""移风易俗"三个方面,下文即据此展开论述。

其一,"言忧不言乐",语出宋代叶适所撰《习学记言序目》,原文是"君子言忧不言乐,然而乐在其中也;小人知乐不知忧,故忧常及之"(《习学记言序目·毛诗·国风·唐》)。忧与乐相对,虽然人所共有,但是以何为忧,以何为乐,不同人群的态度和做法通常差异很大。以孔、孟为范的忧乐观,强调仁爱道义,再如战国时儒家的集大成者荀子所说,"君子,其未得也,则乐其意,既已得之,又乐其治,是以有终身之乐,无一日之忧。小人者,其未得也,则忧不得,既已得之,又恐失之,是以有终身之忧,无一日之乐也"(《荀子·子道》)。从中可以发现,宋人的忧乐论继承自先秦儒学。但需要指出的是,宋代思想家对此又有具体的发展,如范仲淹在名篇《岳阳楼记》所言,"不以物喜,不以己悲。居庙堂之高,则忧其民;处江湖之远,则忧其君。是进亦忧,退亦忧",这种忧乐观将道义具体化为忧民、忧君乃至忧天下,淋漓尽致地展现出古代知识精英的志节和忧患情怀。

其二,"治不忘乱",这一从《易经》产生的"治乱"论,对历代统治阶级的忧患意识影响极深,最终形成了一套以朝代兴亡为中心的政治观、历史观。诚如著名学者梁漱溟在《中国文化要义》所论,"'治世'、'乱世'是我们旧有名词,用在中国历史上切当的……社会构造如何,社会秩序如何(特如说社会秩序自尔维持),即是说它的治道和治世之情形……治道得显其用,以成治世,或治道浸衰而入乱世"[1]。进而言之,治、乱不仅关系到社会秩序稳定,如宋人所言,"夫事有缓急势有轻重,知所先后则近道矣。循道而行则危可安、乱可治,悖道而行则危遂倾、乱遂亡"(胡宏:《五峰集》卷二《与吴元忠》);而且衡量着德行民心向背,正所谓"世治则小人守正,而利不能诱也;世乱则君子为奸,而法不能禁也"(《文子》卷下)。基于此,王朝统治者十分重视研究前代国家治理的方略得失,以便实现社会稳定。西汉贾谊就说,"先王者,见终始之变,知存亡之由,是以牧之以道,务在安之而已矣;下虽有逆行之臣,必无响应之助。故曰:安民可与为义,而危

---

[1] 梁漱溟:《中国文化要义》第十章《治道和治世》,上海人民出版社2005年版,第185页。

民易与为非,此之谓也"(《新书·过秦论》)。然而,数千年来,中华大地政权兴衰更迭,以至于陷入"天下大势,分久必合,合久必分"的周期性循环。这样,如何打破一治一乱的"历史周期律"成为仁人志士不断思考的谜题。

其三,针对"治乱"循环不断的现象,古代思想家主张通过"移风易俗"来解决。"移风易俗"语出孔子,原文为"移风易俗,莫善于乐"(《孝经·广要道》),即以"乐"的教化改善社会风俗。这一理念得到后世学者的充分继承与发扬,最终演化为攸关"治乱"的"风俗"论。例如,对国民性而言,荀子认为"注错习俗,所以化性也","习俗移志,安久移质",也就是说习俗能够改变人的品性,而民族人格、社会风气正是"积靡使然",所以荀子指出"人知谨注错,慎习俗,大积靡,则为君子矣"(《荀子·儒效》)。宋代苏轼将此思想与国运相联系,他说"国家之所以存亡者,在道德之浅深……在风俗之厚薄""爱惜风俗,如护元气"(《宋史》卷三三八《苏轼》)。明末顾炎武更将风俗上升到关系"亡天下"的高度,"有亡国,有亡天下。亡国与亡天下奚辨?曰:易姓改号谓之亡国;仁义充塞而至于率兽食人,人将相食,谓之亡天下",他更认为"保天下者,匹夫之贱与有责焉耳矣"(《日知录·正始》)。简言之,"移风易俗"与国家治乱休戚相关,士人乃至平民都有责任改善自身修养,改良社会风气,从而实现国家的安定与兴盛。

表1-4 历代忧乐、治乱、移俗思想简表

时代	原文	出处
先秦	君子之行,思其终也,思其复也。《书》曰:慎始而敬终,终以不困。	《左传·襄公二十五年》
	困于心,衡于虑,而后作。	《孟子·告子》
	圣人者,不耻身之贱,而愧道之不行,不忧命之短,而忧百姓之穷。	《淮南子·修务训》
秦汉	圣王之继乱世也,扫除其迹而悉去之,复修教化而崇起之。教化已明,习俗已成,子孙循之,行五六百岁尚未败也。	《汉书》卷五十六《董仲舒传》
两晋南北朝	思难而难不至,忘患而患反生。	刘昼《刘子·利害》

续表

时代	原文	出处
唐宋	朕看古来帝王以仁义为治者,国祚延长,任法御人者,虽救弊于一时,败亡亦促。既见前王成事,足是元龟,今欲专以仁义诚信为治,望革近代之浇薄也。	《贞观政要·仁义第十三》
唐宋	教化,国家之急务也;风俗,天下之大事也。	《资治通鉴·汉纪六十》
唐宋	除患于萌,然后能转而为福。	苏洵《审敌》
元明清	天下之事,虑之贵详,行之贵力。	张居正《陈六事疏》
元明清	目击世趋,方知治乱之关,必在人心风俗。而所以转移人心,整顿风俗,则教化纪纲为不可缺矣。	《亭林文集》卷四《与人书九》
元明清	世事之颓,由于吏治;吏治之坏,根于士风;士风之衰,起于不知教化。	《因寄轩集初集》卷六《与朱干臣书》

三、总体国家安全观:新时代中国特色社会主义的忧患意识

在传统社会,居安思危意识聚焦于王朝盛衰、天下分合,以及随之而来的战争离乱、生灵涂炭。而近代以来,国内矛盾与外部侵略相纠缠,革命战争成为中华民族救亡图存的忧患主题,如革命志士陈天华在《警世钟》中高声疾呼"长梦千年何日醒,睡乡谁遣警钟鸣""一腔无限同舟痛,献与同胞侧耳听",他号召人们"只有死死苦战,才能救得中国",坚信"前死后继,百折不回,我汉种一定能够建立个极完全的国家,横绝五大洲"。这些激荡的启蒙话语促使民主主义革命蓬勃发展,最终实现了中华民族的解放和国家独立。

改革开放后,和平与发展成为时代主题。身处百废待兴的忧患之中,邓小平指出贫穷不是社会主义,他认为和平是政治问题,发展是经济问题,和平与发展相互联系并影响。针对当时世界形势,他指出"中国现在是维护世界和平和稳定的力量,不是破坏力量。中国发展得越强大,世界和平越靠得住",又概括说"现在世界上真正大的问题,带全球性的战略问题,一个是和平问题,一个是经济问题或者说发展问题"。① 正是在深刻洞察世界格局的基础,以邓小平为核心的领导集体作出经济建设为中心的伟大决策,从而实现对战略机遇期的有效把握。

新旧世纪之交,国家间潜在冲突不断加深,军事威胁与领土争端持续存在。特别是,商业贸易战、恐怖主义、人道主义危机等非传统安全问题也日益突出。在此前提下,1994年联合国开发署提出"人类安全"理念,试图构建"一个以人为中心的新的安全框架"②。面对全球化与"去全球化"长期对抗下的内外忧患,习近平总书记于2014年提出总体国家安全观,这一思想在政治和军事安全、经济安全、文化与社会安全、生态与资源安全等多个方面进行了系统而深刻的论述,为中国乃至世界的和平发展指明了道路和方向。

具体来说,第一,全面阐明总体国家安全观的核心内容。习近平在中央国家安全委员会发表讲话说:"当前我国国家安全内涵和外延比历史上任何时候都要丰富,时空领域比历史上任何时候都要宽广,内外因素比历史上任何时候都要复杂,必须坚持总体国家安全观,以人民安全为宗旨,以政治安全为根本,以经济安全为基础,以军事、文化、社会安全为保障,以促进国际安全为依托,走出一条中国特色国家安全道路。"③可以说,这种新型安全观既继承了中华传统文化的家国忧患意识,又融入了全球化时代的人类安全精神,进而从宏观上提出了解决世界和平与稳定发展的中国方案。

第二,对内而言,总体国家安全观体现了中国共产党人居安思危、治党治国的立场与原则。一方面,总体国家安全观事关改革开放的整体大局。习近平指出,"我们党始终高度重视正确处理改革发展稳定关系,始终把维护国家安全和社会安定作为党和国家的一项基础性工作。我们保持了我国社会大局稳定,为改革开放和社会主义现代化建设营造了良好环境",他同时强调:"必须清醒地看到,新形势下我国国家安全和社会安定面临的威胁和挑战增多,特别是各种威胁和挑战联动效应明显。我们必须保持清醒头脑、强化底线思维,有效防范、

---

① 邓小平:《和平和发展是当代世界的两大问题》,《邓小平文选》(第3卷),人民出版社1993年版,第104—105页。
② [英]亨特:《人类安全的挑战》,南京出版社2015年版,第5—8页。
③ 习近平:《坚持总体国家安全观,走中国特色国家安全道路》,《习近平谈治国理政》,外文出版社2014年版,第200—201页。

管理、处理国家安全风险,有力应对、处置、化解社会安定挑战。"①另一方面,总体国家安全观是新时代中国特色社会主义治国理政的中心环节。习近平要求,实践这一安全观"必须坚持国家利益至上,以人民安全为宗旨,以政治安全为根本,统筹外部安全和内部安全、国土安全和国民安全、传统安全和非传统安全、自身安全和共同安全,完善国家安全制度体系,加强国家安全能力建设,坚决维护国家主权、安全、发展利益。"②

第三,总体国家安全观是构建以合作共赢为核心的新型国际关系与秩序的重要组成部分。在对外工作上贯彻落实总体国家安全观。习近平发表讲话说,"增强全国人民对中国特色社会主义的道路自信、理论自信、制度自信,维护国家长治久安。要争取世界各国对中国梦的理解和支持,中国梦是和平、发展、合作、共赢的梦,我们追求的是中国人民的福祉,也是各国人民共同的福祉。要坚决维护领土主权和海洋权益,维护国家统一,妥善处理好领土岛屿争端问题。要维护发展机遇和发展空间,通过广泛开展经贸技术互利合作,努力形成深度交融的互利合作网络。要在坚持不结盟原则的前提下广交朋友,形成遍布全球的伙伴关系网络。要提升我国软实力,讲好中国故事,做好对外宣传"③。这些论述居安思危,为全球的稳定发展贡献了中国智慧,申明了中国总体国家安全观和平崛起的伟大愿景。

第四,总体国家安全观把忧患意识与"和合"理念有机地融为一体。2018年9月,习近平在致国际和平日纪念活动的贺信中表示,"和平始终是人类社会的普遍期待与殷切向往。中华民族热爱和平,中国人民深知和平之可贵,中国坚定不移走和平发展道路,永远是世界和平的建设者、全球发展的贡献者、国际秩序的维护者"④。从中不难看到,立足总体国家安全观,建设持久和平、普遍安全的世界秩序,构建人类命运共同体,是符合中国乃至全人类根本利益和福祉的。

---

① 习近平:《切实维护国家安全和社会安定》,《习近平谈治国理政》,外文出版社2014年版,第202页。
② 习近平:《决胜全面建成小康社会,夺取新时代中国特色社会主义伟大胜利》(2017年10月18日),人民出版社2017年版,第24页。
③ 习近平:《中国必须有自己特色的大国外交》,《习近平谈治国理政》(第2卷),外文出版社2014年版,第443—444页。
④ 习近平:《中国坚定不移走和平发展道路》(2018年9月19日),2018年国际和平日纪念活动贺信。

第二章 核心理念与人文精神

第一节 礼治精神

习近平在《建法治安村》一文中引用我国著名社会学家费孝通的观点,并强调说:"传统的中国农村是靠推行'礼治秩序'来进行治理、实现稳定的。这种以传统伦理纲常为主要内容的'礼治秩序'在我国农村维持了几千年,至今还在一定程度上影响着农民的思想和行为。"在这段论述中,"礼治秩序"可以说是中华传统文化的重要表征,而习近平也相当重视其在现代乡村治理的积极作用,他认为新农村建设应当"坚持德治与法治并举,建立一种符合农村经济社会发展要求的'法治秩序'"。①

从上可见,礼治是德治的重要组成部分,也是中华传统人文精神的核心内容。它重礼制、尚礼治、讲礼节,在数千年中国文化如典章制度、思想价值乃至日常风习中发挥着不可低估的作用。而以马克思主义中国化的眼光来看,社会主义核心价值观与传统社会的礼治精神血脉相连,难以分离。

一、"礼"的渊源与发展

现代文史研究表明,"礼"的发生、发展,贯穿中国古代文明史。礼的由来,与原始时代的祖先崇拜有直接渊源。如从文字学来看,礼(禮)的本字为"豊",在甲骨文中"豊"的意思就是击鼓作乐,为祖先神灵敬献玉串。这种祭祀行为,旨在处理人与鬼神的关系,注重敬拜活动的仪节(主要形式为食物、牺牲

---

① 习近平:《建法治安村》,《之江新语》,浙江人民出版社2007年版,第199页。

等），其在内容和形式上并不复杂。《礼记·礼运》对此叙述说："夫礼之初，始诸饮食，其燔黍捭豚，污尊而抔饮，蒉桴而土鼓，犹若可以致其敬于鬼神。"夏、商之后，经过汤、武革命，统治者逐渐"重人事"，尤其在周代，以周公姬旦为主制作礼乐，充分认识到"礼"在调整人际伦理、规范道德价值、治理邦国秩序中的意义。孔子就对周礼颇为推崇，他说，"周监于二代，郁郁乎文哉！吾从周"（《论语·八佾》）。

春秋战国时代，随着新兴阶层的崛起，西周王朝确立的经济关系、政治秩序和思想理念趋于瓦解。在这礼崩乐坏的时期，先秦思想家们对"礼"做出了多样而丰富的阐释，实现了对周礼的继承与转化。首先是春秋齐国的管仲，把"礼"定在"国之四维"的首位，以礼作为国家治理和个人行为的核心准则。他解释说，"何谓四维？一曰礼、二曰义、三曰廉、四曰耻。礼不逾节，义不自进，廉不蔽恶，耻不从枉。故不逾节，则上位安；不自进，则民无巧诈；不蔽恶，则行自全；不从枉，则邪事不生"（《管子·牧民》）。然而事实上，管仲不能以身作则，孔子曾批判其多次违礼的僭越行为，并斥责说"管氏而知礼，孰不知礼"（《论语·八佾》）。

在人心纷乱的时世下，孔子对礼的早期转变有相当关键的作用。他力图效法周礼，主张"克己复礼"，一方面认为应当以周礼为民众日常行为之准绳，如"非礼勿视，非礼勿听，非礼勿言，非礼勿动"（《论语·颜渊》）。另一方面，更重要的是，孔子将礼与仁结合，形成富于个人色彩的礼学思想，对"礼"作出创造性的理论发展。他说"人而不仁，如礼何；人而不仁，如乐何"（《论语·八佾》），又说"克己复礼为仁。一日克己复礼，天下归仁焉"（《论语·颜渊》），"人而不仁，疾之已甚，乱也"（《论语·泰伯》），这样，"礼"与"仁"相为表里，不"仁"则"礼"乱。在孔子的眼中，"仁"所指是内在情感和伦理道德，"礼"是外在规范和具体操守，仁为体、礼为用，通过"仁"与"礼"的密切结合，才能达到内容、形式的统一。孟子继承孔子的上述思想，同样强调"礼"的内在动力，在"性善说"的基础上，指出"礼"缘于"辞让之心""恭敬之心"，他说"恻隐之心，仁之端也；羞恶之心，义之端也；辞让之心，礼之端也；是非之心，智之端也"（《孟子·公孙丑》），又说"恻隐之心，仁也；羞恶之心，义也；恭敬之心，礼也；是非之心，智也"（《孟子·告子》）。简言之，孔孟学派将"礼"列为"四德""五常"等德行之一，反映出中国传统伦理道德的基本形成，而中国礼仪之邦的形象也由此孕育而生。现代学者梁漱溟在《周孔之礼》中对此有高度评价,"孔子深爱理性,深信理性。他要启发众人的理性,他要实现一个'生活完全理性化的社会'",这无疑是对儒家礼学的由衷赞美。①

其次,传统社会的"礼治"思维,始于荀况"隆礼重法"的思想。身处战国末年,荀子对诸家学说批判后而总其成,融通"儒""道""法"等学派,尤其对"礼"的理论不仅系统而且极有创见。② 例如《荀子·王制》说"听政之大分:以善至者待之以礼,以不善至者待之以刑",又说"修礼者王,为政者强,取民者安,聚敛者亡",他不仅把礼、刑并立为治国方略,而且把礼治上升为王道治国的最高层次。荀子的礼治思想,强调"礼""法"合一,指出"人之命在天,国之命在礼""隆礼尊贤而王,重法爱民而霸"(《荀子·强国》《荀子·天论》),这一思想使"礼"兼具内圣、外王的双重功能,诚如有学者所指,这开启了后来儒学的政治化的通道,对秦、汉以降的王朝统治产生深远影响。③

再次,西汉中后期是君主实践"礼治"思想的重要阶段,自汉武帝部分采纳董仲舒建议,改变汉初黄老"无为"政治,实施"尊民以礼""劝学兴礼"等举措,以外儒内法的方式治理国家,所谓"出礼入刑""纳礼入律"的礼治社会秩序得以逐步建立。儒家礼学思想终于转化成调整政治、社会关系,规范民众活动的制度化工具。

二、礼的精神:"礼乐之道""文质彬彬""敬谨让谦"

在传统核心理念中,礼与礼治具有规制人伦等级、整合民间秩序、形塑文明生活等不可替代的功能和意义,即使在当代也契合时代需要。大体而言,礼的概念可作广义、狭义区分,一方面广义的礼涉及政治、社会等几乎所有方面的制度、生活规范以及具体礼仪,另一方面狭义的礼则指吉、凶、军、宾、嘉等沿袭数千年的五大仪节。这两方面的内容衍生出包括"礼乐之道""文质彬彬""敬谨让谦"等在内的人文精神,具体来说有以下要点:

其一,"礼乐之道",语出《魏书·乐志》,原文为"礼乐之道,自古所先,故圣王作乐以和中,制礼以防外",这是北魏时期孝文帝仿照汉文化所实施的制度革

---

① 梁漱溟:《中国文化要义》第六章《周孔之礼》,上海人民出版社2005年版,第98页。
② 参见柯雄文:《君子与礼》,台大出版中心2017年版,第111—116页。
③ 顾作义、钟永宁编:《守望中国价值》,广东人民出版社2019年版,第144—145页。

新之一。从中可见,礼乐在古代民族融合中意义重大,而它也成为华夏文明的显著表征。礼乐并称有着长久的传统,如《礼记·乐记》记载道:"礼乐不可斯须去身。致乐以治心,则易直子谅之心,油然生矣。易直子谅之心生,则乐;乐则安,安则久;久则天,天则神。天则不言而信;神则不怒而威;致乐以治心者也。致礼以治躬,则庄敬;庄敬则严威。心中斯须不和不乐,而鄙诈之心入之矣。外貌斯须不庄不敬,而易慢之心入之矣。故乐也者,动于内者也。礼也者,动于外者也。乐极和,礼极顺。"此段引文详细阐述了礼乐对人心内外的和顺作用,这一思想显然也为北魏孝文帝所认同、继承。

礼乐对人心的教化作用,一直受到儒家高度推崇。他们认为,"礼"的精神是人与禽兽的本质差异,如孔子说"今之孝者,是谓能养。至于犬马皆能有养;不敬,何以别乎"(《论语·为政》),而"礼"使人敬畏,即所谓"上好礼,则民莫敢不敬"(《论语·子路》),这又是礼的核心作用。对于礼乐的精神价值,学者梁漱溟有相当精到的诠释,"具体的礼乐,直接作用于身体,作用于血气;人的心理情致随之顿然变化于不觉,而理性乃油然现前,其效最大最神"。他又说"礼乐使人处于诗与艺术之中,无所谓迷信不迷信,而迷信自不生。孔子只不教人迷信而已,似未尝破除迷信。他的礼乐有宗教之用,而无宗教之弊;亦正惟其极邻近宗教,乃排斥了宗教"。①梁先生将先秦周、孔之道归结于礼乐制度,他的上述看法值得人们注意和借鉴。

礼乐之道的本质性功能,是其作为典章、规则及法度,对国家秩序与社会生活各个方面的详尽界定,通过不同群体阶层尊卑贵贱的伦理区分来调控稳固王朝统治。先秦多数思想家不论立场、派别,对此有较为一致的看法,如管仲就说,"上下有义,贵贱有分,长幼有等,贫富有度,凡此八者,礼之经也。故上下无义则乱,贵贱无分则争,长幼无等则倍,贫富无度则失。上下乱,贵贱争,长幼倍,贫富失,而国不乱者,未之尝闻也……夫人必知礼然后恭敬,恭敬然后尊让,尊让然后少长贵贱不相踰越,少长贵贱不相踰越,故乱不生而患不作,故曰礼不可不谨也"(《管子·五辅》)。他认为礼之八"经"事关国家治乱,必须高度重视。这种礼化的名分差异观,汉代学者亦有相近的论述,如"大臣法,小臣廉,官职相序,君臣相正,国之肥也。天子以德为车、以乐为御,诸侯以礼相与,大夫以

---

① 梁漱溟:《中国文化要义》,上海人民出版社2005年版,第98、102页。

法相序,士以信相考,百姓以睦相守,天下之肥也。是谓大顺"(《礼记·礼运》)。此外,需要注意的是,礼乐之道与中国古代统治者崇尚的"文治"理念密不可分。"文治"强调以礼乐教化管理国家与民众,正如《礼记·祭法》所说,"汤以宽治民而除其虐,文王以文治,武王以武功,去民之灾,此皆有功烈于民者也",而不难推知,这里的文治是依靠"礼"来实现的。

其二,"文质彬彬",出于《论语·雍也》:"质胜文则野;文胜质则史。文质彬彬;然后君子。"在本句中"质""文"相对立,质指以仁义为主的品行,而文则指礼乐,如"君子义以为质,礼以行之"(《论语·卫灵公》),再如"君子质而已矣,何以文为"(《论语·颜渊》)。孔子主张"质""文"相合,反对"质胜文"或"文胜质"的偏颇倾向,就是强调"仁""礼"的统一,这一思想被汉以后的儒者所继承,如"忠信,礼之本也;义理,礼之文也。无本不立,无文不行"(《礼记·礼器》)。

先秦时期围绕礼的问题,儒道等诸家文质观差异颇大。例如老子重"质"轻"文",强调"慈、俭、不敢为天下先";而庄子则认为礼乃"质""文"两分,有学者指出他既有反对世俗之礼如礼仪等"文"的一面,也有肯定礼的精神即"质"的方面。① 礼的"质""文"之辩,对中国后世的政治观、文艺观乃至历史观等影响深远,其中汉代董仲舒的"质""文"观颇具代表性,他认为"王者以制,一商一夏,一质一文",又说"天将授汤,主天法质而王""天将授文王,主地法文而王"。董氏学说将前代历史概括为"质""文"交替代胜、相救的治道循环,最终成为传统社会政治哲学与实践的重要内容。

其三,"敬谨让谦",见于《三才广志》,原文为"论礼之所发有四,曰敬、曰谨、曰让、曰谦"(吴玠:《三才广志》卷二十六),也就是由"礼"生发出人际交往方面的敬、谨、让、谦等礼德。其中,以"敬""让"两德引起思想家更多的注意与讨论。现代学者就认为,恭敬、谦让是传统礼制仪节的内在要求,其对于善待他人、化解人际冲突,构建和谐的社交关系具有积极而显著的作用。②

大体而言,"敬""让"与狭义的礼仪、规则等紧密相系,其旨在"叙位""定

---

① 参见梅珍生:《晚周礼的文质论》第7章,湖北人民出版社2004年版;赖锡三:《〈庄子〉对"礼"之真意的批判反思》,《杭州师范大学学报(社会科学版)》2019年第3期。
② 参见戴木才:《中国人的美德与核心价值观》,中国人民大学出版社2015年版;张锡勤:《中国传统道德举要》,黑龙江大学出版社2009年版。

伦"。以敬为例,孔子说"君子敬而无失,与人恭而有礼。四海之内,皆兄弟也"(《论语·颜渊》),庄子说"夫遇长不敬,失礼也;见贤不尊,不仁也"(《庄子·渔父》),荀子则说"礼也者,贵者敬焉,老者孝焉,长者弟焉,幼者慈焉,贱者惠焉"(《荀子·大略》),而汉儒则认为"为人君,止于仁;为人臣,止于敬;为人子,止于孝;为人父,止于慈;与国人交,止于信"(《礼记·大学》),从中可见,作为礼的精神核心之一的"敬",被用于处理长幼、贵贱、君臣等诸多伦理关系,展现出古典礼仪的伦理精神与道德关怀。

此外,礼德与人的仪表体貌、起居生活也难以分割。战国思想家荀子说"凡用血气、志意、知虑,由礼则治通,不由礼则勃乱提僈;食饮、衣服、居处、动静,由礼则和节,不由礼则触陷生疾;容貌、态度、进退、趋行,由礼则雅,不由礼则夷固僻违,庸众而野。故人无礼则不生,事无礼则不成"(《荀子·修身》),他又说"衣服有制,宫室有度,人徒有数,丧祭械用,皆有等宜"(《荀子·王制》),这就意味着"礼"涵盖君臣、士庶等不同社会阶层,并在生死、衣食住行以及日用器具等领域进行身份阶层限定。礼仪规范的区隔效应,有助于消弭社会不同成员的利益矛盾,使民众遵守名分,从而降低危机和冲突。

表2-1 古代思想家论"礼"概表

礼论	原文	出处
礼的本质与功能	礼,经国家,定社稷,序民人,利后嗣者也。	《左传·隐公十一年》
	礼,王之大经也。	《左传·昭公十五年》
	礼,国之干也。	《左传·僖公十一年》
	礼者,人道之极也。	《荀子·礼论》
	礼者,君之大柄也。所以别嫌明微。	《礼记·礼运》
	夫礼者,所以定亲疏,决嫌疑,别同异,明是非也。	《礼记·曲礼上》
	夫王道之本,经国之务,必先之以礼义,而致人于廉耻。礼义立,则君子轨道而让于善;廉耻立,则小人谨行而不淫于制度。赏以劝其能,威以惩其废。	《晋书》卷五十二《阮种传》
	衣食以厚民生,礼义以养其心。	许衡《鲁斋遗书》

续表

礼论	原文	出处
礼的起源	凡人之所以贵于禽兽者,以有礼也。	《晏子春秋·谏上》
	礼起于何也?曰:人生而有欲,欲而不得,则不能无求;求而无度量分界,则不能不争;争则乱,乱则穷。先王恶其乱也,故制礼义以分之,以养人之欲,给人之求,使欲必不穷乎物,物必不屈于欲,两者相持而长,是礼之所起也。	《荀子·礼论》
礼与品德	体恭敬而心忠信,术礼义而情爱人,横行天下,虽困四夷,人莫不贵。	《荀子·修身》
	礼本是文明之理,其发便知有辞逊;智本是明辨之理,其发便知有是非。	黎靖德《朱子语类·孟子九》
礼与社交	恭而无礼则劳,慎而无礼则葸,勇而无礼则乱,直而无礼则绞。君子笃于亲,则民兴于仁;故旧不遗,则民不偷。	《论语·泰伯》
	知和而和,不以礼节之,亦不可行也。	《论语·学而》
	礼尚往来,往而不来,非礼也;来而不往,亦非礼也。人有礼则安,无礼则危。故曰:礼者不可不学也。	《礼记·曲礼》
	恒言不称老。年长以倍,则父事之。十年以长,则兄事之。	《礼记·曲礼》
礼与仪节	夫行也者,行礼之谓也。	《荀子·大略》
	虽王公士大夫之子孙也,不能属于礼义,则归之庶人。虽庶人之子孙也,积文学,正身行,能属于礼义,则归之卿相士大夫。	《荀子·王制》
	贫者不以货财为礼。老者不以筋力为礼。	《礼记·曲礼》
	狎甚则相简也,庄甚则不亲。是故君子之狎,足以交欢;庄,足以成礼而已。	刘向《说苑·谈丛》
	何为四重?曰:重言,重行,重貌,重好。言重则有法,行重则有德,貌重则有威,好重则有观。	扬雄《法言·修身》
	夫法象立,所以为君子。法象者,莫先乎正容貌,慎威仪。	徐幹《中论·法象》
	心术以光明笃实为第一,容貌以正大老成为第一,言语以简重真切为第一。	吕坤《呻吟语·修身》

三、讲文明、树新风:礼与社会主义核心价值观

《管子·牧民》有云"仓廪实而知礼节,衣食足而知荣辱",纵观中华文明史,近代以前中华民族的传统价值观,以人的道德为本,而礼是其中的根脉与灵魂。然而,19世纪末以来,面对欧风美雨带来的西方先进文明,"全盘西化"等思潮使得礼的原初精神受到过度扭曲和严重怀疑。

鉴于此,习近平发表系列谈话与文章,深入阐述了社会主义核心价值观的有关问题。一方面,他积极肯定"礼"在传统社会的重要意义,指出"每个时代都有每个时代的精神,每个时代都有每个时代的价值观念。国有四维,礼义廉耻,'四维不张,国乃灭亡'这是中国先人对当时核心价值观的认识",这纠正了近代以来全面否定传统价值的消极主张,是对中华文化血脉、历史积淀的充分认同。另一方面,他吸取借鉴古代"礼治"精神,对其进行批判性的继承,提出"要建立和规范一些礼仪制度,组织开展形式多样的纪念庆典活动,传播主流价值,增强人们的认同感和归属感",这又是对传统礼制的创造性转化。①

概而言之,对社会主义核心价值观而言,传统"礼"的精神仍有其现实意义。第一,礼作为一种核心价值,能够促进人们尚礼守法,进而提升社会的整体道德水平。在新时代中国特色社会主义建设过程中,我们不仅要扬弃传统社会"纳礼入律"的"礼治"方式,更应当弘扬"依法治国"的时代精神。我们需要不断深入挖掘和阐发"礼"的仁爱精神,同时赋予其时代内涵,例如谦敬、礼让,是社会主义核心价值观中"友善"的价值渊源,它可以引导人们以爱敬、辞让之心,理性处理他我关系、个人与公共关系等问题,进而促进社会文明有序。从本质上说,植根于"礼乐之道",约之以礼,循礼而行,核心价值观就能将个体私欲进行潜在的疏导、合理化的转移。同时,礼德通过唤起人们的谦和、利他意识,实现民众思想境界的美化、升华。近来颁布的《新时代公民道德建设实施纲要》,要求人们"明大德、守公德、严私德""讲道德、尊道德、守道德",而"礼"的贵德精神正有助于增强人们的公共意识、规则意识,在此基础上激浊扬清,推动人们践行"明礼遵规",着力建设社会公德、职业道德、家庭美德、个人品德,通过构筑和谐平等的人际关系,培育出良好的文明风尚。

---

① 习近平:《青年要自觉践行社会主义核心价值观》《培育和弘扬社会主义核心价值观》,《习近平谈治国理政》(第2卷),外文出版社2014年版,第168、165页。

第二，中华优秀传统文化强调待人之礼，《论语·尧曰》说"不学礼，无以立"，在此意义上，礼是道德素质和实践的物质载体，其包含丰富而系统的礼仪体系。2019年，《新时代公民道德建设实施纲要》提出"充分发挥礼仪礼节的教化作用"，还详细阐明，"要制定国家礼仪规程，完善党和国家功勋荣誉表彰制度，规范开展升国旗、奏唱国歌、入党入团入队等仪式，强化仪式感、参与感、现代感，增强人们对党和国家、对组织集体的认同感和归属感。充分利用重要传统节日、重大节庆和纪念日，组织开展群众性主题实践活动，丰富道德体验、增进道德情感。研究制定继承中华优秀传统、适应现代文明要求的社会礼仪、服装服饰、文明用语规范，引导人们重礼节、讲礼貌"[1]。从这些论述不难发现，全面实施文明礼仪是当今时代精神的迫切需求。

2012年以来，为宣传贯彻社会主义核心价值观，中央宣传部门与广大媒体共同开展起"讲文明、树新风"活动。以中国文明网为例，这方面的内容包含文明资讯、话说礼仪、道德治理、文明交通、文明旅游、文明餐桌等栏目，无形中树立了一种社会主义精神文明建设的"礼制"。这与《新时代公民道德建设实施纲要》推动的"弘扬时代新风行动"，具体如"广泛开展文明出行、文明交通、文明旅游、文明就餐、文明观赛等活动，引导人们自觉遵守社会交往、公共场所中的文明规范"，可以说两者高度一致。简言之，树立、培育社会主义核心价值观，必须注重礼仪、礼节的培养和教育，这对于推动礼仪道德的实践养成具有普遍而积极的意义。

此外，个人仪表、仪态也是礼仪实践的重要构成。在传统生活中，言行举止在原则上讲求"中庸"，《荀子·儒效》就说，"先王之道，人之隆也，比中而行之，曷谓中？曰：礼义是也"，因而，民众需要秉持"中和"的社交态度，既不失于拘谨，也不过度表现。对现代人来讲，礼尚往来，待人接物过程中也应当不卑不亢、有礼有节，正如《礼记·仲尼燕语》所云："礼乎礼，夫礼所以制中也。"

---

[1] 中共中央国务院：《新时代公民道德建设实施纲要》，2019年10月。

第二节 实学精神

习近平在《落实才能出成绩》一文中指出,"正确的战略需要正确的战术来落实和执行,落实才能出成绩,执行才能见成效。做任何一项工作,我们不能浅尝辄止、虎头蛇尾,而要真抓实干,善作善成。抓而不成,不如不抓。无论是贯彻上级的决策,还是抓好本级的部署,都要做到既抓部署、又抓落实,在部署中出实招,在落实中求实效"[①]。这些论述与邓小平在改革开放之初所说的"空谈误国,实干兴邦"前后呼应。"既抓部署、又抓落实",不但反映出马克思主义者信仰的理论与实践、逻辑与历史相统一的伟大观点,而且展现出中国共产党人坚持的"实践是检验真理的唯一标准"的重要理念。可以说,社会主义事业的不断前进贵在执行,此可谓至理。

对于中国传统文化,不论是"博学""笃行",抑或"致知""力行",这些"知""行"关系的命题,大体相当于理论与实践的问题。而中国古代先哲更有着长久的崇德尚行传统,虽然某些朝代玄谈、空疏的学风一时流行,但多数思想家强调躬行实践,他们尊立功、重实用、贵实行,也就是"实学"精神。易言之,中国的民族思维是华夏数千年恢宏历史的智慧结晶。

一、实学理念的渊源与发展

实学理念源自早期中华文明关于道德伦理的思想,如孔子的"言必信,行必果"(《论语·子路》)、"君子耻其言而过其行"(《论语·宪问》),老子的"大丈夫处其厚,不居其薄;处其实,不居其华"(《老子·第三十八章》)等。从语言文字变迁来看,"行"在甲骨文作"", 像纵横相通的十字路口,其本义即路口。因篆文书写时,误将原字形转为"人形"的和,字义逐渐有了较大变化,其中之一引申为人的作为、做法,如"三人行,必有我师焉"(《论语·述而》)。"实(實)",金文作"",表意为家有财货,本义是富,后来延伸出事实、真实等内涵,如"吾有卿之名,而无其实"(《国语·晋语》)。概言之,春秋战国时期,"言行"

---

① 习近平:《落实才能出成绩》,《之江新语》,浙江人民出版社2007年版,第88页。

"名实"等与实学有关的范畴或概念已经形成。

先秦思想家的相关讨论,主要针对道德修养、政治教化等问题,旨在强调道德的践履、政治才能的实施;但也部分涉及认识论层面的意识、知识与行为的相互关系,也就是理论和实践的逻辑关系。首先,以儒家学派的实学思维为代表,求是取向颇为明确。第一,孔子学说主张日常伦理的循名责实,例如,"名不正,则言不顺;言不顺,则事不成……君子名之必可言也,言之必可行也"之强调名实相符(《论语·子路》),"子以四教:文,行,忠,信"(《论语·述而》)、"君子欲讷于言而敏于行"之着重实践(《论语·里仁》)。孔子的思想中"名实""言行"相辅相成、相得益彰,要求人的行为与其伦理名分严格一致。第二,孟子的儒家治国理想有其务实的一面。他指出统治者必须立足于民众的实际需求,即"若民,则无恒产,因无恒心","明君制民之产,必使仰足以事父母,俯足以畜妻子,乐岁终身饱,凶年免于死亡",并认为"恒产"是行"礼义"之本(《孟子·梁惠王》)。从求实的角度出发,孟子同样认为,仁政"必自经界始。经界不正,井地不钧,谷禄不平"(《孟子·滕文公》)。不难看出,孟子学说虽侧重阐释发自内心的"仁义礼智"等所谓内圣之学,但其治国理想从未脱离客观现实。第三,儒家集大成者的荀子,十分重视礼制等人心之外的制度,故他所认为的"大儒",就以事功、实行为衡量标准,即"大儒者,善调一天下者也,无百里之地,则无所见其功","其言有类,其行有礼,其举事无悔,其持险应变曲当","通则一天下,穷则独立贵名",这种对大儒经邦济世效能的宣扬,在战国乱世中有着鲜明的服务现实倾向,所以"用大儒,则百里之地,久而后三年,天下为一,诸侯为臣;用万乘之国,则举错而定,一朝而伯"(《荀子·儒效》)。不能不说,荀子学说有着如策士谋臣般强烈的功利主义色彩。

其次,先秦诸子对"名实"问题关注极多,大都强调"实"较于"名"的物质决定性,如"名也者,所以期累实也。辞也者,兼异实之名以论一意也"(《荀子·正名》),而墨子也说"所以谓,名也;所谓,实也;名实耦,合也;志行,为也"(《墨子·经说下》),道家的庄子同样认为"名者,实之宾也"(《庄子·逍遥游》)。至于法家,韩非子也主张遵从事实,他说"圣人者,审于是非之实,察于治乱之情",但却借此反对儒家,"世主美仁义之名而不察其实"(《韩非子·奸劫弑臣》)。简言之,古代思想家对"实"的内在价值高度肯定,这也成为"尚行"思想的重要成因。

再次,实学发展关乎历代学风、士习乃至世风。汉初儒者指出,"诚之者,择善而固执之者也。博学之,审问之,慎思之,明辨之,笃行之"(《礼记·中庸》),这就是说士人实践"诚之道"应当遵循"学问思辨行"的修学路径,该观点对传统文化发展也影响至深。然而,汉代以降,实学思想时常面对"形而上"学风的挑战。诸如魏晋玄学、隋唐佛学、宋明理学等要么清谈玄理,要么耽于禅悦,要么沉迷心性,大都注重人的内在超越,其风所及,往往会有学术空疏之弊。实学思想衰微,每每导致政事停滞、人心虚妄。针锋相对的是,不同时期的实学思想家对此总有强烈批判,如汉代王充所论,"世信虚妄之书,以为载于竹帛上者,皆贤圣所传,无不然之事,故信而是之,讽而读之;睹真是之传,与虚妄之书相违,则并谓短书不可信用。夫幽冥之实尚可知,沈隐之情尚可定,显文露书,是非易见,笼总并传,非实事,用精不专,无思于事也"(《论衡·书虚》)。到了宋代,陈亮则说,"自道德性命之说一兴,而寻常烂熟无所能解之人,自托于其间,以端悫静深为体,以徐行缓语为用,务为不可穷测以盖其所无……为士者耻言文章行义而曰尽心知性,居官者耻言政事书判而曰学道爱人,相蒙相欺,以尽废天下之实,则亦终于百事不理而已"(《陈亮集·送吴允成运干序》)。直至明末清初,顾炎武、王夫之、颜元等人,痛感于明末心学盛行之弊,号召学者致力于"经世致用"之学,形成一股浩荡的政治文化思潮。他们一方面批判科举八股之害,另一方面认为必须革新君主政治。在此背景下,实学理论臻于成熟。

二、务实传统:"实事求是""知行合一""经世致用"

经历数千年的发展变迁,我国文化演进出尚行笃实、格物求真的实践精神。这一核心理念认为"行为重"、强调"言虚而行实",因而主张人们学而时习,躬行实践。虽然行高于知的实学观念很容易被玄学、理学等理论形式所遮蔽,但两者并非截然对立,思想家的论述中它们常常相互交织,难以分割。进而言之,中华民族讲求务实的优秀传统,以"实事求是""知行合一""经世致用"等为精神标识,对当今现实仍有重要的指导意义。

其一,"实事求是",语出《汉书·河间献王刘德传》,本文是"(河间献王德)修学好古,实事求是。从民得善书,必为好写与之,留其真,加金帛赐以招之",这讲的是汉景帝之子河间王刘德,在汉初儒学衰落、典籍四散的年代,注重留存文献原貌,厘清其中真伪,其意在表达先贤对前代典籍的求真态度。其中,"实事求是"的"是"含有"正""直"的价值判断之义,强调对事实真相的探索。这种思维方式,在学术史上引发了西汉后期以下经术传授注重名物、章句的风习,后世更将此种时代风格称为"汉学"。汉学与清代兴盛的考证学联系密切,两者都有"无证不信"的特点,因而又有"朴学"之谓。值得注意的是,在对经典的传注疏解中,围绕文献本身的内容真伪又产生了宋代以后的时兴时衰的疑古思潮。直到民国,最终形成赫赫有名的"古史辨派"。不得不说,释古求真是中国历代学术的典型特色,具有极强的生命力和影响力。

当代语境中的"实事求是",把传统文化的实学精髓与马克思主义理论相结合,是毛泽东思想的重要组成部分。这里的"是"不再局限于真伪曲直,而是泛指规律性的认识或事物的本质。毛泽东特别指出,"实事求是"不仅是一种改造学习态度,还是中国共产党人党性与作风的体现。

其二,"知行合一",出于明代哲学家王守仁(阳明)的《传习录》。他说,"知是行之始,行是知之成。若会得时,只说一个知,已自有行在。只说一个行,已自有知在。古人所以既说一个知,又说一个行者,只为世间有一种人,懵懵懂懂地任意去做,全不解思惟省察……又有一种人,茫茫荡荡,悬空去思索。全不肯着实躬行,也只是个揣摸影响……今人却就将知行分作两件去做。以为必先知了,然后能行……某今说个知行合一,正是对病的药。又不是某凿空杜撰。知行本体,原是如此"①,这就是明代思想史上著名的"知行合一"论。前文讲过,知行关系是我国哲学的关键问题之一,而宋、明数代理学家对它的讨论尤为热烈、深切。其中,南宋朱熹认为"知、行常相须,如目无足不行,足无目不见。论先后,知为先;论轻重,行为重"(《朱子语类》卷九);他又说,"窃谓切问近思,是主于致知,忠信笃敬,则主于力行,知行不可偏废"(《朱文公文集》卷六十《答潘子善》)。朱氏指出,"知""行"在逻辑上虽有先后轻重的分别,但两者必须同等对待。明代王阳明反对这种"知""行"的逻辑分异,他所提出的"知行合一",强调"知""行"二而为一、难以分离。

朱、王两人对知行问题的考察,对前代的"言行""名实"论有较大超越,后来实学的发展也与此密切相关。如王夫之说,"凡知者或未能行,而行者则无不知。且知行二义,有时相为对待,有时不相为对待。如'明明德'者,行之极也,

---

① 〔明〕王守仁著,于雄民注、顾久译:《传习录全译》卷上《徐爱录》,贵州人民出版社1998年版,第12页。

而其功以格物致知为先焉。是故知有不统行,而行必统知也"(《读四书大全说》卷六),他虽极力强调富于实学精神的"行",但也明显吸收了朱、王的上述理学思维。

表 2-2　古代"知""行"思想简表

时代	原典	出处
先秦	始吾于人也,听其言而信其行;今吾于人也,听其言而观其行。	《论语·公冶长》
	道虽迩,不行不至;事虽小,不为不成。	《荀子·修身》
	行不可不孰,不孰,如赴深溪,悔无及。	《吕氏春秋·慎行论》
宋元	言而不行,自欺孰甚焉?	《二程集·河南程氏粹言》
	知与行,功夫须著并到。知之愈明,则行之愈笃;行之愈笃,则知之益明。	朱熹《朱子语类》卷十四
	先务躬行,非止诵书作文而已。	许衡《许文正公遗书·语录上》
明	夫学问思辨行,皆所以为学,未有学而不行者也……尽天下之学无有不行而可以言学者,则学之始固已即是行矣。	王守仁《王阳明全集·传习录中》
	近世学者之弊有二:一则徒为泛然讲说,一则务为虚静以守其心,皆不于实践处用功,人事上体验。	《王廷相集·与薛君采二》
	其始也以行为知,其流也以知为行,则今日之所讲者全无一字着落,其终只成就得一个虚伪。若曰:"吾之知已到此,则行已到此矣。"是知行合一之说,适足以掩其知而不行之过。	《吴廷翰集·吉斋漫录卷下》
	世俗知行不分,直与千古圣人驳难,以为行即是知。余以为能行方算得知,徒知难算得行。	吕坤《呻吟语·治道篇》
	如何学道只是口说?口说不济事,要须实践。	焦竑《崇正堂答问》

续表

时代	原典	出处
清	行可兼知,而知不可兼行。下学而上达,岂达焉而始学乎?君子之学,未尝离行以为知也必矣。	王夫之《尚书引义·说命中二》
清	吾辈只向习行上做工夫,不可向语言文字上着力。	《颜元集·斋先生言·王次亭》
近现代	以行而求知,因知以进行。……其始则不知而行之,其继则行之而后知之,其终则因已知而更进于行。	孙中山《孙文学说》
近现代	知行岂无异乎?闻而知之,所谓声量也;思而知之,所谓比量也;行而知之,所谓现量也。真知者唯现量,非比量、声量。	章太炎《菿汉昌言·经言二》

其三,"经世致用",较早出现于明人叶向高所撰《纲鉴臆编序》,原文是"读之易竟,真史学之捷径,而经世致用者之准绳也"(《苍霞余草》卷五),意思是通过治理国事民生而实现功用。其强调知识、学问必须用于经邦济世,如清初大儒孙奇逢所说,"诵诗读书所以经世致用,嘘古人已陈之迹,起今日方新之绪,方是有用之学"(《四书近指》卷十《诵诗三百章》)。清中叶以后,该词的使用逐渐广泛,如乾隆朝四库馆臣对清初实学思想家李塨评价说,"塨天分本高,其学自成一家,以经世致用为主"(《四库全书总目》卷一百八十四集部三十七)。然而,需要注意的是将"经世""致用"分作两个词,使用更为频繁。"经世""经济"等意义接近,常形容士君子的治理国政才能,如庄子云"六合之外,圣人存而不论;六合之内,圣人论而不议;春秋经世先王之志,圣人议而不辩"(《庄子·齐物论》);"致用"则指建功立业的目标,如《周易·系辞》所论,"法象莫大乎天地,变通莫大乎四时,悬象著明莫大乎日月,崇高莫大乎富贵。备物致用,立成器以为天下利,莫大乎圣人",即圣贤能够开创伟业,实现天下善治。

对今人而言,"经世致用"的核心理念,主要指明清之际顾炎武、黄宗羲、王夫之等启蒙思想家重时务、勇任事、尚查证的实学精神。他们批判宋明道学家脱离现实、空言道德性命的思想,如颜元讽刺说,"如谓读书便足处天下事,而不必习行,是率天下而汉儒也;如谓一室主静敬,便足明天下理,而不必历练,是率天下而禅也"(《颜元集·不为》),他又说,"程、宋动言古人如何如何,今人都无,不思我行之即有矣。虽古制不获尽传,只今日可得而知者尽习行之,亦自足以养人"(《颜元集·存学编》卷四)。可以说,清代学人极力矫正前人尚古、空虚的学风,这种重实践、重实效的作风正是清代实学的典型特征,而乾嘉时期兴盛的考据学也与此有直接联系,不再赘述。

三、求真务实、真抓实干:当代中国的实学精神

明后期到清初的思想家,在对前代学风不断反思的过程中,将注重实践的思想提升前所未有的高度。他们或强调"知以行为功"、"行有知之效"(王夫之语),或声明"只须在行字著力"(颜元语),这些认识是我国尚行传统的继承与创新。近代以来,革命志士与思想家如谭嗣同、孙中山、章太炎等,十分认同和推崇清代的经世之学,并以其与西方资产阶级的理性主义相整合,进而鼓动民众参与维新或革命斗争活动。

20世纪的民主主义革命,是既往知行理论的突破和革新,尤其以毛泽东为代表,他在民族危亡的抗日战争时期撰成《实践论》,运用唯物辩证法系统阐述真理与实践、认识与改造等问题,揭示出中国革命如何走向胜利的本质认识。毛泽东的实学精神,打破、纠正了党内长久以来的教条主义,特别是严重脱离社会实践的主观主义错误。可以说,毛泽东的实践论是辩证唯物主义的知行统一观,是马克思主义与中华优秀文化核心理念的完美融合。

进入21世纪,中国共产党大力弘扬求真务实的精神,这是对毛泽东思想实践论的继承与完善,也是传统实学精神的伟大复兴。一直以来,习近平同志不断强调求真务实的极端重要性,他针对求真务实在党的建设、干部任用及动员青年等方面的实践,在不同场合就有系统而深入的论述。其中,加强求真务实在党的建设中的作用是问题之核心。2004年,习近平任浙江省委书记时就指出,"求真务实,是辩证唯物主义和历史唯物主义一以贯之的科学精神,是我们党的思想路线的核心内容,也是党的优良传统和共产党人应该具备的政治品格",他对求真务实理论意义和历史地位作出了全面肯定和高度凝练。这一精神也是党的先进性建设,尤其是转变工作作风的核心内容,一方面,他对党的群众路线教育实践活动存在的形式主义、官僚主义等深恶痛绝,进而指出"在形式主义方面,主要是知行不一、不求实效,文山会海、花拳绣腿,贪图虚名、弄虚作假""在官僚主义方面,主要是脱离实际、脱离群众,高高在上,漠视现实,唯我独尊、自我膨胀";另一方面,他要求"以开展保持共产党员先进性教育活动为契机,力求做到求客观实际之真、务执政为民之实",在工作中既要"办实事而不图虚名,求实效而不做虚功",更要深入调查研究,真抓实干动真格、务实效。①

在干部队伍建设上,习近平多次强调和阐述求真务实是良好政治生态的关键所在。2006年,他在《不兴伪事兴务实》中结合传统实学精神,明确地说,"古人曰:'不受虚言,不听浮术,不采华名,不兴伪事。'这也可以说是求真务实的一个基本要求。务实之人,一般都是愿听真话、敢讲真话、勇于负责、善抓落实之人。领导干部就要做这样的务实之人",这是对他心目中的好干部的初步描述。七年后,他再次从总体上概括了中国共产党选人、用人的主要标准,"好干部要做到信念坚定、为民服务、勤政务实、敢于担当、清正廉洁",其中对于"勤政务实",进一步提出,"党的干部必须勤勉敬业、求真务实、真抓实干、精益求精,创造出经得起实践、人民、历史检验的实绩"②,这无疑有利于明确各级党委组织的用人导向和工作机制,激励广大干部在本职工作中抓出实效,不断开拓奋进。

此外,对于新时代的中国青年,习近平同样给予很高期望,他说青年人"要有探索真知、求真务实的态度,在立足本职的创新创造中不断积累经验、取得成果",这里把"求真务实""创新创造"两种精神进行结合,不但告诉青年一代不仅必须"脚踏实地",而且需要"志存高远",还凸显出当代实学精神的崇高价值。③

第三节　公正无私

习近平在《促进社会公平正义,保障人民安居乐业》的谈话中指出:"促进社会公平正义是政法工作的核心价值追求。从一定意义上说,公平正义是政法工作的生命线,司法机关是维护社会公平正义的最后一道防线。政法战线要肩扛公正天平、手持正义之剑,以实际行动维护社会公平正义,让人民群众切实感受到公平正义就在身边。"这里所说的"公平正义"不仅事关深化社会主义政法改

---

① 习近平:《群众路线是党的生命线和根本工作路线》,《习近平谈治国理政》,外文出版社2014年版,第368—369页;《形势越好,越要求真务实》《弘扬求真务实的精神》,《之江新语》,浙江人民出版社2007年版,第31、132页。

② 习近平:《不兴伪事兴务实》,《之江新语》,浙江人民出版社2007年版,第240页;《着力培养选拔党和人民需要的好干部》,《习近平谈治国理政》,外文出版社2014年版,第412—413页。

③ 习近平:《在实现中国梦的生动实践中放飞青春梦想》,《习近平谈治国理政》,外文出版社2014年版,第52页。

革,而且更是维护社会稳定、人民安居乐业的有力保障。他进一步强调"坚持以公开促公正、以透明保廉洁,增强主动公开、主动接受监督的意识",这是对公正精神的实践提出了具体要求。① 从中可见,公平正义已成为社会主义国家治理的核心价值和重要原则。

公平正义,简称公正,也是社会主义核心价值观的重要内容,它植根于中华优秀传统文化的伟大血脉。而在古代文献中,"公正""公平"意义接近,且往往与"无私""不私"等相连,如"天公平而无私,故美恶莫不覆;地公平而无私,故小大莫不载"(《管子·形势解》),又如"公正无私,一言而万民齐"(《淮南子·修务训》)。这些言论一方面彰显出我国源远流长的公正思想,另一方面也反映了中国传统社会中"公""私"间持续而强烈的利益冲突。大体而言,公正无私的人文精神,在古代社会政治、经济以及文化中有深刻影响,发展出"天地不仁""至公无私""激浊扬清""以义为利"等重要理念,是当今社会营造公平公正环境的宝贵财富。

一、公正思想的渊源与发展

公正理念的生成,可从中华文明早期语言的发展看出端倪。"公"字,甲骨文为 ⿱八ㄙ,由 八("分"的本字)和 ㄩ("共"字的省略)组合构成,本义表示对集体共有物品平分,《说文解字》就解释说"公,平分也"。后来,金文将形近的 ㄩ(义为"共")和 ㄙ(义为"私")混用,公、私两者的对立、相反关系,因之得以展现,如韩非子就说,"古者仓颉之作书也,自环者谓之'私',背'私'谓之'公'。公私之相背也,乃仓颉固以知之矣"(《韩非子·五蠹》)。韩非子认为,以"私"是自己向自己聚拢,"公"则是与其相反,放弃自身利益。可以肯定的是,"公"与民众集体所有的经济现象有关,同时"分其厶(私)以与人"也是公。"正",甲骨文作 ⿱囗止,上部的"囗"像城邑或方国,下部的"止"象行军,本义是征伐不义的邦国,如"予畏上帝不敢不正"(《尚书·汤誓》),再如"三代帝王既没,天下失义,诸侯力正"(《墨子·明鬼》)。当"正"的"征战"之义消失后,本字被"征"所取代。而最迟在春秋时代,"正"已有正义、平直的含义,如"名不正则言不顺"(《论语·子

---

① 习近平:《促进社会公平正义,保障人民安居乐业》,《习近平谈治国理政》,外文出版社 2014 年版,第 148—149 页。

路》),"席不正不坐"(《论语·乡党》)。从上述可知,"公""正"二字在演进中较早就含有公共、正直等意涵,而两者合为一词在先秦典籍中并不鲜见,如《慎子·内篇》,"蓍龟所以立公识也,权衡所以立公正也,书契所以立公信也,法制礼籍所以立公义也,凡立公所以弃私也",又如《荀子·正论》,"上宣明,则下治辨矣;上端诚,则下愿悫矣;上公正,则下易直矣"。概言之,中国的公正思想肇始于先秦时期,尤其是儒、法、道等派别都提出了颇具特色而富于智慧的独自见解。

比较而言,儒家的公正观十分强调品德与政治的导向,如《尚书·洪范》对于君主的训示,"无偏无党,王道荡荡;无党无偏,王道平平;无反无侧,王道正直",它要求帝王"平康""正直",无所偏私。孔子所持看法与其没有明显差异,他说"其身正,不令而行;其身不正,虽令不从"(《论语·子路》),对统治者品行的重要性提出相应主张。孟子将统治的公正推广到士人道德价值层面,指出"枉己者,未有能直人者也"。他指出所谓"大丈夫"应当"居天下之广居,立天下之正位,行天下之大道;得志,与民由之;不得志,独行其道"(《孟子·滕文公》),这便将"正"上升到崇高的人格地位。而战国法家人物也认为,"所谓直者,义必公正,公心不偏党也",且应当"义端不党","去邪罪私"(《韩非子·解老》),就是说秉持公正的当政者,既要不阿附、偏私,更要弹劾奸邪、谴责私心。

公正观的发展、形成,是以国家治理为核心而不断拓展的结果。它既是一种指向明确的政治理念,也包括社会道德价值维护、政法制度构建等方面的现实诉求。仍以儒家为代表,面对春秋时代诸侯国内执政者滥用权力之现象,孔子指出"政者,正也。子帅以正,孰敢不正"(《论语·颜渊》)。他提出评判政治公正的"五美"标准,即"君子惠而不费,劳而不怨,欲而不贪,泰而不骄,威而不猛"(《论语·尧曰》)。这些尊重民众利益、合理使用民力的为政建议与主张,作为一种思想性制约,对中国传统社会产生了广泛、深刻的影响。与此不同,法家则强调公正的法治,"以法制行之,如天地之无私也。是以官无私论,士无私议,民无私说,皆虚其匈以听其上"(《管子·任法》)。值得注意的是,公正思想的范围相当广泛,与礼乐之道亦有关联,如《吕氏春秋·大乐》记载道,"天下太平万物安宁皆化其上,乐乃可成……务乐有术,必由平出,平出于公,公出于道",如此看来,国家制乐的方法与途径出于"公""平"之道。

此外,公正思想在内容上还包含公平、平等的意思,尤其是关于统治者赏罚分明的论述较为突出。这方面,先秦时期的例子有"为政者,不赏私劳,不罚私怨"(《左传·昭公五年》)。秦汉以后,这种思想就更为明显,如董仲舒说"赏罚用于实,不用于名"(《春秋繁露·考功名》),再如诸葛亮论"赏不可不平,罚不可不均"(《便宜十六策·赏罚》)等。此外,公平公正还涉及接受教化、选拔贤能,如"子曰:有教无类"(《论语·卫灵公》),"举直错诸枉,则民服;举枉错诸直,则民不服"(《论语·为政》)。

二、大公无私精神:"天地不仁""以义为利""激浊扬清"

统而言之,公正作为中国传统文化的重要精神,主旨在于建立公平的政治秩序、正义的社会价值体系。以其为基点,历代思想家分别从天人关系、吏治官箴以及道德伦理等层面展开长久而浓烈的公正观论争,进而产生出"天地不仁""激浊扬清""以义为利"为典型的核心理念,下文将据此三者展开论述。

其一,"天地不仁",出于道家开创者老子,原文是"天地不仁,以万物为刍狗;圣人不仁,以百姓为刍狗"(《老子·第五章》)。这就是说,天地自然无意于关爱万物,而任由其自身发展;圣人取法天地,对民众无所偏爱,也对百姓生活不加干预,奉行无为之治。老子认为,天道、圣君待人待物以平等无爱为法则,因此,他反对统治者人为干预所导致的不公。老子指出,"天之道,损有余而补不足。人之道则不然,损不足以奉有余"(《老子·第七十七章》)。他以天道不仁限制政治权力滥用,展现出道家"以正治国""我好静,而民自正"(《老子·第五十七章》)的国家公正观。这种清静无为的公正观,批评社会人为的贫富贵贱差异,点明"不知常,妄作凶。知常容,容乃公,公乃全,全乃天,天乃道,道乃久"(《老子·第五十七章》),换句话说,维护和实现社会的公平公正,需要依靠包容一切的天地之道来治理,而这种自然之法本质上是"天道无亲,常与善人"(《道德经·第七十九章》)。

道家学派取法自然的公正观,具有朴素唯物主义的特征,他们认为"天网恢恢,疏而不失"(《老子·第七十三章》),是普遍适用的原理。这种崇尚"无为"的公正观,虽然源于对原始社会"小国寡民"式淳朴世风的怀念,却对后世的思想界产生深远影响。一方面,从道家内部来看,庄子同样认为万物平等,即"以道观之,物无贵贱""因其所大而大之,则万物莫不大;因其所小而小之,则万物莫不小"(《庄子·秋水》),而列子也没有大的差异,他说"天地万物与我并生,类也。类无贵贱,徒以小大智力而相制"(《列子·说符》)。另一方面,儒、法诸家对道家的天道公正观相当认同,如汉儒有论"天无私覆,地无私载,日月无私照。奉斯三者以劳天下,此之谓三无私"(《礼记·孔子闲居》);法家的管仲也认为"圣人若天然,无私覆也;若地然,无私载也。私者,乱天下者也"(《管子·心术下》),他又强调"如地如天,何私何亲;如月如日,唯君之节"(《管子·牧民》);而吕不韦所撰也指出,"天无私覆也,地无私载也,日月无私烛也,四时无私行也。行其德而万物得遂长焉"(《吕氏春秋·去私》)。可以看出,儒法诸家从"无私"的角度论证天道,这与道家的"天地不仁"殊途同归,相得益彰。

其二,"以义为利",出于《礼记·大学》,本文是"国不以利为利,以义为利也"。春秋时期开始,以仁义之说为根本,学者们的义利之辩就颇为热烈。义利问题以仁义与利益为中心,逐渐扩展到公与私、物质与道德之间的关系,宋代以后甚至关涉天理与人欲等重要范畴。其中,以儒家为代表,他们主张"见利思义""居利思义""先义而后利",孟子就强调说"仁,人之安宅也;义,人之正路也。旷安宅而弗居,舍正路而不由,哀哉"(《孟子·离娄上》)。既然以"义"为"正",自然容易得出公为义、私为利的结论,因而人们必须重公抑私,或者"贵公""去私",诚如吕不韦门客所论,"先圣王之治天下也,必先公。公则天下平矣,平得于公。尝试观于上志,有得天下者众矣,其得之以公,其失之必以偏。凡主之立也,生于公"(《吕氏春秋·贵公》)。这种以义为导向的价值观,不仅倡导民众"以公义胜私欲",而且要求统治者公直无私,如唐太宗李世民就说"君人者,以天下为公,无私于物"(《贞观政要·论公平》)。简言之,儒家公正观的重要构成之一是大公无私,它关系整个社会与国家。明代思想家吕坤对此的论述极为精辟,他说"公私两字,是宇宙的人鬼关。若自朝堂以至闾里,只把持得公字定,便自天清地宁,政清讼息。只一个私字,扰攘得不成世界"(《呻吟语·治道篇》)。

其三,"激浊扬清",语出三国刘劭力所撰《人物志·利害》,原文为"夫清节之业,著于仪容,发于德行……其功足以激浊扬清,师范僚友。其为业也,无弊而常显,故为世之所贵"。又见东晋顾夷《顾子》所议"水有四德:沐浴群生通流万物,仁也;扬清激浊,荡去滓秽,义也"[①],东晋袁宏《后汉纪·孝桓皇帝纪》也

---

① 此处"水有四德"以下,今人多误以为出于先秦《尸子·君治》,据李守奎等《尸子译注》(黑龙江人民出版社2003年版,第165页)有关考证改之。

有"末世陵迟,臧否聿兴。执铨提衡,称量天下之人。扬清激浊,绳墨四海之士"之论。从以上引文不难发现,汉代以后公正观念有道德化、人格化的倾向,这里的"清浊"之辩显然具有判断是非、臧否人物以及评论时政的意义。激浊扬清的公正观影响颇为深远,它既是官员诠选如九品中正的标准,更成为后世主张政治清明,尤其是人们推崇"良吏""清官"的重要思想资源。

其实,先秦思想家就将公正与"清"相联系,如《老子·第四十五章》"清静为天下正"、《吕氏春秋·审分》"清静以公"等。东汉马融更把它与政治结合起来,他说,"在官惟明,莅事惟平,立身惟清。清则无欲,平则不曲,明能正俗。三者备矣,然后可以理人"(《忠经·守宰章》)。值得注意的是,"清"与"无私""廉"等相融合,标志着传统时代的公正观在政治上的醇熟,例如1975年出土的睡虎地秦简有《为吏之道》,该篇记载道"凡为吏之道,必精洁正直,慎谨坚固,审悉无私""清廉毋谤,举事审当",再如唐代《臣轨·廉洁》云"君子行廉以全其真,守清以保其身"。到明清时期,清正廉洁公正观的实践达于巅峰,如明嘉靖朝郭允礼居官时所题官箴石,曰"吏不畏吾严,而畏吾廉;民不服吾能,而服吾公。廉则吏不敢慢,公则民不敢欺。公生明,廉生威",据传原文出自明初名臣年富,这则强调为官清正的格言曾被中央领导人谈话时多次引用,是当今廉政建设的宝贵精神财富。最后,以清初大儒顾炎武在《与公肃甥书》所论作结,他说"诚欲正朝廷以正百官,当以激浊扬清为第一要义",此实乃千金不易之理。

三、公平正义:社会主义政治的核心价值

中国古代"公正无私"的人文精神,虽然对巩固王朝统治的繁荣稳定、维护社会整体利益有一定的积极作用,但因经济基础建立在阶级剥削制度之上,其公正公平显然存在很大的局限性。当前,植根于近现代革命消灭剥削社会、建立公有制的伟大基础,继承改革开放以来邓小平关于效率与公平、实现共同富裕的时代创见,中国特色社会主义提出构建"公平正义"的和谐社会主张。2005年2月,胡锦涛在省部级主要领导相关讲话中概括说,"公平正义,就是社会各方面的利益关系得到妥善协调,人民内部矛盾和其他社会矛盾得到正确处理,社会公平和正义得到切实维护和实现"①。此后,中共十七大、十八大均将"社

---

① 胡锦涛:《构建社会主义和谐社会》,《胡锦涛文选》(第2卷),人民出版社2016年版,第301—302页。

会公平正义"作为重要内容列入,并要求逐步建立权利平等、机会均等、规则公平、分配公平和司法公正为主要内容的保障体系。2013年,《中共中央关于全面深化改革若干重大问题的决定》明确指出全面深化改革,"必须以促进社会公平正义、增进人民福祉为出发点和落脚点",同时认为应当"紧紧围绕更好保障和改善民生、促进社会公平正义深化社会体制改革,改革收入分配制度,促进共同富裕,推进社会领域制度创新,推进基本公共服务均等化",这些主张与举措直面当前社会存在的不公平问题,对于改革、完善中国特色社会主义制度具有重大理论价值和现实指导意义。

概言之,新时代的公平正义主要包括以下内容,它既是全面建成小康社会的内在要求,也是社会主义政治的生命线,还是构建新型国际关系的基本原则。具体来说,第一,公平正义是社会主义本质的典型特征。习近平指出,"公平正义是中国特色社会主义的内在要求,所以必须在全体人民共同奋斗、经济社会发展的基础上,加紧建设对保障社会公平正义具有重大作用的制度,逐步建立社会公平保障体系",同时公平正义的价值追求是共同富裕,他多次强调"必须使发展成果更多更公平惠及全体人民,朝着共同富裕方向稳步前进"①。此外,处理好效率与公平问题也极为重要,中共十九大报告就提出:"解放和发展社会生产力,是社会主义的本质要求。我们要激发全社会创造力和发展活力,努力实现更高质量、更有效率、更加公平、更可持续的发展。"②总之,社会主义的优越性在于共同富裕,而公平正义是实现这一目标的必由之路。

第二,发展社会主义民主政治,必须坚持公平正义、全面推进依法治国。中共十九大四中全会相关决定指出,我国国家制度和国家治理体系具有"坚持全面依法治国,建设社会主义法治国家,切实保障社会公平正义和人民权利的显著优势",同时"坚持法治建设为了人民、依靠人民,加强人权法治保障,保证人民依法享有广泛的权利和自由、承担应尽的义务"③。党中央强调公正是法治的生命线,对此有学者认为,"全面依法治国的根本目的在于确保一切权力属于人

---

① 习近平:《紧紧围绕坚持和发展中国特色社会主义学习宣传贯彻党的十八大精神》,《习近平谈治国理政》,外文出版社2014年版,第13页。
② 习近平:《决胜全面建成小康社会,夺取新时代中国特色社会主义伟大胜利——在中国共产党第十九次全国代表大会上的报告》,人民出版社2017年版,第41页。
③ 《中共中央关于坚持和完善中国特色社会主义制度推进国家治理体系和治理能力现代化若干重大问题的决定》,人民出版社2019年版,第22页。

民,这不仅是最广泛、最真实、最管用的民主,也是最广泛、最基本、最实在的公平正义"①,这一看法是相当中肯的。进而言之,全面从严治党,同样以促进社会公平正义为价值追求。中共十八大报告早就提出,全党"必须坚持维护社会公平正义"的共同信念,做"公平正义的维护者","保持党的先进性和纯洁性",特别是"坚定不移反对腐败,永葆共产党人清正廉洁的政治本色"②。

最后,推动构建公平正义的新型国际关系,是新时代社会主义治国理政的重要举措。中共十八大以来,习近平在外交中坚持倡导建立公正合理的国际秩序和国际体系,他指出,"历史昭示我们,弱肉强食不是人类共存之道,穷兵黩武无法带来美好世界。世界各国都要遵循平等互信、包容互鉴、合作共赢的原则,一起来维护和弘扬国际公平正义,推动建设持久和平、共同繁荣的和谐世界"③,这对于完善全球治理、促进世界和平发展,无疑发挥着建设性作用。

第四节 世界大同

习近平在德国科尔伯基金会的一次演讲中说,"中华民族是爱好和平的民族",中国自古就提出了"天下太平""天下大同"等理念。④ 在这里,"天下大同"已成为中国和平发展的精神标识之一。而在中国传统文化中,"天下大同"作为一种核心理念内涵极为丰富,它打破国土内外的政治界限,塑造出社会和平富足、民众安乐互助之景象,象征着古人对理想社会和美好生活的期冀与探寻。早期文献之一的《礼记》,对此有精深概括,它说"圣人能以天下为一家,以中国为一人者",又说"大道之行也,天下为公,选贤与能,讲信修睦"(《礼记·礼运》),以上论述既显示出中华先贤对人类一体化的宽容心胸,同时归纳出理想社会模式的若干典型特征。"大同"社会虽然原本属于儒家学者的乌托邦理想,但其对近代启蒙思想家如康有为、孙中山等产生了深刻影响,成为中国社会

---

① 冯颜利:《习近平关于公平正义思想重要论述的五个维度》,《当代世界》2018年第10期。
② 胡锦涛:《坚定不移沿着中国特色社会主义道路前进,为全面建成小康社会而奋斗》,《十八大以来重要文献选编》(上),中央文献出版社2014年版,第17页。
③ 习近平:《弘扬传统友好 共谱合作新篇——在巴西国会的演讲》,人民出版社2014年版,第11页。
④ 习近平:《走和平发展道路是中国人民对实现自身价值发展目标的自信和自觉》,《习近平谈治国理政》,外文出版社2014年版,第265页。

变革与进步的重要源泉。

大体而言,世界大同所蕴含的"求大同"精神,一方面强调民族国家内部的经济共同富裕、社会福利平等健全以及文化多元会通,另一方面则主张全球各国和平共处、合作共赢与文明互鉴。作为中华优秀传统文化的重要表征,实现中国梦、建设人类命运共同体的目标与它是高度契合的,生动体现出时代精神与历史传统的统一。

一、"大同"理念的产生与发展

中国古典的大同精神,虽起源于春秋战国时期,但从文字学来看其有一定的演进轨迹。"大",通常认为和"小"相对,不过由于具有明显的抽象意义,在文字构建过程中,先民将之与"人"的身体形貌联系起来,所以表现为"大"或"大"。因此,"大"造字之初就与天人关系相涉,如《周易·彖》曰"大哉乾元,万物资始,乃统天",《老子·第二十五章》则云"有物混成,先天地生……可以为天地母。吾不知其名,字之曰道,强为之名曰大。大曰逝,逝曰远,远曰反。故道大,天大,地大,人亦大",《庄子·天地》也说"夫道,覆载万物者也,洋洋乎大哉。君子不可以不刳心焉。无为为之之谓天,无为言之之谓德,爱人利物之谓仁,不同同之之谓大",三者都把"大"与"道""天地"等相关联,用来凸显大自然与人类世界的一体性。而在甲骨文中,"同"作"凡",由上部"凡"(象众人夯地的夯桩)、下部"口"(口,象劳动号子)组成,本义表示人们夯地时借号子一齐用力,如《周易·文言》云"同声相应,同气相求",《说文解字》也说"同,合会也"。不难发现,"同"包含聚合、协作之义,如《论语·微子》有"鸟兽不可与同群",《韩非子·说林上》"同事之人,不可不审察也",可以说"同"本身有平等合作的意思。概言之,"大同"一词很早就有"天下一体"之道的内在意蕴。

先秦诸子百家竞起争鸣,"大同"逐渐进化为一种崇高的社会理想,它主要包括天道宇宙思想、公平美好的社会秩序及"圣人"之理想人格,此外也涉及现实的社会保障、风俗治理等内容。首先,"大同"理念被认为是解决人类社会矛盾冲突的不二原则。该思想由道家学派所创始,如老子提出的"玄同"理念,即"塞其兑,闭其门;挫其锐,解其纷;和其光,同其尘。是谓玄同"(《老子·第五十六章》),他主张人们超脱嗜欲、利害等世俗桎梏,相携一致,彼此尊重,从而化解纷争、融为一体。《庄子·则阳》也强调融合,"丘山积卑而为高,江河合水而为大,大人合并而为公……天地者,形之大者也;阴阳者,气之大者也;道者为之公",其结论是天地、阴阳及万物汇为一体才是公或大道。道家的上述思想为战国以降的儒家所继承,如《易传》说"一阴一阳之谓道……显诸仁,藏诸用,鼓万物而不与圣人同忧",旨在说明"道"与天人的分际、聚合,即虽然天地无为而圣人忧虑,两者却并行不悖。在此理论指引下,《礼记·礼运》从大道的"行"或"隐"概括出两大社会模式,一种是"大道之行也,天下为公"的"大同",另一种则是"大道既隐,天下为家"的"小康"。前者是"皆有所养""外户而不闭"的美好向往,后者则是"货力为己""谋用是作"及"兵由此起"的现实,比较之下,和而无争的"天下大同"构想无疑具有更大的吸引力。

其次,"大同"社会的设想与描绘聚焦于民生问题。以儒家为例,突破血缘结构的"天下"共享精神,尤其引人注目,如《孟子·梁惠王》认为"老吾老,以及人之老;幼吾幼,以及人之幼。天下可运于掌……故推恩足以保四海,不推恩无以保妻子。古之人所以大过人者无他焉,善推其所为而已矣"。汉儒对他的观点虽颇为认同,如"人不独亲其亲,不独子其子,使老有所终,壮有所用,幼有所长,矜寡孤独废疾者,皆有所养。男有分,女有归。货恶其弃于地也,不必藏于己;力恶其不出于身也,不必为己"(《礼记·礼运》),但在实践中有明显的修改,即"所谓平天下在治其国者:上老老而民兴孝,上长长而民兴弟,上恤孤而民不倍,是以君子有絜矩之道也"(《礼记·大学》),可以看到从大众的"人"到少数的"上","大同"精神被悄然间限制和削弱。值得注意的是,血缘与"私"密切相联,因而大同社会强调"公",如"不横私天下之身,不横私天下物者,其唯圣人乎! 公天下之身,公天下之物,其唯至人矣"(《列子·杨朱》)。简言之,"大同"社会的终极要求之一,是实现民众在经济民生方面的平等共享,共同发展,恰如孔子所言"丘也闻有国有家者,不患寡而患不均,不患贫而患不安。盖均无贫,和无寡,安无倾"(《论语·季氏》)。

最后,"大同"思想在理论建构和历史发展中都有丰富而多样的展现。一方面,虽然儒家对"大同"社会的美好概括最具代表性,但道、法、墨、农等派别也提出了"小国寡民""刑无等级""兼爱非攻"以及"并耕而食"等各有特色的宏观制度构想。这些主张都包含有社会平等、协作共享的价值取向,凸显出大同思想对民众生命、人格一视同仁,倡导人类友爱互助、安居乐业,追求社会稳定和谐的最高诉求。另一方面,是不同时代人们对"大同"理念多样的表达。不仅是思想家,普通百姓的大同社会梦想同样值得关注,如先秦时期魏地民众的愤怒之歌,"逝将去汝,适彼乐土。乐土乐土,爰得我所"(《诗经·硕鼠》),诗中的"乐土"以及"乐国""乐郊"反映出人们对"大同社会"的憧憬之情。秦代以后,底层民众为反抗政治腐败,时时揭竿而起,提出许多深得人心的斗争纲领,如东汉末年张鲁发起五斗米教,受道者出五斗米才能加入,然后通过"义舍""义米""义肉",徒众似乎建立起集体共享的"大同"生活。此后,农民起义往往主张"计口授田",人人耕桑,或者强调等贵贱、均贫富,他们极力盼望消除贫富贵贱,实现财富同等分配的"大同"想象。需要补充的是,历代文人士大夫,如晋代还创作出的"华胥国""终北国"以及"桃花源"等世外仙境,而这些文学意象也是中国"大同"思想的重要体现。

二、天下为公:"书同文,车同轨""一体之仁""美美与共"

数千年来,中国"天下为公"的大同精神,既是执政者治国平天下的至上原则,同时也被作为个人修己处世的价值规范。其内容有三大要点:第一,家国之治是天下升平的基础,因而讲求"书同文,车同轨";第二,诚意正心以天人合一为归,故主张"一体之仁";第三,与他人、别国相交,则不仅应和平共存,更要成人之美,旨在"美美与共"。下文即围绕上述要点进行具体探讨。

其一,"车同轨,书同文",语出《礼记·中庸》,原文是"非天子,不议礼,不制度,不考文。今天下,车同轨,书同文,行同伦。虽有其位,苟无其德,不敢作礼乐焉;虽有其德。苟无其位,亦不敢作礼乐焉",意思是君主必须以德执政,通过礼乐制度实现国家以及天下之大同;其又可见于《史记·秦始皇本纪》,述说秦兼并六国后,"一法度衡石丈尺。车同轨。书同文字",旨在强调秦朝实施中央集权的重大举措。这里《史记》与《礼记》所阐释的"大同",核心是指国家的政治统一、经济一体和文化整合,而它与后世士大夫高度认同的"大一统"在内涵上相当契合。所谓"大一统",不仅包括疆土统一,而且要求国家政统、法治、文化的高度统一,正如《汉书·王吉传》所言"大一统者,六合同风,九州共贯也"。

"车同轨,书同文"所显现的大同精神,为秦以后历代王朝所遵行,无论统一或分裂时代,统治阶级大都将九州与共、远人来朝作为国族统治合法性的象征。而群经之首的《易经》有"同人卦",宋代大儒程颐对此解释说,"夫同人者,以天下大同之道,则圣贤大公之心也",又"大同之道,无远不同也,其亨可知,与天下大同,是天下皆同之也,天下皆同,何险阻之不可济,何艰危之不亨"(《周易程氏传》),他的观点无疑证明大同思想的现实基础是国家的领土统一与社会团结。

其二,"一体之仁",出自明代王阳明《传习录·答顾东桥书》,本文是"夫圣人之心,以天地万物为一体,其视天下之人,无外内远近。凡有血气,皆其昆弟赤子之亲,莫不欲安全而教养之,以遂其万物一体之念。天下之人心,其始亦非有异于圣人也,特其间于有我之私,陷于物欲之蔽……圣人有忧之,是以推其天地万物一体之仁以教天下,使之皆有以克其私,去其蔽,以复其心体之同然",大意是天下万物本是一个整体,不论圣俗、贤愚都有相同的仁心。宋代程颢曾提出"仁者,以天地万物为一体"的看法,可以说两者颇有渊源,而他们的上述观点从公私、理欲的角度,对大同精神所依赖的社会心理机制作出创新性阐释。值得注意的是,这一理解在宋明理学家当中相当流行,如明初薛瑄就认为,"若能克去有己之病,廓然大公,富贵贫贱,安乐生寿,皆与人共之,则生意贯彻,彼此各得分愿,而天理之盛,便是与万物为一体矣"(《薛子道论》),从中不难论定,"万物一体之仁"逐渐成为近世中国实践大同理想的至高境界。

其三,"美美与共",源于《论语·颜渊》,原句为"子曰:君子成人之美,不成人之恶;小人反是",本义是君子协助他人以促成美事。此处的"美",主要指行事目标合乎道德,后来其内涵日益丰富,囊括个人、社会与国家的一切美好愿景。1990年,我国社会学家费孝通化用孔子之说,提出"各美其美,美人之美,美美与共,天下大同"的文化设想,他将先贤所论之"美"上升到文明价值层次,希望不同文明能够开阔胸怀、互相借鉴、博采众长,创造出"和而不同"的美好世界。① 这种空前尊重文化多样性的主张,不但指出人类通过发现自身之美、他人之美,进而交流共进,能够促进各地文明的一体与融合;而且在不断竞争与冲突的当代社会拓展出传统"大同"精神的现代价值,实属难能可贵。

此外,近现代时期,中国随着传统政治瓦解以及东西文化的频繁交流,出现了儒家"天下大同"之外的其他思潮,如康有为的"大同三世说"、章太炎的"五无"大同、孙中山的"三民主义"大同等。② 这些思想普遍加入当时盛行的政治学说、经济理论、科技哲学等要素,既反映出大同思想的丰富、多变,更成为不同

---

① 费孝通:《"美美与共"和人类文明》,见《费孝通论文化自觉》,内蒙古人民出版社2009年版,第262页。
② 张岂之主编:《中华优秀传统文化的核心理念》,江苏人民出版社2016年版,第207—212页。

社会群体动员维新或革命的现实力量。

三、中国梦与人类命运共同体：新时代的大同精神

古代中国的大同理念源远流长，虽然是难以企及的美好彼岸、无法到达的未来世界，但它代表着祖先对"世界大同"的执着憧憬，并成为当今社会追求美好生活的精神源泉。值得注意的是，中国的大同观与欧洲的乌托邦思想，尤其是共产主义理想存在不少较为相似的地方，如"均富于悬殊"的经济公正，"选贤良，举笃敬，兴孝弟，收孤寡"的社会公平与救济等。

鉴于此，党的十八大以来，以习近平同志为核心的党中央汲取传统文化的有益成分，提出中国梦与人类命运共同体等重大思想，对"大同"思想做出创造性转化、创新性发展。总体而言，作为新时代中国特色社会主义重要组成部分，中国梦与人类命运共同体围绕中国道路与美好生活、文明复兴与全球治理等主题进行深刻阐释，是全球化时代"天下大同"在中国话语、中国故事、中国风格中的有力体现。

一是中国梦与人类命运共同体内涵相通，都主张"共同"，具有鲜明的"大同"特质。一方面中国梦立足国内，坚持走中国特色社会主义道路。2013年，习近平在《共同享有人生出彩的机会　共同享有梦想成真的机会》讲话中强调"实现中国梦必须凝聚中国力量"，他说"在我们伟大祖国和伟大时代的中国人民，共同享有人生出彩的机会，共同享有梦想成真的机会，共同享有同祖国和时代一起成长与进步的机会"，这三个"共同"诠释出中国梦所蕴含的平等参与、公平发展、共同富裕精神。[①] 另一方面，人类命运共同体致力于构建平等协商、合作共赢的国际政治格局。2017年，习近平在联合国总部发表主旨演讲时就指出，"世界命运应该由各国共同掌握，国际规则应该由各国共同书写，全球事务应该由各国共同治理，发展成果应该由各国共同分享"，以上四个"共同"提出了人类"大发展大变革大调整时期"如何进行全球治理的中国立场、中国方案。[②]

二是中国梦与人类命运共同体内容上高度契合，都涉及经济、政治、安全、

[①] 习近平：《在第十二届全国人民代表大会第一次会议上的讲话》，《习近平谈治国理政》，外文出版社2014年版，第40页。

[②] 习近平：《共同构建人类命运共同体》，《习近平谈治国理政》（第2卷），外文出版社2018年版，第540页。

文化、社会及生态等多方面的建设。就中国梦而言，经济富裕与国家富强、祖国统一与民族振兴、生态文明与人民幸福等领域，缺一不可。如经济、政治建设方面，习近平在不同场合多次强调，"我们的奋斗目标是，到 2020 年国内生产总值和城乡居民人均收入在 2010 年的基础上翻一番，全面建成小康社会；到本世纪中叶建成富强民主文明和谐的社会主义现代化国家，实现中华民族伟大复兴的中国梦"。而对于国家统一与民族复兴，他曾特别指出，"香港、澳门与祖国内地的命运始终紧密相连。实现中华民族伟大复兴的中国梦，需要香港、澳门与祖国内地坚持优势互补，共同发展，需要港澳同胞与内地人民坚持守望相助，携手共进"，又说"两岸同胞要真诚团结合作，共同为实现中华民族伟大复兴的中国梦而努力奋斗"。至于生态文明，习近平则提出，"走向生态文明新时代，建设美丽中国，是实现中华民族伟大复兴的中国梦的重要内容"，应当"把生态文明建设融入经济建设、政治建设、文化建设、社会建设各方面"。① 可以说中国梦是创新、协调、绿色、开放、共享的发展理念和"五位一体"总体战略布局的生动展现。

人类命运共同体，同样包含和平与发展、世界多极化、经济全球化、社会信息化以及文化多样化等多种主题。2016 年习近平在秘鲁国会演讲中说，"中国人历来'以至诚为道，以至仁为德'。'仁者，以天地万物为一体。'中国一贯主张，世界各国共同努力，建立平等相待、互商互谅的伙伴关系，公道正义、共建共享的安全格局，开放创新、包容互惠的发展前景，和而不同、兼收并蓄的文明交流，尊崇自然、绿色发展的生态体系"，这些国际关系新理念尊重各国历史与文化的多样性，主张以"天下大同"的精神推动全球携手发展、共同繁荣。② 值得专门说明的是，2017 年中国共产党在十九大报告中进一步明确构建人类命运共同体为中国特色社会主义基本方略，文中呼吁各国人民同心协力，"建设持久和平、普遍安全、共同繁荣、开放包容、清洁美丽的世界"，促使中国梦和世界梦相融合，无疑展现出中国建设美好世界的责任担当。

此外，"美好生活"是古老的"大同"思想之当代诠释，习近平当选总书记后曾说，"人民对美好生活的向往，就是我们的奋斗目标"。然而这不能依靠空想，

---

① 习近平：《共同创造亚洲和世界的美好未来》《香港、澳门与祖国内地的命运始终紧密相连》《为子孙后代留下天蓝、地绿、水清的生产生活环境》，《习近平谈治国理政》，外文出版社 2014 年版，第 332、227、211 页。
② 习近平：《同舟共济、扬帆远航，共创中拉关系美好未来》，2016 年 11 月 21 日在秘鲁国会的演讲。

他强调"人世间的一切幸福都需要靠辛勤的劳动来创造,我们的责任,就是要团结带领全党全国各族人民,继续解放思想,坚持改革开放,不断解放和发展社会生产力",还指出"中国需要更多地了解世界,世界也需要更多地了解中国"。[①]不得不说,中国梦与人类命运共同体正是人类实现"美好生活"的智慧结晶。

[①] 习近平:《人民对美好生活的向往,就是我们的奋斗目标》,《十八大以来重要文献选编(上)》,中央文献出版社2014年版,第70页。

第二部分

社会主义核心价值观与中华民族传统美德

第三章 社会主义核心价值观

第一节 爱国立德

爱国是中华民族根植最深、最持久的精神基因,是对国家和民族忠诚、热爱和报效的道德情怀。古往今来,无数仁人志士、科学大家以及文学巨匠把爱国作为一生的人格和气节,并为国家的繁荣富强奋斗不息。这样的基因、情怀与精神激荡千年,凝聚成华夏大地上伟大的爱国传统。正如习近平总书记所言:"对每一个中国人来说,爱国是本分,也是职责,是心之所系、情之所归。对新时代中国青年来说,热爱祖国是立身之本、成才之基。当代中国,爱国主义的本质就是坚持爱国和爱党、爱社会主义高度统一。"[①]

可以说,中华民族之所以历经磨难而屹立不倒、绵绵不熄,就是缘于民族精神深处的爱国情怀,她使得"人民有信仰,民族有希望,国家有力量"。鉴于此,当今社会必须全面系统而深刻地理解爱国主义传统,坚定不移地践行新时代爱国主义精神。这对于夺取全面建成小康社会决胜阶段的伟大胜利、谱写人民美好生活新篇章,进而实现中华民族的伟大复兴,无疑具有重大而深远的历史意义。

一、爱国的渊源与发展

爱国随着人类文明尤其是早期邦国的出现而诞生,我国上古典籍中就有不少强调统治者应当以国家为重、勤勉为政的内容,如"无教逸,欲有邦兢兢业业"

---

① 习近平:《在纪念五四运动100周年大会上的讲话》,2019年4月30日。

(《尚书·皋陶谟》)。这可以说蕴含着中华民族爱国修德的思想源头,但西周以前人们对国家还没有形成固定的概念,主要体现为部族民众对故土的热爱、怀念,如《诗经·鲁颂》有言:"泰山岩岩,鲁邦所瞻。"到东周以后,社会动荡,霸主迭起,贵族阶级的忠国言行应时而兴,史书《左传》对此有颇多记载,如晋国赵孟说"临患不忘国,忠也"(《左传·昭公元年》),而郑国子产则说"苟利社稷,死生以之"(《左传·昭公四年》),又如《晏子春秋·内篇谏上》记载有"利于国者爱之,害于国者恶之",可以说,随着春秋战国时期大量邦国的兼并,上层统治者普遍体认到"爱""忠"邦国的重要意义。

在此背景下,先秦诸子百家逐渐形成了深刻而多样的爱国理念,如道家的老子说,"爱民治国,能无为乎""国家昏乱,有忠臣"(《老子·第十章》《老子·第十八章》),即以无为之道治理国家。而儒家则强调"仁",以民众为国家的基础,如孔子提出"己欲立而立人,己欲达而达人",更认为"博施于民而能济众"就是"圣"(《论语·雍也》),他又说,"君子之于天下也,无适也,无莫也,义之与比"(《论语·里仁》),这就要求统治者推己及人,以拯世济民为己任。孟子则指出,"乐以天下,忧以天下,然而不王者,未之有也"(《孟子·梁惠王》),这种"乐民之乐,忧民之忧"的伦理情怀也成为后世评价爱国行为的重要原则。

先秦时代,中国多民族的国家尚未形成出现,而"忠君"是此时爱国观念的重要内容,例如,西周末年周厉王宠信佞臣,朝野上下怨声载道,大臣召公屡次劝谏都没有效果,终于导致申侯叛乱,危急时刻召公用自己的儿子代替周王太子,使其免于被杀。可以说召公对周厉王的忠心耿耿,与对周王国的热爱难以分离。这一时期,最为典型的忠君爱国行为当数屈原,他是历史上家喻户晓的爱国诗人。战国末年,楚国深处衰亡险境,屈原虽因反对楚怀王与秦国订立黄棘之盟遭到放逐,却仍心系故土,以国家兴亡、人民疾苦为念。当秦国大将白起攻破楚国都城时,屈原虽眷恋故国,却无力回天,最后投江以死明志。但需要注意的是,先秦时代的爱国思想也有超越忠君的一面,如荀卿就说,"用国者,得百姓之力者富,得百姓之死者强,得百姓之誉者荣"(《荀子·王霸》),强调要将民众利益放在治国首位。

秦汉以后,大一统的国家逐渐形成,在此基础上古代家国一体的社会结构随之巩固而成熟。汉代司马迁有言"常思奋不顾身,而殉国家之急",希望以生命报效国家,而霍去病则说"匈奴未灭,何以为家",此后班固也说"爱国如饥渴"。这些鲜明地表达出对天下一统的历史责任感。后来,每当天下政权分立,忠君的贤臣能士都将四方一统作为终身理想,如东晋祖逖、刘宋刘兴祖和北周王轨等,都堪称其时践行爱国的楷模。宋代以降,爱国思想有了进一步的发展。例如著名文学家陆游,自从年轻时经历金人南侵,看到山河破碎、家国沦落,就立志"一身报国有万死,双鬓向人无再青",而他的一生中也始终充盈着磅礴的报国豪情,在退居家乡遭受病痛时写道"僵卧孤村不自哀,尚思为国戍轮台",想着为国家守卫边疆,最后即将去世之际,满是遗憾地说:"死去原知万事空,但悲不见九州同。王师北定中原日,家祭无忘告乃翁。"这些风格悲壮的诗句,充分展现出陆游不计个人得失,满腔的家国情怀。而同一时代,抗金名将岳飞牢记母训"精忠报国",驰骋沙场又不惧牺牲,他在《满江红》中溢于言表的爱国之情同样为后世所敬仰。此外,南宋末年文天祥领兵抗元,虽战败被俘也绝不偷生,其《过零丁洋》留下"人生自古谁无死,留取丹心照汗青"的千古绝句,慷慨赴死。可以说,在天下危难之际,将国家利益置于个人之上,成为近世中国最重要的品质。

近现代时期,西方列强企图瓜分、吞并中国,千千万万家庭和国民面临着亡国灭种的严重危机。在这最危险的时候,屈辱的人们深刻觉悟到"国破"与"家亡"之间的必然关联,孙中山、李大钊、毛泽东等广大革命志士奋力抗争,以国为家、为国尽忠,将"星星之火,可以燎原"的必胜信念转化为奋起护国的激情,在历史的洪流中拯救中国并奋勇前进。

表3-1 爱国理念演化简表

时代	原典	出处
西周	可爱非君,可畏非民。众非元后,何戴?后非众,罔与守邦?	《尚书·大禹谟》
春秋	"子未可以去乎?"曰:"直道而事人,焉往而不三黜?枉道而事人,何必去父母之邦?"	《论语·微子》
	利于国者爱之,害于国者恶之。	《晏子春秋·内篇》
	临患不忘国,忠也;思难不越官,信也;图国忘死,贞也;谋主三者,义也。	《左传·昭公元年》

续表

时代	原典	出处
战国	天下有道,以道殉身;天下无道,以身殉道。	《孟子·尽心》
	用国者,得百姓之力者富,得百姓之死者强,得百姓之誉者荣。	《荀子·王霸》
	周君岂能无爱国哉?恐一日之亡国,而忧大王。	《战国策·西周》
	君得其志,苟利国家,不求富贵。	《礼记·儒行》
汉晋南北朝	夫鲁国有患者,君臣父子皆被其辱,祸及众庶,妇人独安所避乎?	《列女传·仁智传·鲁漆室女》
	常思奋不顾身,而殉国家之急。	《汉书·司马迁传》
	故化成俗定,则为人臣者,主尔忘身,国尔忘家,公尔忘私。	《新书·阶级》
	忧国忘家,捐躯济难,忠臣之志也。	曹植《求自试表》
唐宋	国耻未雪,何由成名。	李白《独漉篇》
	塞北风寒雪满天,持节牧羊北海边。威逼利诱心不动,茹毛饮雪若等闲。十九青丝变白发,只愿能回汉时天。忠君爱国无人比,高风亮节万世赞。	《二程遗书》
	先天下之忧而忧,后天下之乐而乐。	范仲淹《岳阳楼记》
	一身报国有万死,双鬓向人无再青。	陆游《夜泊水村》
	靖康耻,犹未雪;臣子恨,何时灭!驾长车踏破贺兰山缺。壮志饥餐胡虏肉,笑谈渴饮匈奴血。待从头收拾旧山河,朝天阙。	岳飞《满江红》
明	人生富贵岂有极?男儿要在能死国。	李梦阳《奉送大司马刘公归东山草堂歌》
	瞒人之事弗为,害人之心弗存,有益国家之事虽死弗避。	吕坤《先进遗风》
	风声、雨声、读书声,声声入耳;家事、国事、天下事,事事关心。	顾宪成《题东林书院联》
清	不以一己之利为利,而使天下受其利,不以一己之害为害,而使天下释其害。	黄宗羲《原君》

简言之，爱国贯穿于数千年以来中华民族形成和发展的整个过程。虽然爱国思想与情怀在不同社会形态、历史阶段有着多样的表现，但作为一种客观存在，爱国的具体内容有着共同的特征，即对生于斯、长于斯的祖国抱有深挚的感情，表现出对国家的使命感、责任感及自豪感。而历史上，诸多先贤身居庙堂而心忧天下，卜居荒野却忧君思民，为国家发展更是舍身忘我。可以说，爱国主义源自人们朴素的族群情感，留存于民众的历史记忆。在厚重的传统文化积淀中，爱国凝结着华夏儿女不懈探索国富民强、追求和平的高尚情怀，难以被外力清除。

二、爱国的内涵："忧国忧民""天下兴亡，匹夫有责""救亡图存"

爱国不是一种盲目的民粹信仰，而是一种"天下兴亡，匹夫有责"的担当。古往今来有多少志士仁人为捍卫祖国的尊严，为祖国的繁荣昌盛而鞠躬尽瘁，舍生忘死。他们用满腔赤诚、无私奉献消除民之痛、国之殇，诠释了爱国的真谛。大体而言，我国传统社会的爱国思想主要包含"忧国忧民""天下兴亡、匹夫有责"及"救亡图存"等内容：

首先，爱国是将个人融于国家利益、民族大义中的崇高精神，同时逐渐从忧国忧民演化为忧天下。这一思想可以追溯到先秦诸子，尤其是儒家学派"治国平天下"的观念，譬如身处礼崩乐坏年代的孔子，主张君子要为"天下无道"向"天下有道"的转变尽己之责。这一关心时势与社会治乱的入世态度影响久远，孕育出忧国忧民的爱国思想与行为。

具体来说，一方面，在传统社会中，"家国一体"隐含着个人、家庭和国家"三位一体"的文化情结，这种传统精神成为维持古代中国政治发展的原始动力。"兄弟阋于墙，外御其侮"，当作为民族共同体的国家面临外部威胁、遭受挫折和欺凌时，零散的个体和家庭会空前团结起来，为拯救家国的命运而奉献牺牲。值得强调的是，这样的价值共同体，所有人"同呼吸共命运"，不能凌驾于集体之上。宋代李觏《安民策》就说"君人者，不以身为身，以天下之身为身也。不以心为心，以天下之心为心也"，即纵然是国君也不能例外。

另一方面，传统爱国主义的核心是"忠君爱国"。在"家天下"的社会里，天下是一家之天下，国乃一姓之国，即所谓"普天之下，莫非王土，率土之滨，莫非王臣"（《诗经·北山》）。因此，爱国与忠君紧密相联，《孟子》就说"圣人三日无君则惶惶然",而在儒家"君为臣纲"的思想笼罩下,此后的大一统时代,忧国忧民成为必然。例如,西汉贾谊在《新书》中提出,为人臣者当"国耳(而)忘家,公耳(而)忘私",他又上书《治安策疏》给汉文帝,希望在国家经济不断恢复、政治趋于安定的情况下,统治者要居安思危,并指出"可为痛哭"的"事势"问题还很多,而史家司马迁也盛赞"先国家之急,而后私仇"的道德人格。这种心系国运、忠于君主的思想情怀,构成后世道德评价的核心价值标准,例如宋代苏轼就称赞爱国诗人杜甫"一饭未尝忘君"。

唐宋以后的历史传承中,爱国思想还发展出强烈的"忧天下"情愫。其实,中国古代社会,"天下"与"国家"常被混为一谈,有所谓"家天下"或"国天下"。例如,《孟子·公孙丑》有云"威天下不以兵革之利",这里所说的"天下"在一定意义上没有地理、时间的限制,而"天下观"也往往超出"家国"的范畴,《韩非子·五蠹》就提出"大道之行也,天下为公",《墨子》也强调"天下之人皆相爱"。以此为基础,宋代范仲淹的忧患意识直指"天下",他发出"先天下之忧而忧,后天下之乐而乐"的感叹,成为后世中国士人"天下为己任"的精神典范。明代海瑞在《治安疏》中同样指出:"君者,天下臣民、万物之主也。惟其为天下臣民、万物之主,责任至重。"可以说,既然君主集治理天下的重任于一身,忠君与忧国忧民忧天下就实现了统一。需要强调的是,范仲淹虽然被视为天下一家思想的杰出代表,他的一生以忠君为己任,其"先忧后乐"观念暗含着对天下负责任的主体是"为官者",而"天下观"则指的是社稷安危,他和海瑞都难以超越封建官僚的阶级身份。

其次,"天下兴亡,匹夫有责",这句话源自明末清初思想家、社会活动家顾炎武。他在《日知录》中说:"有亡国,有亡天下,亡国与亡天下奚辨?曰:易姓改号,谓之亡国;仁义充塞,而至于率兽食人,人将相食,谓之亡天下……是故知保天下,然后知保其国。保国者,其君其臣肉食者谋之;保天下者,匹夫之贱,与有责焉耳矣。"从中可见,鉴于明朝亡国于异族的沉痛教训,顾炎武试图打破忠君爱国的传统观念,辨明"亡国"和"亡天下"的区别。他指出亡国仅是王朝更替,亡天下则是民族灭亡,进而提出"天下兴亡,匹夫有责"的伟大思想,大大拓宽了传统爱国主义的内涵。不仅如此,顾氏还强调"保天下者,匹夫之贱,与有责焉",期望每个人都能为天下贡献所能。必须说,"天下兴亡,匹夫有责"将平民意识贯穿于整个社会活动中,蕴含着追求平等的人文精神,强调民众即无论出身、地位或职业都应该奋起抗争。这样一来,"天下兴亡"不再是超凡圣王的功业,而转变为平民百姓的事业。

比较分析范仲淹、顾炎武两位思想家的思想观点,又不难发现,顾炎武倡导的"天下兴亡,匹夫有责"暗含着启蒙性的"社会秩序""社会公德"的意义。这是因为明代以后,爱国思想有了更高层次的追求,即以强烈的责任感报效国家,例如吕坤说,"瞒人之事弗为,害人之心弗存,有益国家之事虽死弗避",顾宪成也有言"风声雨声读书声声声入耳,家事国事天下事事事关心"。一言之,任何人对国家、民族的前途与命运都有责无旁贷的义务与责任,这也是后世人们参与国家治理的重要理论源泉。

最后,爱国还包含挽救国家于危难的"救亡图存"思想。其主要是指近代众多革命志士反对分裂、压迫和侵略,以振兴中华为己任的责任感,正是这种时代精神推动着中国的政治革新和社会进步。翻开近代历史的长卷,国家灾难频仍。面对列强欺凌,救亡图存唤起中华儿女反对压迫、掠夺和侵扰的爱国主义精神,陈毅就说"祖国如有难,汝应作前锋"。例如,甲午战争时,邓世昌以殷切报国之心英勇作战,不幸在黄海海战中壮烈牺牲。同时,一批有志气的爱国者如林则徐、康有为、谭嗣同等人,怀持拳拳报国之心,开始用实际行动探寻救国真理,进而抵抗外来的侵略者。在此前提下,近代爱国者逐渐演生出"驱除鞑虏,恢复中华,创立民国,平均地权"的民主主义革命思想。

不难发现,"四万万人齐蹈厉,同心同德一戎衣",每逢国家危亡时刻,华夏大地悠久深厚的爱国传统都激发起中华民族的同仇敌忾、不畏强暴。可以说,正是"救亡图存"动员、鼓舞人民不屈不挠、团结奋进,最终使得中国在内忧外患的复杂局势下凤凰涅槃,挺直了脊梁。而爱国主义的民族精神高扬,造就了今日中国之顽强崛起,中华民族重新自立于世界民族之林,开创了建设自己国家的伟大进程。

总之,爱国作为核心价值观的重要组成,不仅包含"家国一体""忧国忧民"以及"救亡图存"的观念,而且在当代转化为"维护领土完整""维护民族统一""促进国家繁荣进步"等新内涵。

三、爱国的当代践行:爱国主义与实现中国梦的统一

爱国作为对待祖国的政治原则和道德原则,总是与热爱祖国的一草一木、

民族同胞以及祖国的前途命运密切联系在一起。习近平指出:"爱国,是人世间最深层、最持久的情感,是一个人立德之源、立功之本。孙中山先生说,做人最大的事情,就是要知道怎么样爱国。我们常讲,做人要有气节、要有人格。气节也好,人格也好,爱国是第一位的。我们是中华儿女,要了解中华民族历史,秉承中华文化基因,有民族自豪感和文化自信心。"①他的这些话振聋发聩,深刻阐明了爱国情怀的道德内涵和当代价值。

但是,这种情感并非与生俱来,而是伴随中华民族的形成、发展而出现。通览中国近代史、中国共产党史,热爱自己的祖国,可以说包括爱护国家的大好河山、兼爱各族的广大同胞、爱恋祖国的灿烂文化。而爱国主义,尤其体现在面对敌人的侵略,为了同胞不受外敌欺凌,负重抗争,在极其艰苦的条件下,舍生忘死、保卫国家。唯其如此,更显示出爱国者的高尚气节。

1949年新中国成立后,在中国特色社会主义的伟大实践中,作为民族精神核心的爱国主义,深深扎根于中华儿女心中。首先,体现为"维护领土完整"的责任感、"维护民族统一"的自尊心、"促进国家繁荣进步"的自信心。

第一,爱国主义需要国民自觉"维护领土完整",体现于热爱祖国的大好河山。具体来说,爱国的主体——国家,不仅指称人文地理范畴上的自然存在,更强调具有统治力量和权力象征的领土。因此,爱国主义的内涵之一是要在对美丽祖国的具体爱恋中衍生出一种保卫领土的安全意识,积极维护国家领土的完整。中国幅员辽阔,江山锦绣,物产丰富,万里长城高大雄伟,桂林山水甲天下,草原美景美不胜收……身处其中的炎黄子孙倍感自豪。当今中国周边仍然面临着紧张的国际形势,台湾问题、南海问题等亟待解决,捍卫国家主权、保卫国家领土和领海,是每个中国公民义不容辞的责任。而无视国家领土利益甚至危害祖国土地的行为,始终受到爱国者的坚决抵抗。虽然说,戍守边疆不畏牺牲是军人的爱国天职;当祖国的领土面临分裂时,中华儿女却应当奋起抗争,这是普通人都必须履行的爱国义务。

第二,爱国主义包括"维护民族统一"。维护中华民族统一,是近代以来我国革命者反对帝国主义的主旋律。这是因为,爱国主义的起源离不开民族意识的觉醒,民族精神是一个民族的民族品格、道德观念和价值准则的总和。在几

---

① 习近平:《在北京大学师生座谈会上的讲话》,2018年5月2日。

千年的历史中,中国人民凝聚起一种休戚与共的民族认同意识。作为多民族国家,五十六个民族恰如五十六朵花,唯有优势互补、共同发展才能绽放出鲜艳的色彩,只有守望相助、携手共进才能紧密相连。因此,"维护民族统一"是中华民族的共同责任,也是每位公民对祖国所负有的义务。一方面,"维护民族统一"对内是各民族一律平等,在爱好和平、拥护团结的民族精神意识下,中华民族形成了维护民族平等,反对民族歧视和盲目的民族优越感的坚定立场。另一方面,"维护民族统一"对外是反对侵略并捍卫各民族的团结。在现阶段,加强民族团结,促进各民族共同繁荣,为实现中华民族的伟大复兴作出贡献就是爱国主义的重要表现。

第三,"促进国家繁荣进步",表现为维护国家的荣誉与尊严、服从和服务于提高国家声望和影响等深刻涵义。自古以来,中国就孜孜追求繁荣富强之路,统治者为维护国家的安定与发展,曾提出并实施轻徭薄税、与民生息等治国方略,而不少仁人志士为使国家繁荣富强,也披荆斩棘、开拓进取,从而创造出"文景之治""贞观之治""康乾盛世"等历史上一个个繁荣的时代。中华人民共和国成立之后,中国共产党掀起了筚路蓝缕的建设征程,以前所未有的改革之路让中国逐步改变了昔日积贫积弱、饱受欺凌的情况,把一个又一个胜利写在这片古老的土地上,创造了世所罕见的经济快速发展奇迹和社会长期稳定奇迹,使人民的生活发生前所未有的变化,国家建设趋于繁荣富强。可以说,国家强盛,个体才会有尊严,才不会受到欺凌。今天中国人民拥有的一切,都是拼搏奋斗干出来的,浸透着爱国者的辛勤汗水,凝聚着爱国者奉献出的聪明才智。抚今追昔,为"国家富强"而奋进的自信心,依靠的是励精图治、奋发图强的使命感和责任感,最终汇聚起实现国家富强梦想的磅礴伟力。

其次,爱国主义是人类社会进步最应该秉承的担当精神,更是每个中国公民将自我理想与社会理想相融合的行为方式。有梦想、讲担当、重奋斗,才能为自己、也为世界放射生命的光和热。可以说,这种担当意识带有一种在国家、社会及人民需要之时,勇担当、能担当,从担当中锤炼品质、提升素养、实现个人价值,进而奉献社会的国家脊梁精神。而新时代中国特色社会主义建设中,"爱国主义是具体的、现实的",这种担当践行着崇高而远大的民族复兴理想,其在内容上主要有三重境界:一是"天下兴亡,匹夫有责",人人都要有知重负重的爱国心和责任感。一方面,爱国心塑造出的气节与操守是国家赖以存在、发展的情感纽带与精神支柱。通过它，人们自觉把爱国情、强国志、报国行融入实践中华民族伟大复兴的征程中，同时为争取国家和民族统一、富强、进步的奋斗意识，不断增强着华夏儿女的自尊心、自豪感、自信心。另一方面，这种担当意识蕴含着平等、共同的"以天下为己任"情怀，开启着民众勇担责任以增益天下的新纪元。不仅如此，当代中国人肩负着"为中国人民谋幸福、为中华民族谋复兴"的历史使命，要铸就担当精神，在矛盾面前就要敢于作为、善于作为；面对个人得失、面对一时挫折，要勇于承担责任，义无反顾地为实现中华民族伟大复兴的中国梦贡献智慧和力量。"精忠报国、振兴中华"，无论在天下衰亡或是国家兴盛之际，人们始终需要保持一心为公、怀揣担当意识，努力成为爱国有为之人，为民族发展而尽自己的绵薄之力。二是树立正确的爱国情怀，始终要做到心中有国、有民、有责，同时更重要的是不驰于空想、不骛于虚声，把对祖国的热爱变成为国家和民族利益而工作的实际行动。践行爱国主义必须落到实处，从细处、小事做起，以日常工作和生活为着力点。同时，各级党和社会组织开展爱国主义活动，一定要顺民心、接地气，既要扩大活动所涉及的社会群体，又要关注参与者的主动性与积极性，在恰当的时机与地点，选择合适的爱国主义教育内容，才能产生预期的效果。总之，只有通过持续的爱国行为及活动实践，爱国主义才能内化为14亿国民的道德品格。三是在全球化时代要有担当的胸怀，做具有国际视野的理性爱国者。今日之中国，既倡导爱国主义以维护国家利益，也积极呼吁其他各国携手构建人类命运共同体。当愚昧和戾气充斥社会之时，有良知的爱国者要以爱国理性行爱国之事，展现社会主义祖国的公民胸襟。现今，我国积极参与世界的发展，积极应对各种变化以促进全球可持续发展，参与联合国维和行动，以和平的姿态促进了国际反恐合作，而合作共赢的中国理念更将"天下大同"的思想扩展得空前广阔。可以说，中国怀着"天下一家"的理性爱国情怀，努力打造人类命运共同体，在诸多的国际事务中担当责任，为世界的繁荣发挥力量。

最后，爱国主义必须与中国共产党领导的社会主义伟大实践相统一。2016年，习近平在纪念孙中山先生诞辰的大会上指出："在当代中国，弘扬爱国主义就必须深刻认识到，中国共产党领导和中国社会主义制度必须长期坚持，不可动摇；中国共产党领导中国人民开辟的中国特色社会主义必须长期坚持，不可动摇；中国共产党和中国人民扎根中国大地、借鉴人类文明优秀成果、独立自主实现国家发展的大政方针必须长期坚持,不可动摇。我们要增强中国特色社会主义道路自信、理论自信、制度自信、文化自信,坚定不移沿着中国特色社会主义道路守护好、建设好我们伟大的国家。"①这段话深刻揭示出,践行爱国主义绝不能脱离具体的社会制度。在当代中国,只有通过社会主义才能实现爱国主义,因此倡导爱国和实现中国梦融合、统一于新时代的中国特色社会主义建设征程中。

此外,值得注意的是,爱国主义还包括传承中华民族优秀的传统文化,以促进国家文化繁荣和复兴。两千多年前,以孔孟为代表的儒家文化和以老庄为代表的道家思想,以及当时中国思想史上百家争鸣的其他学说流派,他们的思想文化成为人类文明的重要发源象征,深深影响着东方文明发展与中国人的思维方式,作为国家发展的重要文化代表,我们理应传承其中优秀的文化资源。习近平总书记在讲话中指出:"实现中华民族伟大复兴的中国梦,是当代中国爱国主义的鲜明主题。"②把爱国主义精神贯穿于实现中华民族伟大的复兴梦中,使得文明找到了持久的动力,这也是整个中华民族携手并举共同的任务。

总之,人民有信仰,民族有希望;个体有担当,国家有力量。自觉践行爱国价值观,就是要正确认识和对待个人与国家之间的关系,将个人与祖国的前途、命运、发展紧密相连,以实际行动为国家的繁荣进步贡献每个人的智慧和力量。唯有如此,才能在为实现中国梦而努力奋斗的同时,实现自身的价值。

第二节　荣辱修身

数千年来,中国都是强调"明荣知耻"的国度。2017 年中共中央办公厅、国务院办公厅印发的《关于实施中华优秀传统文化传承发展工程的意见》就特别指出,"孝悌忠信、礼义廉耻的荣辱观念,体现着评判是非曲直的价值标准,潜移默化地影响着中国人的行为方式"。可以说,"孝悌忠信、礼义廉耻"凝聚着中华传统荣辱观的生命底色。进而言之,知荣辱、讲廉耻所代表的典型美德不仅具有悠久历史的价值符号,更是一种自我警示与典范指引。

---

① 习近平:《在纪念孙中山先生诞辰 150 周年大会上的讲话》,2016 年 11 月 11 日。
② 习近平:《中共中央政治局第二十九次集中学习讲话》,《人民日报》2019 年 5 月 1 日。

知荣辱、讲廉耻,充分展现出中华民族区分正邪、善恶与好坏的社会价值认同。因此,弘扬孝悌忠信、礼义廉耻的荣辱观,不但能够激发人们自身的道德内省机制,而且还可以形塑出尚荣避辱的社会氛围,促使公众追随、效仿、践行中国优秀传统伦理规范。

一、荣辱观的形成与发展

古往今来的芸芸众生,虽然扮演着不同的身份角色,但任何社会角色支配的行为都有特定的伦理要求。世界上几乎没有人愿意被指责为不忠不信、不仁不义、恬不知耻,也就是说,人类以一定的荣辱感在世间生存。作为核心价值观的重要内容,荣辱观所产生的心理体验,一直与人们的日常生活息息相关。

先秦典籍中,"荣""辱"两字曾多次并立出现,进而组合为一个固定词汇。春秋时代,齐国管仲说"仓廪实则知礼节,衣食足则知荣辱""四维不张,国乃灭亡"(《管子·国颂》),其中的"国有四维",即指礼、义、廉、耻(《管子·四维》)。作为法家代表人物,他虽然没有给出荣辱的明确含义,却指出物质充裕是荣辱感存在的前提,并且强调礼义廉耻对国家发展的重要性。法家之外,道家的老子则说"知其荣,守其辱"(《老子·第二十八章》),这里知荣守辱,即主张不做违反道德的事,从而避免道德失范、伦理失序。与前两者不同,儒家荣辱观极力主张人们知耻尚荣。尚荣代表着自尊、自爱,是个人自信、自强的基础,表现为外在的尊敬和内在的肯定。知辱,则代表着自警、自醒。如孟子指出,"仁则荣,不仁则辱。今恶辱而居不仁,是犹恶湿而居下也"(《孟子·公孙丑》),又说"人之有道也。饱食、暖衣、逸居而无教,则近禽兽",他倡导"富贵不能淫,贫贱不能移,威武不能屈"(《孟子·滕文公》)的刚毅精神,严厉拒绝耻辱的行为。

战国末年,儒家集大成者荀子对荣辱观的论述颇为详细,其著作《荀子》中有《荣辱》的专门篇章,其中涉及何为"荣""辱"的价值讨论。荀卿认为"先义而后利者荣,先利而后义者辱"(《荀子·荣辱》)。从这句话可见,他的立场极为鲜明,用"荣"与"义"、"辱"与"利"进行对比,表达出"先义而后利"为荣,"先利而后义者"为辱的思想。荀卿又指出:"荣者常通,辱者常穷;通者常制人,穷者常制于人。是荣辱之大分也"(《荀子·荣辱》),"是荣辱之分也。圣王以为法,士大夫以为道,官人以为守,百姓以成俗,万世不能易也"(《荀子·正论》)。在荀子眼中,荣辱还可以上升为塑造权力关系、社会秩序的动力与标准。

在秦汉以后的历史发展中,后世学者们愈发强调荣耻与节操的关系,如"凡治君子,以礼御其心,所以属之以廉耻之节也"(《孔子家语》)。这就是说,"君子"要用道德之礼尤其是"廉耻"来约束心性。反之,不知廉耻、不追求名誉之人,就成为道德"欠缺"的小人。自此,在我国古代思想中,"宁可毁人,不可毁誉""宁可穷而有志,不可富而无节""士可杀不可辱"等理念日益深入民心。传统荣辱观可以说被确立为道德准则,形塑出中华民族知荣远辱的道德风貌。

表 3-2 古代荣辱观演化简表

时代	原典	出处
西周	文王曰何谓仁义?太公曰敬其众,合其亲。敬其众则和,合其亲则喜。是谓仁义之纪,无使人夺汝威,因其明顺其常顺者,任之以德,逆者绝之以力,敬之勿疑,天下和服。	《六韬》
春秋	仓廪实而知礼节,衣食足而知荣辱。	《管子·牧民》
春秋	行己有耻,使于四方,不辱君命,可谓士矣。	《论语·子路》
春秋	知其荣,守其辱。	《老子·第二十八章》
战国	师出之日,有死之荣,无生之辱。	《吴子·论将》
战国	仁则荣,不仁则辱。今恶辱而居不仁,是犹恶湿而居下也。	《孟子·公孙丑》
战国	得贤人,国无不安,名无不荣;国无不危,名无不辱。	《吕氏春秋·求人》
汉唐	贱而好德者尊,贫而有义者荣。	《新语·本行》
汉唐	民无廉耻,不可治也;非修礼义,廉耻不立。	《淮南子·泰族训》
汉唐	辱,莫大于不知耻。	《文中子·关朗》
汉唐	荣辱之责,在乎己而不在乎人。	魏徵《大体》
两宋	廉耻,立人之大节。盖不廉则无所不取,不耻则无所不为。人而如此,则祸乱败亡,亦无所不至。	《五代史·冯道传论》
两宋	忠信礼之本,人无忠信,则不可以学。	《二程外书·朱公掞录拾遗》
两宋	耻者,吾所固有羞恶之心也。有之则进与圣贤,失之则入于禽兽,故所系甚大。	朱熹《孟子集注》
两宋	君子义以为质,得义则重,失义则轻,由义为荣,背义为辱。	《陆九渊集·与郭邦逸持节》

续表

时代	原典	出处
明	赏及淫人,则善者不以赏为荣;罚及善者,则恶者不以罚为辱。	《呻吟语·刑法》
	忍辱从来事可成。	《阳明先生文集·与陆元静》

简言之,中国各朝各代都非常重视荣辱观的阐述。因为,历史上兴盛的朝代认识到要汲取辱之教训,才不至于沦落下去,同时弘扬荣之思想,会使得社会秩序更加完善。无论是过去,还是现在,知荣明辱都深深影响着中国的伦理思想、进步理念、价值观念,衍生发展出"行己有耻""尚荣远辱"等人文思想,并形成与"孝悌忠信、礼义廉耻"紧密联系的时代精神。

二、尚荣远辱:中华传统道德的价值取向

荣辱观念是在一定的生产与交换伦理关系中产生的。中国传统社会一直有尚荣远辱的道德特征,这就使得人们在社会生活中尽力避免触及道德底线,从而远离外界的言论指责与舆论惩罚。可以说,荣辱观在中华民族道德伦理中有着特殊而重要的地位。大体而言,传统荣辱观主要包括行己有耻、知荣明辱以及其他相关范畴等三个方面的内容。

其一,行己有耻。古代荣辱观的由来与构建,与"耻"字有着深刻关联。这方面,儒家思想最为深刻与全面。孔子说"行己有耻"(《论语·子路》),唤起人们内心深处的道德自觉,即民众对自身行为有明确的耻辱意识,这相较于强制性的法令更有社会价值。只有在耻感意识的驱动下,人向善避辱的约束力才会更加坚定与长久,正所谓"人不可无耻,无耻之耻,无耻矣"(《孟子·尽心》)。孟子又认为:"恻隐之心,仁也。羞恶之心,义也。恭敬之心,礼也。是非之心,智也。"(《孟子·告子》)对此,宋代朱熹的解释是,"耻者,吾所固有羞恶之心也。存之则进于圣贤,失之则入于禽兽。故所系为甚大"(《四书章句》)。可以说,有羞恶之心是义的开端,才会明辨是非。耻感思想存于人的头脑中,会让人对羞耻的行为有警戒意识,如历史上有"靖康之耻",该历史事件之所以被认为是"耻",是由于当外敌侵略的时候,大宋朝拥有李纲等文臣、岳飞等武将,却由于大多数人只想保命与保官而不抵抗,造成节节失利的状况,甚至宋钦宗、宋徽宗都被金人掳掠去。所以后人会将靖康事件认为是耻辱,而不会仿效。荣辱意识主要是唤起人们内心深处的警戒,为人不越轨,不做类似禽兽之举;有知辱之心并不意味着人要在耻辱中生活,而是将知辱变为一种求取荣耀的动力,以便更好地求荣避辱,无耻之念则会让思想变为盲从。另一方面,人在社会交往中会进一步加强荣辱观念。日常生活中荣辱感的发生,一是由于当事人有着极强的自我道德感,如孔子曰"知耻近乎勇",人懂羞耻,才能比德上进,心存自尊、自强,才能敬畏和戒惧;二是因为社会中他者的道德推崇而产生,孔子又说"君子疾没世而名不称焉"(《论语·卫灵公》),即人以一定的荣誉感在世间生存,当事人会通过他人评价来确定自身的正当性。一言之,人们有羞耻之心,才能明德迁善。

其二,"知荣明辱"。荣辱观念是对立统一的聚合体。从积极层面讲,儒家学说中强调立德、立功、立言,主张获得荣誉是个人涵养道德的结果。受到世人的褒扬虽然无限荣光,但德行良好是"荣"的前提。唐朝学者僧齐己指出:"荣必以天下荣,耻必以天下耻。"(《君子行》)这说出了天下荣、耻相依的关系,肯定善、否定辱是人们普遍接受的观念,并且建立在全社会统一的价值观之上。在此前提下,"知荣"让人追求以道德完善为人的根本,对秉承孝悌忠信、礼义廉耻之人感觉到敬佩,并积极践行优良的道德品行,否则就是"近禽兽";"远辱"会让人对不忠不信、不仁不义、恬不知耻的行为予以斥责。宋代理学家说:"人惟知所贵,然后知其耻。"(《陆九渊集·人不可以无耻》)这就是说以荣为尚会对人产生一种激励作用,以辱为耻则会对人产生一种约束力量。可以说,人类文明不断前进,很大程度就是传承、遵守了惩恶扬善、知耻尚荣的道德规范。不仅如此,在传统儒家思想中,"仁"作为儒家重要的道德范畴,不仁即为辱。这样,道德荣光以仁义为基础,用谦虚的语言表达志向,依礼仪来约束行为,最终实现求善、求美。

其三,传统荣辱观涉及孝悌忠信、礼义廉耻等众多不同道德范畴。详细来说,孝悌忠信、礼义廉耻体现出中华民族群居生活中特有的认知体系。以忠信为例,忠信指的是忠诚、信任他人与国家。"忠"即忠实,要求人们对他者有一种忠实的态度。"忠"的本质是"责任",即要忠于祖国和人民。"信"即信用、诚信,重诺守信、言而有信是个体取得他人信任的基础。古人在恪守信用方面为我们树立了典范。所谓"言必忠信,行必笃敬"指的是所言所行必须要有忠有信,不可欺骗他人。《左传》有言:"临患不忘国,忠也;思难不越官,信也;图国忘死,贞也;谋主三者,义也。"这就是说面临忧患不忘国家,是为忠;危难之际不放弃职守,是为信;为国家谋利而不畏牺牲,是为贞。可以说忠与信的德行,相辅相成,表现为百折不挠的责任担当。另一方面,忠信又需要求真知、务实用。如孔子说"知之为知之,不知为不知,是知也"(《论语·为政》),此句中的五个"知"表达出强烈的求真知态度。这种建立在忠信基础上的认识论,对后世影响很大。宋代范仲淹在《蒙以养正赋》中说"务实去华,育德之方",认为立身处世的"务实"一定要保持诚实不欺、言行一致。而程颢、程颐也说"欲当大任,须是笃实"(《二程遗书》卷一),强调担大任者必须以认真踏实的态度行事。简言之,诚实忠信被认为是立人及立政之本。而在世代传承实践中,"言必忠信,行必笃敬"还逐渐淬炼演化出诚信的中华民族美德,并使之成为一种核心价值。

概言之,传统荣辱观源远流长、绵延不断,广泛涵盖了个人在家庭、社会及国家中立身处世的基本原则。而人们遵循"孝悌忠信、礼义廉耻"的八德,不仅会获得他人敬重,还能促进社会进步及国家振兴。

三、知荣辱、讲正气:践行社会主义荣辱观

中华文明是一种明辨荣辱的文明,传统荣辱观早已达乎四方,畅行天下。中华民族对其继承不但存留在语言、史册乃至金石上,而且深深地烙刻在内心深处。当前,我国正处在构建社会主义和谐社会的关键时期,经济发展处于转变发展方式、增长动力和优化经济结构的攻关期,公民的荣辱观念以及社会风气的好坏直接影响着社会主义现代化强国的建设进程,以及实现中华民族伟大复兴的伟大事业。

具体来说,首先,社会主义荣辱观,是社会主义精神文明建设的重要组成部分。2006年3月,胡锦涛同志提出以"八荣八耻"为核心的社会主义荣辱观,明确了社会主义道德的基本规范,为社会主义核心价值观的构建打下了良好基础。正如习近平所说:"要全面提高公民道德素质,弘扬真善美、贬斥假恶丑,培育知荣辱、讲正气、作奉献、促和谐的良好风尚。"[①]可以说,荣辱感是公民的心理基础和道德底线,而社会主义精神文明建设在很大程度上就是遵守知耻尚荣、明辨是非的伦理规范。

---

① 习近平:《在全国宣传思想工作会议上的讲话》,2013年8月19日。

其次,弘扬社会主义荣辱观,要求党员干部发挥典范作用。2013年,习近平总书记在山东对市县官员谈话时,曾引用清代河南内乡县衙的一副名联,即"吃百姓之饭,穿百姓之衣,莫道百姓可欺,自己也是百姓;得一官不荣,失一官不辱,勿说一官无用,地方全靠一官",一时成为媒体热点。这一对联虽然语言质朴却寓意深刻,它深刻诠释了官民关系与荣辱得失的辩证关系。此后,习近平又专门指出,"抓好道德建设,教育引导广大党员、干部模范践行社会主义荣辱观,树立良好道德风尚,争做社会主义道德的示范者、诚信风尚的引领者、公平正义的维护者,始终保持共产党人的高尚品格和廉洁操守"[①]。

再次,践行社会主义荣辱观,是时代精神的鲜明反映。它和井冈山精神、长征精神等一脉相承,饱含着以热爱祖国、无私奉献、艰苦奋斗等为荣,以危害祖国、损人利己、好逸恶劳为耻的崇高精神。可以说,社会主义荣辱意识唤起人们内心的道德自觉,一方面继承了孝悌忠信、礼义廉耻的传统观念,另一方面在全社会大力倡导和树立起社会主义核心价值观,在当今社会有着特殊而重大的现实作用。

此外,弘扬社会主义荣辱观,有助于创造一个民主法治、公平正义、诚信友善的社会环境。"学伦理可以知廉耻、懂荣辱、辨是非",经历社会主义荣辱观的涵养,全社会将会形成惩恶扬善、知荣明耻的风气,进而推动各行各业形成崇尚荣誉、见贤思齐、争做先锋的良好氛围。总之,树立和践行社会主义荣辱观,是培育社会主义核心价值观的必然要求,而塑造并延续中华民族知荣明耻的历史,正是华夏儿女的道德行为准则和不懈追求。

第三节 崇善成风

崇德向善的社会风尚对于推进公民思想道德建设,形成道德人格的浓厚氛围大有裨益,不仅有助于社会主义核心价值观的真正落实,而且有益于社会道德文明整体水平的提高。在崇德向善的浓厚氛围中,人们通过模范人物的言传身教,做道德人、办善事,从而塑造出良好的社会风尚。

[①] 习近平:《在十八届中央政治局第五次集体学习时的讲话》,2013年4月19日。

一、崇德向善的理论源泉

崇德向善的传统烛照时代，见贤思齐的力量传承精神。崇德向善的良好风气，弘扬的是昂扬向上的精神风貌；贤德人士的身体力行，率先垂范的是正能量。在历史发展的大潮中，当"成风"与"修身"、"导向"与"引领"在社会蔚然成风，这个国家必将朝气蓬勃，这个民族必将大有希望。以崇德向善为境界目标，以见贤思齐为人格追求，这些美好的价值取向无论是在历史悠久的古代，还是在近代革命和社会主义建设时期，对社会风尚的形成均是宝贵的精神财富。

崇德向善是"成风"与"修身"的有机统一，有着悠久的理论源泉。其一，"成风"成就的是崇德向善的良好之风。"崇德向善"是指崇尚道德，向往善行的意识。在不断的道德善恶认识中，道德主体的心灵会得到净化和洗礼，并依据这样的道德意识在实践中"勿以恶小而为之，勿以善小而不为"。古人希望通过"德治""善政""礼治"的管理去改变"礼乐不兴、刑罚不中"（《论语·子路》）的现状。《论语》中至高的德与善是"仁"："仁远乎哉？我欲仁，斯仁至矣。"孔子用一个反问句告诉我们成熟的善恶意识是从自我的意愿出发，自觉自愿的道德修养最终使得"仁"得以达到。《荀子·劝学》有云："积土成山，风雨兴焉；积水成渊，蛟龙生焉；积善成德，而神明自得，圣心备焉。"崇尚道德、向往善行是一个不断提高的过程，随着道德主体将社会中的道德规范与原则敬于心、动在身，人们就会自觉思考所面临的道德问题。人注定是社会存在物，道德意识由弱到强，用自己的行动尊崇道德并逐渐使得"崇德向善"之风吹遍整个社会，对实现良风善俗的美好之风大为有益。其二，"修身"就是在社会良好的风气中受到其中的理想信念、价值观念、道德情操和行为方式的感染、熏陶，在贤德之人感召下思想得到陶冶和升华，行为得到塑造与完善。从根本上讲，人有向善与向恶的可能性，"见贤思齐"在人的生存与发展活动中有导向善的驾驭性。"见贤思齐"出自《论语》，是指见到贤能的人就要思索如何向他们看齐，这其实是用榜样的力量激励人们以实际行动彰显高尚的道德本色。《诗经·车辖》有云："高山仰止，景行行止。"品德崇高之人如山，难免有人会敬仰他，效法他。当然"见贤思齐"也离不开个人的努力。中国自古就是一块崇尚道德、积极向善、造就贤德、英模辈出的地方。历史上具有德与善的贤才赢得世人的衷心爱戴，是因为他们身上具备以身作则，率先垂范的优良品质。总的来说，崇德向善、见贤思齐，意为人要有崇尚德善之心，见到有德性的人要向他看齐。

良好社会风尚中的崇德向善、见贤思齐关系是相辅相成、不可分割的。崇德向善之风是见贤思齐的前提和基础,崇德向善可以形成一定的风气氛围,离开了崇德向善之风,就无法在良好的环境中达到见贤思齐的化人效果;见贤思齐是崇德向善的目的和归宿,离开了见贤思齐,崇德向善就失去了存在的根本依归。良好的社会风尚,形成崇德向善之风为先,不成风无以将见贤思齐列为优良品质;见贤思齐最终要以引领为要,其核心是让大家在榜样的引领下造就更多贤德之人。崇德向善与见贤思齐的紧密结合,实质上是将优秀的社会价值观落实到实际中,熏陶社会中的人。说到底,良好的社会风尚可以因势成风,在引领、导向上使得人感受和谐、良善,进而人人自觉修身向德善之人学习。风之所至,化之所及。社会的风气氛围尽管是触摸不到的隐形风尚,但会对人们思想行为产生一种广泛的、普遍的、深刻的影响,让人在一定的社会风气滋生蔓延中切实感受崇德向善,并受其感染、熏陶。崇德向善既对一定的社会风尚形成有帮助,也在良好的社会风尚中会对见贤思齐的覆盖有所推动。因此,良好的社会风尚不仅会满足社会成员向往美好生活的愿望,并且会积极引领人们切实把外在的规范要求变为内在的道德自觉,形成对美好道德的渗透、覆盖。同时,崇德向善中的事迹是感动人心、温暖社会的力量,层出不穷的贤德之人也激发了世人向之学习的激情。

崇德向善、见贤思齐,可美风俗。崇德向善的社会风尚是精神文明建设和公民道德建设的重要内容,有着激浊扬清、弘善抑恶的教化功能,有着化人为要、铸魂育人、凝心聚力的价值作用。蕴含崇德向善、见贤思齐的社会风尚,一方面可以用美德润泽社会,一方面可以用榜样引领风尚。社会的良序运行离不开崇德向善的风尚,离不开见贤思齐的风尚。

表3-3 崇善理念演化简表

时代	原典	出处
西周	乾道变化,各正性命,保合太和,乃利贞。	《周易·彖》
	文王曰何谓仁义?太公曰敬其众,合其亲。敬其众则和,合其亲则喜。是谓仁义之纪,无使人夺汝威,因其明顺其常顺者,任之以德,逆者绝之以力,敬之勿疑,天下和服。	《六韬》
春秋	劳则思,思则善心生;逸则淫,淫则忘善,忘善则恶心生。	《国语·晋语下》
	见贤思齐焉,见不贤而内自省也。	《论语·里仁》

续表

时代	原典	出处
战国	与善人居,如入芝兰之室,久而不闻其香,即与之化矣;与不善人居,如入鲍鱼之肆,久而不闻其臭,亦与之化矣。	《孔子家语·六本》
战国	君子崇人之德,扬人之美,非谄谀也。	《荀子·不苟》
战国	纵情性,安恣睢,禽兽行,不足以合文通治……忍情性,綦溪利跂,苟以分异人为高,不足以合大众,明大分。	《管子·幼官图》
汉唐	敬业,谓艺业长者敬而视之;乐群,谓群居朋友善者愿而乐之。	《春秋繁露·循天之道》
汉唐	天有和、有德、有平、有威、有相受之意、有为政之理,不可不审也。春者,天之和也,夏者,天之德也,秋者,天之平也,冬者,天之威也。	《春秋繁露·威德所生》
汉唐	克俭节用,实弘道之源;崇侈恣情,乃败德之本。 薛收曰:"何谓命也?"子曰:"稽之于天,合之于人,谓其有定于此而应于彼。"	《贞观政要·规谏太子》
两宋	夫国之长短,如人之夭寿,人之寿夭在元气,国之长短在风俗。	《苏轼文集》
两宋	为天地立心,为生民立命,为往圣继绝学,为万世开太平。	《近思录·治法》
明	知此,则知未发之中、寂然不动之体,而有发而中节之和,感而遂通之妙矣。然谓良知常若居于优闲无事之地,语尚有病,盖良知虽不滞于喜怒忧惧,而喜怒忧惧亦不外于良知也。	《阳明先生文集·与黄宗贤书》
明	往时见世俗朋友易生嫌隙,以为彼盖苟合于外,而非有性分之契。	《阳明先生文集·与陆元静书》
清	学于圣人,斯为圣人。学于贤人,斯为君子。学于众人,斯为圣人。	《文史通义·原道上》

二、崇善成风的内涵:弘善抑恶、仁爱兼济、见贤思齐

中国历史上崇德向善、见贤思齐的风尚有着悠久的历史传承。这一风气促使华夏文化崇尚仁爱、倡导友善,进而鼓励人们向贤德之人学习。大体而言,崇善精神主要包含弘善抑恶、仁爱兼济、见贤思齐等方面的内容。

首先,中国传统的理论认为人有向善与向恶两种可能,营造扬善惩恶的舆

论环境,就要"择其善者而从之,其不善者而改之",如果成长在良好的社会风尚中,人的思维方式、生活方式、行为方式和价值观念必然会受其影响。将崇德向善的正能量不断放大,用清风正气来感染社会民众,使积极向上的道德处处闪光,社会定会注入不竭的精神动力。一定程度而言,"与善人居,如入芝兰之室,久而不闻其香,即与之化矣;与不善人居,如入鲍鱼之肆,久而不闻其臭,亦与之化矣"①。中国先贤强调人有向善与向恶的可能性,如孟子就曾指出:"人之异于禽兽者几希。"(《孟子·尽心下》)人和动物有着一样的欲望,但"惟人万物之灵"(《尚书·泰誓》),人的智慧使人能以理性与意志区分什么是能做的,什么是必须摒弃的,因此人的行为中有"择其善者而从之,其不善者而改之"的道德趋向。崇德向善的社会风尚,是影响人性中"应当"做何种努力的不可或缺因素,苏轼指出:"夫国之长短,如人之寿夭,人之寿夭在元气,国之长短在风俗。"②即社会风俗关系到天下的命运。良善的存在会遇到多种精神的羁绊、干扰,针对治乱的需要,顾炎武有言:"目击世趋,方知治乱之关必在人心风俗。"③其实,社会的治乱并非只在于人心相关,但他在这里明确了一个方向,就是良好的风俗是国家长治久安、社会和谐稳定的关键。社会必须努力构建崇德向善、德行天下的良好格局。一定的社会风气起源于人,亦会影响人。激浊扬清,才能使更多的贤德之人在社会中"井喷式"涌现,从而使良好社会风尚相袭而成。

良好的社会风尚相袭而成,要在社会场域中"成"崇德向善的优良之风。社会中普遍流行向上向善、崇德尚义的追求,是传统美德在社会中的现实传承,是优秀美德在社会实践中的生动彰显。向善的社会氛围赋予生活的意义,人们会时刻感受美好的生活,才更愿意创造美好生活。积极培育和塑造崇德与向善的氛围,可以让道德良善处处涌动,让人们感受到社会风尚的影响力、渗透力和感化力。弘扬崇德向善,可以使社会中刮起团结友爱、助人为乐之风,可以引领社会发展的氛围和方向。通过净化风气可使人们趋之于善,而不是趋之于恶。作为推动社会进步的强大动力,崇德向善的社会风尚润化着社会者的思想,可以营造正确的是非观、义利观、事业观,有利于弘扬社会正气。

---

① 王肃注、吴嘉谟集校,张立华点校:《孔子家语》,安徽人民出版社2013年版,第584页。
② 顾之川校点:《苏轼文集》(下),岳麓书社2000年版,第954页。
③ 顾炎武著,黄汝成集释,乐保群校注:《日知录集释》(第3册),浙江古籍出版社2013年版,第93页。

在崇德向善、见贤思齐的社会风尚中,我们感受到的是高尚品质的力量与道德价值的生生不息,激励起更多人将道德力量予以践履与传承。古人云,"人性如素丝,染于苍则苍,染于黄则黄"(《墨子·所染》),强调的是社会风气氛围对于人的人格完善有着潜移默化的影响,向什么样的人学习就会成为什么样的人。

其次,仁爱观念是维系传统友善精神的情感纽带。传统儒家道德以仁爱为核心。"仁者,爱人",仁爱不仅要求君子爱父母爱子女,更要求能推仁爱于他人。孔子讲"夫仁者,己欲立而立人,己欲达而达人","人不独亲其亲、不独子其子",孟子说"老吾老以及人之老,幼吾幼以及人之幼,天下可运于掌",都是要个体超脱一己私德,关心他人,关心社会国家,进而达到"兼济天下"的公德。"君子动而世为天下道,行而世为天下法,言而世为天下则"(《礼记·中庸》),传统知识分子怀天下、忧天下的家国情怀,正是仁爱的种子结出的硕果。因此,崇德向善、见贤思齐的社会风尚,就应贬斥、鉴别社会中出现的不良风气。不断弘扬见义勇为、助人为乐的社会风气,驱走不良之风的寒意,使得人们在大是大非面前旗帜鲜明,在浊风陋习面前有甄别能力,在各种诱惑面前有辨别力和免疫力。

再次,见贤思齐,向德智超群、出类拔萃者学习,可以引导世人从"榜样"做起,积极践行崇德向善的核心价值观。这个世界有善就有恶,有贤就会有不贤。问题是,遇到恶与不贤应该怎样处理。孔子有言:"见贤思齐焉,见不贤而内自省也。"孔子从对生命的切己观察来勉人向榜样学习。"见贤思齐",意味着好的榜样对一个人的震撼力量,即要向德善之人看齐,见不贤而内省。见贤思齐的思想发人深思,强调人应该积极地进德修业,而贤能之人恰恰树立的是一种进德修业标杆。

此外,推动崇德向善思想,是形成良好社会风气的风向标和助推器。良好的社会风气和不好的社会风气是相互影响、相互制约的。培育和形成良好的社会风尚氛围可以凝心聚力,一方面,良好的社会风尚是优良精神品质和价值追求在现实生活中最好的体现;另一方面,在现实生活中,社会充斥不良的风气就会阻碍良好社会风气的形成。培育和弘扬良好的社会风气,就会使不良社会风气得到抑制。社会风尚中善是人们对美好事物的价值判断,因此,良好的社会风气既要有效地弘扬清风正气,又要激浊扬清,以培育良好道德得以形成的风气土壤。

三、崇德向善:新时代的社会主义风尚

在新时代中国特色社会主义建设中,崇德向善的风尚主要涉及党风、民风以及社会风气等。它要求政府和社会各界铸魂育人、凝心聚力,厚植文明沃土,主要体现在:

其一,中国共产党自成立以来就对党风十分注重,"执政党的党风关系党的形象,关系人心向背,关系党和国家生死存亡"。在长期的革命和社会主义建设的过程中,我党形成了实事求是、密切联系群众、批评与自我批评的优秀党风。这些党风使更多的中国人民在革命、建设、改革中鼓足干劲,社会建设之成就甚为可观。在社会中的人们相互交流、从众心理和竞相效仿,蕴含着一定的价值观念和价值取向。以正确的社会风尚导向使社会成员自上而下、以上率下形成善良和正义的生活方式,从而可激发人形成一种向善的伦理价值追求。

习近平总书记强调:"一个有希望的民族不能没有英雄,一个有前途的国家不能没有先锋。"[1]见贤思齐的思想在于通过贤德之人的一言一行、所作所为,引领一定的社会风气的形成发展。其价值主要有:一要体现出先进性。在历史发展中涌现出来的贤德兼备的人,是率先垂范的典范。古往今来,岳飞、文天祥、焦裕禄、任长霞、宋清梅等典型贤德之人可为表率。他们之所以获得世人认可,是缘于身上有着助人为乐、诚实守信、见义勇为、爱国敬业、孝老爱亲的善举,这些实际善举让人学有榜样、做有标尺。二要体现引领性。"无引领"社会风尚则无所定向。贤德之人自省自爱,是道德的开创者、践行者,是培育社会文明风尚的重要力量,社会风尚离不开榜样的引领。三要体现长效性。历史上能够被他人崇尚之人,他们身上无一不集中体现了良好的大爱情怀、无私奉献的中华民族传统,无不有善行义举、爱民务实的举动。他们传递的道德应时合势,他们身上的精神风貌永不磨灭。贤德之人是一群值得尊崇的人或一种现象,是形成良好社会风尚不可或缺的精神动力和支撑。崇德向善、谦虚不躁的品行修养,成贤成圣的人格追求,这些是超越时代的精神品质和价值追求。

其二,社会风尚重在"化"人。社会良好的风尚吹向你我,你我担负起一分道德操守,社会的道德水准就会提升一些。空洞的说教在引领作用上苍白无

---

[1] 习近平:《在颁发中国人民抗日战争胜利70周年纪念章仪式上的讲话》,《当代兵团》2015年第17期。

力,贤德之人演绎出的鲜活事例,除了有令人惊叹的德行与品质外,还会在无形中感染你,让你朝着真善美的方向前进……一定的社会风气氛围深刻地熏陶、浸润着人的追求。见贤思齐的价值取向获得更多人的认同、追随和效仿时,良好的社会风尚必然蔚然吹开。而"见贤思齐"的修身本身就不是一蹴而就的,需要潜移默化的影响、循序渐进的润化,"见贤思齐"的修身之"化育"具有不断学习和自我完善的渗透性、持续性之特点。也就是说,人可以以自身的努力,不断完善自我。对于学习修身可"化育"的内涵,中国古人有着深刻的剖析。早在春秋时期,孔子就详细阐释了"择善而从"的思想,"三人行,必有我师,择其善者而从之,其不善者而改之"(《论语·述而》)。孔子认为几个人一起走路,其中一定会有人值得自己学习的地方:人要选择善的方面去学习,看到不善的方面就作为借鉴加以改正。儒家认为"见贤思齐"有着渐进、感化、转化之意。人的思想、行为是可以逐渐改善的。法家管子有言:"渐也、顺也、靡也、久也、服也、习也,谓之'化'……不明于化,而欲变俗易教,犹朝揉轮而夕欲乘车。"(《管子·七法》)"化"蕴含着不易觉察的渐变过程。需要人们在长期的不懈努力中,得到正面或反面的借鉴,当长期的变化积累到一定程度的时候,就会"使得社会的风俗习惯和人们的精神风貌发生根本的变化"①。实际上,严格予以自我修养的人,蕴含着"我们的内在要求即理想的实现,换句话说,就是意志的发展完成"②。人有一种向上的意志,就是超越自己本来的生活样态和精神状态,逐渐向贤德人的生活样态和精神状态看齐。这样的意志说起来很容易,其实是要经过不断学习与自我的完善之路,才会造就社会需要的贤德之人,如《论语》中所言:"好仁不好学,其蔽也愚;好知不好学,其蔽也荡;好信不好学,其蔽也贼;好直不好学,其蔽也绞;好勇不好学,其蔽也乱;好刚不好学,其蔽也狂。"(《论语·阳货》)因此,"见贤思齐"修身之"化育"是一个日浸月染、持久为功、潜移默化之学习过程,只要有毅力,最终会形成契合社会要求的强大力量。

良好的社会风尚可以铸魂育人,即良好的社会风尚可以润泽人的灵魂。良好的社会风尚需要榜样的引领,更需要个人的砥砺磨炼。形成良好的社会风尚氛围离不开铸魂育人的目的。在良好的社会风尚形成过程中,不仅是让人感受良善,更是让人心灵受到触动后"修身"为自身的内蕴——使人体内含有一定的

---

① 骆郁廷、陈兴耀:《论成风化人》,《思想教育研究》2018年第10期。
② [日]西田几多良:《善的研究》,商务印书馆1983年版,第107页。

道德价值观,吸收风气中所蕴含的精神营养,塑造出一种积极的精神魂魄。良好的社会风尚会使人不做"旁观者",在耳濡目染、潜移默化中,促进人们将美好的道德外化于行、内化于心、同化于群。历久弥新、超越时空、富有价值的爱国、诚信、恭敬等内容的崇德向善精神在社会中不断吹拂以"修身育人",引导人们在学习、感受、领悟的过程中,弘扬其中为人处世和处理人际关系的道德风尚,做优秀品德的倡导者、学习者、维护者,使得人在社会中自觉抵制损害社会道德风尚之事。从这个意义上而言,在修身养性的征途中,良好的社会风尚已经深入人的灵魂之中,每一个个体通过自觉将德善之美播撒,防微杜渐完善了个体的精神世界与价值观念,以成为社会道德风尚提升的参与者。

其三,良好的社会风尚可以凝心聚力。人们知行合一,自觉地见贤思齐,会使贤德的"火种"在社会中成燎原之势,这实际上印证出了社会美德力量之强大,也彰显了中华传统美德旺盛的生命力。良善之风是人间最美的语言。德善之美在社会中的传递是相互的,在特定风气氛围的熏陶感染下,德善之人用满腔的热情爱别人,亦会使得其他人受其影响提高自我的思想道德水平。贤达博爱之人始终以百姓为先,百姓也会拥戴他。岳飞、文天祥热爱祖国,为收复壮美河山,不畏惧抛却生命,人民永远缅怀他们。更多的平凡人在社会中义不容辞地帮助他人……人们在崇德向善、见贤思齐的社会风尚中,不断改造自我的主观世界和客观世界,一定能达成"见贤思齐"的修身效果。如人们常言的"近墨者黑,近朱者赤",在社会风尚中人们会逐渐认同、内化和践行其中的价值观,并转变为自身习以为常的习惯和思想。从自身做向上向善之行,固化为风清气正之人格,进而转化为和谐文明的美好气氛,社会的风尚才会积小善成大善,奠定在更加坚实的基础上。

总而言之,崇德向善的社会风尚,贵在见思想、见精神、见行动。崇德向善、见贤思齐的风气氛围所蕴含的正确价值观,会让社会吹拂良好的自我人格完善之风,努力向高尚之人看齐,这才是一个人行走于世间并感受社会中美好的生存方式。崇德向善不抽象,见贤思齐不遥远,大力倡导从我做起,从身边的事做起,努力营造学习贤德壮举、维护社会正义的良好社会氛围,最终达成的是不令而行、日行不觉、习若自然的成效。

第四章 中华传统美德

第一节 孝亲爱家

孝亲爱家是人伦之本,从公序良俗角度而言,爱敬亲长、守护家庭的良好品质,不仅缘于对生命本源的尊重,而且浸润出"博爱"与"广敬"的社会思想。正因为如此,习近平指出:"推进社会公德、职业道德、家庭美德、个人品德建设,激励人们向上向善、孝老爱亲、忠于祖国、忠于人民。"[①]作为社会主义道德建设的重要内容,从小处说,拥有孝心、爱心的优良品质,会促使家庭成员间互亲、互爱、互敬;大而言之,家庭和睦则社会安定,家庭幸福则国家祥和。因此,孝亲爱家成为塑造和谐家风乃至构建和谐社会的基础。

一、孝亲爱家的渊源与发展

孝亲爱家是传统社会中家庭成员之间由于血缘关系而形成的伦理美德。这一道德理念源远流长,从语言学来说,"孝"字早已见于商代甲骨文,其字形像一个孩子搀扶老人,从字义上讲则意味着人要尽心尽力帮扶父母,引申为晚辈用一定的礼仪对待长辈。此字的出现,不仅反映出早期氏族社会的尊老风尚,也标志着孝道伦理开始萌芽。

不过,商代崇尚神鬼,孝老养亲实际上兴起于周代。据先秦文献记载,周代有"养老之礼",要求在父母力气渐衰之时,从财、物等方面给予报答,如《诗经·蓼莪》有曰:"哀哀父母,生我劬劳。"[②]可以说,西周时期,人们已经把"孝"纳入

[①] 《党的十九大报告学习辅导百问》,党建读物出版社、学习出版社2017年版,第43页。
[②] 张岂之:《中国传统文化》,高等教育出版社2005年版,第75页。

人伦规范的观念和实践中。到了春秋战国时期,诸子争鸣,"孝"道有了多样而系统化的阐释。譬如,儒家认为爱亲是人的天性,《孟子》说:"人之所不学而能者,其良能也。所不虑而知者,其良知也。孩提之童无不知爱其亲者,及其长也,无不知敬其兄也。"而继承父亲的志愿则是孝,"三年无改于父之道,可谓孝矣"(《论语·里仁》)。进一步说,爱亲又与仁、义紧密相连,"亲亲,仁也;敬长,义也;无他,达之天下也"(《孟子·尽心章句上》)。对于这些观点,道家的老子与之迥然有别,他说"大道废,有仁义;智慧出,有大伪;六亲不和,有孝慈"(《老子·第十八章》),认为孝是家庭冲突的产物。庄子同样不赞同儒家类型的孝,说"以敬孝易,以爱孝难;以爱孝易,而忘亲难;忘亲易,使亲忘我难;使亲忘我易,兼忘天下难;兼忘天下易,使天下兼忘我难……夫孝悌仁义,忠信贞廉,此皆自勉以役其德者也,不足多也"(《庄子·天运》),他主张行孝应顺其自然而非强制。值得注意的是,法家虽肯定"孝"的价值,却强调用"法"来保障其得到实行,"天下皆以孝悌忠顺之道为是也,而莫知察孝悌忠顺之道而审行之,是以天下乱……臣事君,子事父,妻事夫。三者顺,则天下治;三者逆,则天下乱……是废常上贤则乱,舍法任智则危。故曰:上法而不上贤"(《韩非子·忠孝》)。

简言之,秦代以前,"孝""亲"的价值虽然存在一定争论,但不同学派大都承认它是人们立身处世的基本规范和伦理原则。

秦汉以后,随着经学的深入传播,孝的基本理论趋于成熟:其一,孝具有永恒的普世价值。《孝经》就说:"夫孝,天之经也,地之义也,民之行也。"(《孝经·三才》)其二,孝顺父母需要自爱自立,扬名显世,以使父母感到荣耀。"夫孝,德之本也,教之所由生也……身体发肤,受之父母,不敢毁伤,孝之始也。立身行道,扬名于后世,以显父母,孝之终也。"(《孝经·开宗明义》)其三,对不孝有了系统阐述。如曾子说:"居处不庄,非孝也;事君不忠,非孝也;莅官不敬,非孝也;朋友不信,非孝也;战陈无勇,非孝也。"(《礼记·祭义》)孝的意义日益广泛,涉及社会生活中为人、为臣、为友等众多方面。简言之,修身处世,当以践行孝德为本。

随着儒、法思想的结合,"孝"在政治领域也得到不断扩展和延伸,如"孝以事君"(《礼记·坊记》)。而汉武帝以后提倡以孝立国,倡导孝行成为检验个人品德的标准,国家在负责人才选拔的察举制中就设有"孝廉"科,汉朝政府还屡次以孝亲养老诏令嘉奖孝行。可以说孝成为国家治理的大政方针,行孝之人能够得以重用,不孝则受到重罚。魏晋以后,统治者纳礼入律,不孝不悌被认定为有悖人伦。仅从《唐律·名例》中就可发现,恶逆、不孝、不睦等违反孝亲爱家的行为皆被归入"十恶"。其中,有"居父母丧身自嫁娶,若作乐,释服从吉"等行为,将处"徒三年"之刑。而且一旦犯有不孝之罪,不论贵贱皆不能赦免。这些政策与法律规定一直沿袭到清代,几乎没有大的变化。

唐、宋以后孝道文化在民间逐渐普及化。如唐代孟郊《游子吟》写道:"慈母手中线,游子身上衣。临行密密缝,意恐迟迟归。谁言寸草心,报得三春晖。"这首诗充盈着朴实的"爱"之情感,以孝老爱亲的美德维护着亲子情感,教导人们"反哺",使得血缘亲情更加牢固。宋代以后,"杨门女将""精忠报国"等忠孝故事大量出现,而多种版本的《二十四孝》《五孝传》《孝子传》《古孝子传》等在社会也流传至今。明清时代执政者也大力弘扬孝道,特别是康熙、乾隆皇帝举行的"千叟宴",更将封建王朝的孝道思想推至巅峰。

另一方面,中国始终保持着以家为本的传统,并将此延至为家国同构的社会结构。在先秦时期,随着农业经济的日益发展,家的地位日益突出。然而这一时期,人们所讲的"家",并不专指一个家庭或家族,而是有着与国同一的氏族或部落,因而"家固"便可"国宁",初步形成了"以家为本"的伦理道德观。秦汉以后,国家迫切需要重振伦理纲常,爱亲与家庭生活开始紧密相系,如《孝经·天子》所言:"爱亲者不敢恶于人,敬亲者不敢慢于人";《孝经·圣治章》说:"孝子之事亲也,居则致其敬,养则致其乐,病则致其忧,丧则致其哀,祭则致其严。"这样,事亲表现出敬、乐、忧、哀、严,进而孕育出华夏民族璀璨的爱亲文化。直至宋代之后,孝老爱亲的家庭道德开始置于其他德性之首,有学者认为宋人在"家"与"国"的辩证关系上,突出"孝",并将其置于"忠信"的前面,是一种审时度势的创造。① 需要注意的是,在后世的价值观中,孝老爱亲的情感不仅体现在家庭成员身上,还延伸到对待他人的友爱之情,从而使社会中人与人之间相互谦让,和谐共处。

简言之,孝为百德之首,是众德之本,它可以说贯穿整部中华民族史。数千年来,家庭中的人伦关系,不仅需要"孝亲",更需要"爱家"。特别是孝老爱亲的传统美德还被视为仁之本、义之先、礼之端。此外,"孝敬之家,必获吉祥"。

---

① 王殿卿:《传承中华美德与培育公民道德》,《新德育·思想理论教育(行动版)》2005年第3期。

孝悌之人会被社会尊重,充满荣誉感,同时在家尽孝、为国尽忠也彼此相通。

二、孝亲爱家的内涵:善事父母、孝悌为本、移孝作忠

孝亲爱家是一种由血缘亲情向外不断扩大的道德情操。它的核心是爱,既包括晚辈对长辈的关怀即"孝老",也有后辈对祖先的敬畏,更包含家人之间的互相关爱和帮助。大体而言,传统时代"孝"所蕴含的伦理情感并不限于自下而上表达孝心,而是存在着多个维度和层面。家庭成员通过父子、兄弟、夫妻等具体的身份关系相互表达、感受亲情,在历史长河中逐渐形成善事父母、孝悌传家、移孝作忠等理念,从而促使孝老爱亲、孝亲爱家的道德文化深入人心。

其一,孝老爱亲,就要善事父母。善事父母指在家庭生活中给予父母全面体贴的照料,其内涵主要分为两个方面:一方面,为人子者首先从物质上对双亲进行赡养。曾子有言:"大孝尊亲,其次不辱,其下能养。"(《礼记·祭义》)这一点从"孝"的原义儿辈搀扶老人,也能看出赡养父母和扶助尊亲是为人子女的本分和义务。"乌鸦反哺,羊羔跪乳",父母抚养子女成人,子女理应报答养育之恩,关心其起居衣食直到终老。在常规情况下,赡养年纪衰老的父母似乎并不难做到。然而当儿女成家后,经济往往不太宽裕,依旧尽心侍奉父母就十分难得。知易行难,对父母尊亲赡养和扶助的道理虽然很简单,子女在力所能及的范围内一以贯之地履行责任,却更为紧要。

另一方面,孝是耐心与尊敬,是由心底散发出的情感,是一种自发地解长辈之忧、盼亲人心身愉悦的自然体现。中国孝道的这一层面,在《论语·为政》篇有充分诠释。该章中共有四次问孝之事。相较其他弟子的提问,孔子针对"子游问孝",在人与动物比较的基础上提出以"敬"为孝道的内核。他说:"今之孝者,是谓能养。至于犬马皆能有养;不敬,何以别乎!"(《论语·为政》)可以说,孔子通过犬马与人的对比,烘托出孝中容易遗忘和忽略的环节——敬的重要性。在他眼中,假如"尽孝"只停在赡养的本分上,从物质层面尽"养"的义务,而在"尊敬"上对父母过于"吝啬",则会浑失人伦,就难以同"饲养犬马"进行分别,就会丧失宝贵的人伦。这样的理论得到曾子的认同,他说:"孝子之养老也,乐其心,不违其志;乐其耳目,安其寝处,以其饮食忠养之,孝子之身终……是故父母之所爱,亦爱之;父母之所敬,亦敬之:至于犬马尽然,而况于人乎?"(《礼记·内则》)这其实触及了传统孝道中的误区——对待父母,不能只限于财帛饮食而

"不敬"。辄思孔子所提"敬"的孝道观,会发现儒家对"孝"要求的不仅是从形式上贯彻周礼的侍养父母原则,更是把外在的道德律令转化为内在的情感之观念。此外,孝是宽容。《论语·为政》里,子夏问孝,孔子回答为"色难"。这又简明扼要地揭示晚辈对长辈的恭敬和悦的神色是最难做到的。类乎此,孟子则用"食而不爱,豕畜之。爱而不敬,兽畜之"之语,耐人寻味地讲出"孝敬"的精要。显见,诸儒响应孔子,从"敬"上为周代"养老之礼"提出了更深一层的"精神赡养"意味。养、敬、顺、哀以及对父母种种尽子女义务的善行,都是孝。对于他们的生养之恩,人们应该懂得回馈,即在孝老过程中,通过尊敬传达出子女对父辈的爱。一言之,善事父母不仅是一种物质上"养"的责任与义务,更是一种精神上"敬"的涌泉相报。

其二,孝悌为本,指的是孝顺父母、友爱兄长及其他家族成员。儒家认为,在人类社会中,个人首先要扮演的就是家庭成员之间的角色,因而懂得孝悌之人才能与亲族和平共处。《论语·学而》指出:"其为人也孝弟,而好犯上者,鲜矣;不好犯上,而好作乱者,未之有也。君子务本,本立而道生。孝弟也者,其为仁之本与。"在这段话中,孝悌是为仁之本,具有孝悌的人,会生发出至美至善的其他德性,或者说孝悌是众德中的基础。而在古代家庭以及家族关系中,孝悌又是人们血缘关系的动态展现。孔子就认为,"弟子入则孝,出则弟,谨而信,泛爱众,而亲仁。行有余力,则以学文"(《论语·学而》)。这意思是,在家里一定要孝顺父母,出门在外要尊敬兄长,做事不能失去谨慎一定要诚实。南宋理学家陆九韶也认为"一家之事,贵于安宁和睦悠久也,其道在于孝悌谦逊",如果"朝夕之所以事者,名利也;寝食之所思者,名利也;相聚而讲究者,名利也",就会导致兄弟叛散,父子不相容(《家制·居家正本》)。可以说,孝悌爱亲会营造出尊敬父兄、爱护幼小、和睦九族的秩序,是家庭和谐传承的应有之义。

不仅如此,孝悌在历史的传承中是与弘扬家庭乃至家族荣光联系在一起的。亲情的伟大力量能促进家庭和谐,享受的是天伦之乐、生活之美。在《孝经》《礼记》《弟子规》中皆论述了教育子女建功立业的重要作用。中国人的传统观念中,子女弘扬家族荣光是因为心中怀有对祖先的崇敬。曾子说:"慎终追远,民德归厚矣。"即谨慎地对待父母的去世,追念久远的祖先。孔子说"敬鬼神而远之",儒学不相信鬼神的存在,被异化为通过祭祀先祖之礼当作是孝道的体现和继续。在科技不发达的时代,子孙会用一定的礼仪虔诚地祭奠祖先,进而将对父母和先祖尽孝的情感转化为光宗耀祖的志向。《礼记·中庸》这样解释"孝":"夫孝者,善继人之志,善述人之事。"认为有孝行的人善于继承先人之志,传承先辈之业。王阳明指出,"孝莫大乎养志",父母养育子女的志向是将子养"成人",成人之道在于成为对国家、社会有用之才,因而子女最大的孝是继承父辈的志向。换言之,一个儿女尽孝的表现,离不开以自身的言行成就事业,给父母家族带来骄傲和荣耀。从这个意义上说,"孝"的最高层次是缅怀祖先,显扬父母。换句话说,孝不仅是建立在血缘人伦关系上光耀先辈的一种道德责任,更将自我完善作为尽孝的一种要求。

孟子有云"老吾老以及人之老,幼吾幼以及人之幼"。虽然孝老爱亲流淌出的是一脉血缘亲情,却不局限于家庭,孝的延展性使其存在平实而博大的一面。孝道传承可以从家庭延及邻里、社会,在此基础上转化为对身边所有人的帮助、关爱。如《吕氏春秋·孝行》篇所言:"故爱其亲,不敢恶于人;敬其亲,不敢慢于人。爱敬尽于事亲,光耀加于百姓,究于四海,此天子之孝也。"这就是说,爱护亲人所以不会对他人交恶,尊敬亲人因而也不会对他人予以怠慢,执政者应当将孝道延伸于百姓身上。可以说,在中国人看来,即使彼此之间没有血缘关系,人们仍然要以亲厚相待。

其三,中国历史上有着移孝作忠的思想。孝是每个人必须履行的道德责任和义务,通过讲究有序的道德礼仪,小家庭可以使"国"这个大家更加和谐。在古人看来,以孝立国与为国尽忠有着本质的相同之处,家族道德的"孝"可生衍出政治道德的"忠"。因此,在历史上,"移孝作忠""孝治天下""孝为政本"等观念的涌现都是在家尽孝、为国尽忠的体现。"忠"与"孝"在一定程度上有着关联,忠与孝皆有竭诚尽力之意。"忠"的含义是尽心竭力、竭诚尽责。在孝敬父母上,是不能有丝毫怠慢的,必须尽心侍奉,满足父母要求,体现出了"忠"的基本含义。由孝可为忠,将国视为父会忠君,将百姓视为父母则会爱民。可以说,孝是修身养性之基础、齐家治家之良方、君主治国之根基。孝从最初的家庭伦理引申到社会领域和政治领域,用来协调小到家庭、大到社会、国家当中人与人之间的关系。因为恪守孝道不但会和睦家庭甚至整个家族,而且能使人际关系更加和谐、畅达。抚今追昔,人们才更能理解为何中华儿女在"家国一体、命运与共"的影响熏陶下,走进家门,为家人尽孝,走出家门,会共同忠实自己的国家。可见,心怀家庭的小爱能够拓展为面向整个社会、国家的忠肝义胆。

对于家国之间的关系,孔子的论述十分清晰,他认为以孝立国与为国尽忠皆是做人的大仁、大义、大诚、大美。而《孝经》中有云："夫孝,始于事亲,中于事君,终于立身。"这句话将人的孝道分为三个阶段:第一阶段是从侍奉双亲开始。第二阶段是为国家尽忠。言明的是侍奉君王。由于古代封建社会的影响,君往往代表国家,所以这句话有报效国家的涵义。第三阶段是注重个人品质的修炼与升华。"终于立身"有最后实现自身价值之意。三个阶段在后世也称为小孝、中孝、大孝。它们之间不是孤立的,而是相互联系的关系。可见,要实现自己的远大志向不能忽略对父母的孝道,因为在家尽孝是为国尽忠的前提。

中国历史上有着"孝治天下"的思想。"在家尽孝"与"治理天下"也存在着极大关联。"孝"是支配人们日常行为、评判人们品行的准则,推衍孝之德行可教化天下。《孝经》中的《孝治》一节就强调"以孝治天下",议论道:"昔者明王之以孝治天下也,不敢遗小国之臣,而况于公侯伯子男乎? 故得万国之欢心,以事其先王。……故明王之以孝治天下也如此。"这里,所谓"治"就是认为推行孝道可以治理国家。进而言之,"孝治天下"思想是与家国同构的社会基石相对应的:一方面,以孝敬教化万民,国家风尚才会良好。孝有"顺德"之意,古人认为,民众养成顺敬的品德,会汇聚起强大合力,是国家强盛文明的基本体现。一方面,提倡"以孝治天下"的治国方略,形成有德之家,才会扩而充之有富强文明的大国。有孝之人对天下人负有的是一种公道的责任,所以古代统治者将孝作为了一种巩固统治的手段。"治理天下"与"在家尽孝"经常是紧密相连的,孝不是只关系一家一户的普通小事,"孝"关乎国家富强、民族复兴。如果所有人都恪尽孝道,整个社会大家庭才会蒸蒸日上,就能实现"孝治天下"。

三、孝亲爱家的新时代建设:老有所养、家庭和睦、爱家爱国

孝亲爱家的传统美德蕴含有永不褪色的和谐价值。在当代中国,孝亲爱家仍是国民家庭生活的主要追求。2016年12月,习近平在会见首届全国文明家庭代表时曾说:"尊老爱幼、妻贤夫安、母慈子孝、兄友弟恭、耕读传家、勤俭持家,知书达礼、遵纪守法,家和万事兴等中华民族传统家庭美德,铭记在中国人的心灵中,融入中国人的血脉中,是支撑中华民族生生不息、薪火相传的重要精神力量。"[①]在这里,习近平高度肯定了孝亲爱家对于弘扬和践行社会主义核心

---

① 习近平:《在会见第一届全国文明家庭代表时的讲话》,人民出版社,2016年12月,第1页。

价值观的突出精神价值。

然而,伴随着现代生活节奏的加快,人们在追求事业发展的过程中家庭观念日渐淡薄,"爱上不足、爱下有余"及逃避行孝养亲等现象日益显现。而随着生活水平的提高,很多人固执地认为给足生活费便是"孝老爱亲",在网络中"空巢老人""留守儿童"等新闻也时有报道。还有甚者,或子女"啃老"却对父母的付出缺乏感恩,或子女之间因赡养老人而失和,反目成仇而诉诸法律也并非个案。鉴于以上种种,颐养天年、安享天伦等家庭梦想似乎成为奢侈之事。

父母有舐犊之爱,情深似海,子女确实必须懂得给予和反馈。在快节奏的生活中,孝要老有所养。

首先,孝老爱亲是一种生活中的意境——"为父母着想""多陪伴父母"。实际生活中,父母需要的不仅是物质生活上的扶持,更需要从情感上给予父母极大的安慰和精神力量。远离亲戚和儿女,老人精神上难免会出现孤寂和落寞。孔子有云:"父母在,不远游,游必有方。"言明的是父母健在的时候,尽量不去遥远的地方。家人需要情感慰藉,陪伴是最长情的告白,虽然对生活在现代社会的子女来说,生活压力下"不远游"已然不现实,但我们可以做到"游必有方",多抽出时间问候、陪伴亲人。只要对家中亲人发自内心地爱惜与尊敬,就会切实地站在他们的角度理解其实际困难与需求。抽时间和父母长辈一起进餐、玩乐、谈心,让他们感受到亲情的温暖,是最简单不过的团圆礼物。即使由于学业、工作繁忙不能常回家看看,用现代通信手段对父母诉说也会使深厚的亲情得到一定慰藉。父母陪子女长大,子女陪父母到老,儿女应该努力协助亲人老有所养、老有所乐、各得其所,保证他们有必要的条件去从事更适宜目前健康状况的活动或工作,愉快而有意义地度过晚年。

其次,孝老爱亲的美德如水,滋润着父母子女的心灵,有助于家庭和睦以及建设幸福家庭。这是因为孝老爱亲的家庭美德蕴含着"上能事父母、下能爱子女"的真挚情感,体现了亲亲、尊尊的基本道德规范。新时代的孝老爱亲主要包括以社会养老为主的多层次养老模式、以人格平等为基础的新型代际关系和信息化社会践行孝道的多样化方式等内容。习近平多次强调进一步弘扬孝老爱亲的思想,在教育、文化、养老政策方面给予了多方面的倾斜,使得尊老、敬老、爱幼的社会秩序在全国范围内蔚然成风。概言之,一代又一代的人追求孝亲爱家的道德境界,为家庭、国家的和谐奉献着力量。做一个友善之人,让敬老、孝老、爱亲蔚然成风,能使千百万个家庭汇聚为一种和谐力量。

再次,提倡孝亲爱家,一以贯之,不但可以形成敬老助老的品质,更能促进国家的安定和谐。习近平指出,在家尽孝、为国尽忠是中华民族的优良传统。国家是由亿万个家庭组成,没有国家繁荣发展,就没有家庭幸福美满。同样,没有千千万万家庭幸福美满,就没有国家繁荣发展。在习近平看来,家庭是家国情怀的逻辑起点,爱家才会爱国。家庭幸福不仅关系到一家一户,人和家兴才能实现国泰民安。

"在家尽孝、为国尽忠",传统家国情怀把家庭的前途命运与国家联系到一起,体现出"爱家"与"爱国"的深刻关联。它所具有的协调家庭关系、家国关系的丰富内涵,对于社会主义核心价值观建设显然具有重要借鉴意义。因此,习近平发出倡议,"我们要在全社会大力弘扬家国情怀,培育和践行社会主义核心价值观,弘扬爱国主义、集体主义、社会主义精神,提倡爱家爱国相统一,让每个人、每个家庭都为中华民族大家庭作出贡献"①。从中不难看出,孝是立身之本,是家庭和睦之本,而家庭则是国家安定、民族团结、社会和谐的重要基础。鉴于此,我们每个人都应该发扬孝老爱亲的传统美德,同时把对家庭的强烈情感转化到忠诚国家上来,以正确的大局观树立起团结、友爱、奋进的家国情怀。

概言之,孝亲爱家潜移默化于亲人之间的日常生活,只有社会各界真心实意地践履"孝"与"爱",最终才能使家庭和睦在实践中演绎出理性的道德光辉,推动形成社会主义家庭文明新风尚,进而创建出和谐的家庭、社会以及家国关系。

第二节 敬业乐群

从古到今,凡在事业上获得成功之人,均以敬业乐群为至理名言。因此,任何人如果期望学有所成,业务出众乃至前途辉煌,一方面应对自己的职业常怀敬畏之心,另一方面则需要师长、同学、主管及同事们的指导与帮助。可以说,

---

① 习近平:《在2019年春节团拜会上的讲话》,2019年2月3日,新华网。

继承与弘扬敬业乐群精神,既是个体发展之内需,更是社会发展、国家兴盛的需要。

一、敬业乐群的理论渊源

"敬业乐群"是职业伦理的一个重要命题,中国文化历来都倡导以认真尽职的态度对待事业,同时提倡在群体生活中与人融洽相处。具体而言,敬业乐群之道包含相当丰富的思想内涵。"敬业"一词指专心于学业;"乐群"一词可解释为"乐于和好的朋友相处"。"敬业乐群"最早出自《礼记·学记》,其中有记载:"三年视敬业乐群,五年视博习亲师,七年视论学取友,谓之小成;九年知类通达,强立而不反,谓之大成。"周朝时设置有各级学校,每隔一年都会有专门的官员考察从学者的学习情况如何。在第三年专门考察学生在学业上是否专心致力,是否与学友积极讨论学问,第五年考视其学习是否达到了广博的程度,是否爱戴为师者……第九年在学业有成之时,就会理明义精,自立中不被外界所干扰左右。唐代学者孔颖达将"敬业乐群"作了更为广泛的诠释:"敬业,谓艺业长者敬而视之;乐群,谓群居朋友善者愿而乐之。"这里的"艺业"不单指称"学业",而是指社会上各类事业。之后,人们就渐渐将"业"从"学业"扩大到"事业"的范围。所谓乐群,讲的是在从事事业时,日常相处的人群乐意与之交往。宋代理学家朱熹将"敬业乐群"解释为:"敬业者,专心致志,以事其业也;乐群者,乐于取益,以辅其仁也。"即敬业者对待学业、事业十分专心致志,乐群者乐于取益,会积极辅助他人成其仁。对自我事业专心尽职,和群体中的人融洽相处,逐渐成为历代有识之士所倡导的处事原则。敬业乐群既是人的职业态度、职业技能、人文素养的要求,也是对群居生活中如何与他人相处的一种启迪。

儒家提倡以"敬业乐群"为核心理念的职业道德观,要求人们"执事敬"。人生就像一条河流,由于社会活动范围、人际交往对象不同,青年、中年、老年各有其经历,会有不同的使命意识。对事业常怀敬畏,就要有刻苦奋进、一丝不苟的性情,诚意参与群体事物的态度,会在不同阶段的人生中坚韧性情、增强意志,使人在"敬业乐群"的活动中流淌出欢乐的情怀。孔子提出人要挺立自己,须"居处恭,执事敬,与人忠。虽之夷狄,不可弃也"(《论语·子路》),"执"就是要皆其力,认认真真在不平凡的岗位做出不平凡之事。此句意思为恭敬对待家庭事务,认真做事,与人交往应有诚意,就是慎其所事而不敢疏忽。"执事敬"和

"与人忠"的阐发,指明的是要以"敬"夯实人要"学以成人"地努力贡献于事业,以"忠"敞开与他人的关系,正所谓:"发然后禁,则扞格而不胜;时过然后学,则勤苦而难成;杂施而不孙,则坏乱而不修;独学而无友,则孤陋而寡闻。燕朋逆其师,燕辟废其学。此六者,教之所由废也。"(《礼记·学记》)人对任何事情都不能懈怠,要为事业尽心尽力。所谓乐群,蕴涵着在群体交往之时要和他人和衷共济、快乐和美,在相互配合中谋发展,在合作共事中增进团结的处世哲学和人生理念。孔子说:"饱食终日,无所用心,难矣哉!""群居终日,言不及义,好行小慧,难矣哉!"(《论语·卫灵公》)在孔子眼中,没有什么人不可教诲,唯独对于这两种人无可奈何:一种人是"饱食终日,无所用心"之人,这种人整天吃饱只会混日子;另一种人是"群居终日,言不及义",这种人在群体中生活、说话并不会有什么道义可言。孔子对这两种人十分不满,连说了"难"字。为人敬业,推己及人,终身可行。善于亲近良师益友,互助可立人。在《孟子·万章下》中万章询问孟子在交际之时应用何种心态与人交际,孟子用"恭也"予以回答。先贤孟子的回答虽然简单寓意却很深刻,言明与人交际一定要秉持"恭"的原则。一个人恭敬尊重他人,他人亦会尊重自己。因此,在学业、事业上秉持恭敬的态度,是可以终生取益的。此后,荀子也说"凡百事之成也,必在敬之;其败也,必在慢之"(《荀子·议兵》)。后来,宋代理学家朱熹则解释"敬业"是"专心致志以事其业",即用一种恭敬严肃的态度对待工作,一心一意,任劳任怨,精益求精。

概言之,敬业乐群,促使人们的事业迎来一个又一个成功。专注学业、事业的人敬业而又乐群,有利于人们在事业上励精图治,有利于人们快乐地实现人生的价值。梁启超说,"敬业主义,于人生最为必要,又于人生最为有利"(《敬业与乐业》)。敬业乐群之所以能助人取得事业成功,第一是"敬"让工作效率提高;第二是人以"群居切磋"取得和乐的社会关系。换言之,一个饱食终日不思进取之人,是无法胸怀壮志去行"敬业乐群"之为的。当人以"敬业""乐群"的积极进取精神对待所从事的职业,同心协力实现理想与目标,何谈事业不成功?

二、敬业乐群的内涵:笃行不倦、任劳任怨、志同道合

敬业乐群的境界是一种基于热爱对事业全身心付出的精神层次。因此,在

职业活动领域,要追求砥砺奋进的崇高理想,以高度责任感、事业心,培养恪尽职守、认真踏实的工作态度。同时以艰苦奋斗精神,保持高昂的工作热情,以勤勉工作、脚踏实地、任劳任怨的人生观和价值观指导所从事的工作。大体而言,敬业乐群在内容上包括笃行不倦、任劳任怨以及志同道合的良好德性。

首先,敬业乐群本质就是要勤勉工作、笃行不倦。历代先贤都强调"敬业乐群"以敬为主,它是达成事业成功的简捷途径。北宋程颐说:"所谓敬者,主之一谓敬;所谓一者,无适之谓一。"朱子更进一步对"敬"字有过鲜明的解释,他说:"主一无适便是敬。"先贤提及的"主一"就是集中精力专心于一件事,"无适"是心无旁骛地做事,做到主一、无适便是敬。凡要做成一件事,不外乎以敬的态度去做,才能把一种劳作做到满意。"天行健,君子以自强不息",这唯一的秘诀就是勤勉工作。敬在实际中要求人们勤勉工作,在各自的岗位兢兢业业。反之,对事业不敬的人,甚至懒惰之人,是万不能容赦的。做一项事业丝毫不能分心到事外。勤勉工作,缺不了笃行的工夫,专心致志多磨炼自我,就会不断提升、不断进步。进一步而言,如果你没有带着一种对事业的执着笃行不倦,那你就可能中途坚持不下去。不论学业、职业、事业,每做一件事,都要尽忠职守、专心不旁骛进行钻研,认真不马虎,勤奋不怠惰,谨慎不疏忽。

其次,敬业乐群需要有脚踏实地、任劳任怨的干劲。"行行出状元",人只有脚踏实地,秉持任劳任怨、脚踏实地的职业精神,才能把工作做好。敬业精神体现在各行各业中:老师能积极引领、循循善诱,学生能执经问难,学思并进增长才干;有手艺者能一丝不苟,精益求精;农人能不辍耕时,勤于劳作,收获颇多;从商者能勤劳买卖,生财有道……敬业或许并不容易,但你没有脚踏实地的干劲,好高骛远地放纵自己,就可能会错过最美丽的人与事。正所谓"合抱之木,生于毫末。九层之台,起于垒土"(《老子·第六十四章》),任劳任怨地干事,看似过得辛苦,却可以在面对危难时挫之不馁,安之不躁,获得更多对现实的自主感。敬业乐群者能通达生命的真正需要,选择在自己的人生舞台上"尊贤而容众,嘉善而矜不能",以脚踏实地、任劳任怨的干劲得到他人的支持。显然,拥有敬业乐群的精神,才能树立起不负韶华的正确心态,督促并且勉励自己以兢兢业业的态度对待工作。从长远来看,事业的健康发展需要拥有脚踏实地、任劳任怨的精神。

最后,志同道合,与人为友,与良师为善,只有在学习上互相帮助,在道德品质上互相规劝,在追求中互相切磋琢磨,才能实现团结协作。从这个角度上说,"敬业"与"乐群"的精神是一脉相承的。"敬业"与"乐群"的有机结合,对从事一项事业十分重要。敬业者会专心有恒地学习,精勤不懈地做事。乐群者善于消除隔膜,广结善缘,可以在群体中不断成长,在努力奋进过程中将集体主义的快乐传递给朋友。进一步而言,与师友、同事彼此劝勉,不但使工作能力日渐进步,使缺点日渐克服,而且使大家志向日渐积极,彼此间的人际关系也日渐融洽。可以说敬业乐群者强调以一份诚挚的心对待事业,豁达与人,收获的不仅是物质报酬,还会带来事业以及生活中的成就感、满足感。因此,在奋斗中达成敬业乐群者,会将克服困难当作是对自我人生的一种挑战。在逐梦的路上,高扬快乐进取之帆,才能在艰难困苦中找到奋发创造的战斗力。将敬业乐群看作快乐的事情,改变一些已经陈旧的工作形式和方法,以自己锐意创新的优势去开拓新局面,闯出成功路。

三、新时代的"敬业乐群":弘扬社会主义劳动精神

现代社会,工作固然是个人的谋生手段,但如果处于群体中仅仅为了谋生或获取利益,那么就会失去劳动者的很多光彩。2013年4月,习近平在同全国劳动模范代表座谈时指出,必须牢固树立"劳动最光荣、劳动最崇高、劳动最伟大、劳动最美丽"的观念,让全体人民进一步焕发劳动热情、释放创造潜能,通过劳动创造更加美好的生活。可以说,劳动者有怎样的格局境界,就会有怎样的使命动力。敬业乐群的真谛,就在于从劳动中获得无穷的乐趣,并同远大的理想结合起来。在新时代社会主义征程中,人们可以从敬业乐群的道德思想中体会到:一是劳动者要立有志向,二是要从工作中发现乐趣。进而,在此前提下,各行各业弘扬劳模精神、工匠精神、劳动精神,才能克服艰难险阻,在平凡岗位书写不平凡的故事,"以劳动托起中国梦"。

首先,敬业乐群离不开远大的抱负,如孔子所言"士不可以不弘毅,任重而道远"(《论语·泰伯》)。这种立志意识是对敬业的一种升华,即带着一种主动、自愿的责任意识,以一种高负责的精神把工作完成得十分出色。具体来说,一方面,"劳动没有高低贵贱之分,任何一份职业都很光荣",个人无论职位高低,心中怀有高远的志向,就不会安于享受,虚度光阴。换言之,心中有明确的奋斗目标,就不会飘荡奔逸、不知所终。人们只有找到自己生存奋斗的价值,动

力才会强大,而且不会沦为庸庸碌碌之辈。王阳明指出"志不立,天下无可成之事,虽百工技艺,未有不本于志者"。为了实现卓越的梦想,人们会提醒勉励自我持久、耐力地前进,"志于道"在于更加为国家的基础科研事业奉献自我,出于这样的目的你会视职业乃事业的阶梯。另一方面,热爱工作的人要不断地积蓄知识力量,以便游刃有余地处理事务。习近平曾指出,古语有云"心浮则气必躁,气躁则神难凝",这就需要人们戒除"做人不踏实,做事不扎实,志大才疏,急功近利"的作风。① 在"谋生"与"谋志"之间,人们需要关注如何以良好的学识使未来更卓越,如何以良好的待人接物风度与同学、同事相处。通过工作,我们能够接触到不同的人,对于他人的长处,应该虚心学习,而短处却应当引以鉴戒。在敬业乐群的过程中与同事、同学一起共鸣学习、收获、成长,达致日新又日新。如果真能做到精微处的观照、反省,在互相爱护与互相鼓励的气氛中,使大家互以远志相砥砺,自然会人人奋发,乐群向上。现代社会,所谓天赋异禀,只不过是杰出人物在工作过程中践行了一些必要的敬业乐群准则:一是充满志向。人在做事的初始,须设定心中的远景,以目标增强做事的动力。缺少志向不可取,学习不是为混文凭而是学真知,工作上不应有得过且过的态度。二是有远见。有远见之人有宽宏博大的胸襟,他们随事磨炼而不过多计较,不会因为多做一些事而满肚子牢骚。相反,会将做事当作是历练学识的机会。

其次,爱岗敬业。工作离不开热情、激情,快乐的奋斗会始终让自己保持良好的精神状态。孔子有言:"知之者不如好之者,好之者不如乐之者"(《论语·雍也》),这是说懂得它的人不如爱好它的人,爱好它的人不如以实行它为快乐的人。他又说,"其为人也,发愤忘食,乐以忘忧,不知老之将至云尔"(《论语·述而》)。意思是仅靠"发愤忘食"的精神对待事业还不足够,需要在做事时加入"乐以忘忧"的"乐业"价值。这种乐以忘忧的"乐业"态度,浸透着深刻的无穷无尽的自我精神动力。乐业,不是将事业当作一种束缚,而是从职业中领略趣味,进而衍化为内心的自觉行为。

爱岗带来责任心。有责任心的人处处留心皆学问,他们不会在业务上敷衍了事,而以认真的态度对待所有的人与事。由于责任感与事业成就互为因果,所以在工作中必须不断拼搏奋斗。如习近平总书记所言:"人生道路千万条,各

---

① 习近平:《之江新语》,浙江人民出版社2007年版,第179页。

行各业都能成才。只要矢志追求、努力拼搏,照样可以实现人生的理想。"①简言之,尽职尽责地做事,快乐地融于群体,便会知"敬业乐群"的真谛。

再次,"敬业乐群"的社会主义实践为我们树立起典范,并指明方向。处于繁忙工作岗位的人们,需要不断向先进看齐。习近平就指出,"劳动模范是民族的精英、人民的楷模","全国各族人民都要向劳模学习,以劳模为榜样,发挥只争朝夕的奋斗精神,共同投身实现中华民族伟大复兴的宏伟事业"。不难发现,长期以来以劳模为代表的广大劳动者立足本职、无私奉献,他们的这种精神已经成为社会主义经济建设的宝贵财富。

总之,"敬业乐群"可以归结为"责任心"和"和谐共处"。伟大的劳动者不会自满骄傲,使事业受损;更不会害群利己,伤损公共利益。在艰苦奋斗中,他们建立起一种真诚融洽的团结合作关系。正如习近平所说:"人世间的美好梦想,只有通过诚实劳动才能实现;发展中的各种难题,只有通过诚实劳动才能破解;生命里的一切辉煌,只有通过诚实劳动才能铸就。"这就是说实干兴邦,只要人们精诚团结、共同奋斗,中国人民建设社会主义现代化强国的梦想必将实现。

第三节 扶危济困

扶危济困是以帮助他人为荣、以解人急难为乐的一种社会美德。我国的扶危济困传统是通过亲族、乡邻及地方官绅等面对贫困、灾害所实施的"义举""善行"而逐步形成发展起来的。身处现代社会,人与人之间互信相助,不仅有助于改变冷漠、生疏的人际关系,使人们重获如沐春风的亲近,而且可以救济生活处境坎坷的弱势群体。这一美德所包含的扶弱救难、不取回报以及见义勇为精神,具有极强的感染力和震撼力,正如习近平所说,"守望相助、扶危济困是中华民族的传统美德"②。

在当今中国,社会各界多方参与,积极向困难人群伸出友爱之手,充分彰显出"扶危济困"的公德意识。让这种美德成为一种规矩和习惯,必将筑起一道良善慈爱的社会主义道德长城。

---

① 习近平:《之江新语》,浙江人民出版社2007年版,第5页。
② 习近平:《在中央扶贫开发工作会议上的讲话》(2015年11月27日),《十八大以来重要文献选编》(下),中央文献出版社2018年版,第50—51页。

一、扶危济困的渊源

"扶危济困"是竭力扶助、救济社会中有危急、困难情况之人的一种善举。而中华文化历来就有乐善好施、助人为乐的优良传统,这反映出人们对生活困难人群进行无私救助的美德良知。大体而言,历史时期的扶危济困不仅蕴含着对弱势群体予以支持、关心、帮助的善心,也为赈恤救济等慈善制度的形成奠定了实践基础。

详细来说,中国身处东亚大陆,气候复杂多变,自古多灾多难。早在商朝时期,中国就有"饥者食之,寒者衣之,不资者振之"的政策观念,力争使孤寡老幼得到救助。春秋战国时期,救济困苦人群的思想不断扩展,如老子有言:"天之道,其犹张弓与。高者抑之,下者举之,有余者损之,不足者与之。天之道,损有余而补不足。"(《老子·第七十七章》)此时,道家倡导"损有余而补不足"的思想,主张将相对剩余的资源提供给有迫切需求的人,这种符合"天之道"的补足做法具有一种朴素的摒弃私利、救助他人的社会保障或慈善思维。墨家则提倡人与人之间的平等相爱,追求一种积极的社会责任,希望"有力者疾以助人,有财者勉以分人,有道者劝以教人"(《墨子·尚贤》)。墨子从小生产者的利益出发,进而指出社会不稳定的原因在于"民有三患,饥者不得食,寒者不得衣,劳者不得息,三者民之巨患也"(《墨子·非乐》)。因此,解决没有劳动能力、无依无靠民众生活问题,就要在发展社会经济的同时,发展人道事业,使"老而无妻子者,有所侍养,以终其寿,幼弱孤童之无父母者,有所放依,以长其身"(《墨子·兼爱》)。墨家提倡要以"强不执弱、众不劫寡、富不侮贫、贵不傲贱、诈不欺愚"的"交利"思想,给予弱势群体以情感慰藉和帮扶。可以说,人不分亲疏与贵贱,维护社会公理是义不容辞的责任。墨家这种无等级差别的兼爱思想,对解决因灾祸或自身发展不足而陷入困境的民众生活问题,具有重要启迪。

在此背景下,面对自然灾害的发生,先秦时代的人们协力一心、助贫帮困,对后世防灾抗祸起到了积极的示范作用。例如《左传》《韩诗外传》《战国策》等书中就记述有众多仁人志士,发达成名之后乐于用钱力、物力帮助别人,或者在人们生病、丧葬、遇困时积极救济,最终使他人渡过难关的大量事迹。从中彰显出养恤民众的道德价值。秦汉以后,历代统治者在民间遭遇饥荒时,则会借助国家权力以及富民豪商的力量,以"损有余而补不足"的方式实现救荒赈灾的目的。比如宋代,"照对救荒之法,唯有劝分。劝分者,劝富室以惠小民。损有余而补不足,天道也。富者种德,贫者感恩,乡井盛世也"(《黄氏日抄》)。可以说,荒政逐渐成为"扶危济困"道德合理化的现实基础。因而个人具有"扶危济困"的行为,就值得人们敬仰,也是一种正义之举。

与扶危济困紧密相连的是见义勇为。就个体而言,"勇"是一种可贵的精神和品质,体现了人克服困难的决心、勇气和力量。从行为特征来看,"勇"存在着是非曲直,并且需要体现出"义"的内涵,《论语·阳货》中有:"子路曰:'君子尚勇乎?'子曰:'君子义以为上,君子有勇而无义为乱,小人有勇而无义为盗。'"这里的"勇"不是鲁莽之"勇",孔子指出君子之勇必须"以义为上"。可以说"勇"只是人之德行的一个方面,它必须用"义"来调节,以"义"为基础。因此孔子说"见义不为,无勇也"。另一方面,面对危险,人没有巨大的勇气是做不成事的。如《宋史·欧阳修传》中所言:"天资刚劲,见义勇为,虽机阱在前,触发之,不顾。放逐流离,至于再三,气自若也。"可见,见义勇为之"勇"与刚健的体力有关,又可延伸至勇猛的性格。概言之,无"义"则不"勇"。"义"指的是一种公平、合理、应当做的道义精神,"见义"而不去"勇为"不会有良好的效果。同时,勇敢刚强之人,只要认为值得去做之事,不管触发怎样的"利益",均会勇往直前、义无反顾。需要强调的是,古人所理解的"勇"必须与正当的"义"紧密相系,否则缺乏理性约束的个人之"勇"没有任何意义。因此,实施"见义勇为"被认为是一种正当性的行为,所以人们往往会对"见义勇为"的行为予以褒扬,从道德上对不实施见义勇为的人予以谴责。

二、扶危济困的内涵:"仁爱精神"、守望相助

摒弃"事不关己,高高挂起"的自私道德观,扶危济困美德所蕴含的"恻隐之心""不忍之心",融化了人与人之间的冷漠。纵观数千年历史,与扶危济困相关的众多事例,把甘于奉献、乐于助人的无私精神发挥得淋漓尽致。同时,古代思想家有关扶危济困、见义勇为的大量论述,阐发出仁爱兼爱、守望相助的深刻思想,影响不可谓不深远。

首先,"仁爱"的伦理结构为扶危济困、见义勇为文化形成提供了丰厚的土壤和外在环境。孔子主张与人为善,他创立的"仁爱"思想儒学的核心范畴,可以视为扶危济困、见义勇为文化生成的思想之源。"仁"的内容极其丰富,与扶

危济困、见义勇为思想相关,主要体现在以下两个方面:其一,"仁"对个体提出了社会性的责任要求。所谓"泛爱众,而亲仁"(《论语·学而》),"仁"指的是成人之美,即应存有一番爱意去"爱人"。孔子指出:"夫仁者,己欲立而立人,己欲达而达人。"拥有仁德之人,在自己强大之时也会想到怎样为他人的强大作出贡献。仁者甘于奉献,乐于助人,他们不会只顾达到自己的利益而自私自利,自己想得到的,也会想到他人想得到。也就是说,"仁"德不仅是以血缘关系为纽带的人道原则,更是社会交往中立人和达人的责任要求。其二,"仁爱"突出的是个体在救助他人时的一种主动性。孟子指出:"人皆有不忍人心者,今人乍见孺子将入于井,皆有怵惕恻隐之心。非所以内交于孺子之父母也,非所以要誉于乡党朋友也,非恶其声而然也。由是观之,无恻隐之心,非人也。"(《孟子·公孙丑章句》)所谓"恻隐之心,仁之端也",是"见孺子将入于井"后自觉、主动、积极地救助,基本动机源于人的不忍之心。人们在社会交往中,会"不患寡而患不均"(《论语·季氏》),以相互爱护、相互帮助的良善,达到的是"死徙无出乡,乡田同井,出入相友,守望相助,疾病相扶持,则百姓亲睦"之和谐情景。孟子"恻隐之心,仁之端"的思想,窥探出扶危济困、见义勇为的基本动机以及由此带来的必然行动。王阳明说:"大人者,以天地万物为一体者也。……见鸟兽之哀鸣觳觫,而必有不忍之心,是其仁之与鸟兽而为一体也。"(《大学问》)不忍之心以"仁"为基础,会用顾惜之心、悯恤之心顾惜他人、他物。由此而言,"仁"是崇高而又切实可行的道德,拥有"仁"的人会表现出互助、友爱精神,以积极主动的社会责任感参与社会善的活动。"仁"的一切外在的社会人道主义、内在的恻隐心理原则,对于后世形成扶危救困、见义勇为的大格局现象,无疑产生重要影响。

其次,守望相助。几千年来,竭力救助别人于危难成为中华互助文化的重要精神动力,扶持、救济生活困苦、处境危急之人的意识对中华民族人格形成有着深远的影响。见义勇为是仁爱、扶贫、救助等思想的集中体现,其行为之所以被人称为壮举,为弱小无助的人创造美好生活,是人们始终不渝的目标。扶危济困、见义勇为具有和其他道德一样利于社会、他人的共性,又具有自身的特殊性。从扶危济困、见义勇为的主体作用、救助客体性质、行为过程视角来分析其现实存在,就可发现其中无私付出、不索取回报的崇高性:第一,从主体作用而言,对他人的疾苦进行扶助是出于内心的良知和社会正义感的驱动。扶危济困、见义勇为作为一种道德要求,并不能从法定义务上进行强制界定,是大多数公民的自律行动。第二，从救助客体性质而言，那些被他人扶救、帮助之人是一个特定群体，大都是处于弱势地位。对他人的救助不计得失、不图报酬，是一种没有获得利益的非功利性行为。第三，从行为过程视角而言，扶危济困、见义勇为行为具有双重内涵，是一种超越狭隘自私性的个体德性，也是建立在无私奉献上的一种高尚社会德行。可以看出，扶危济困、见义勇为指向的是为保护弱势群体利益实施的一种积极主动的奉献行为，其特殊性在于主体虽然不负有义务，但却能为维护社会正义不图回报、不计得失。因此，积极合理的救助行为会获得精神荣誉，而对于见义不为的行为人们大都从道德上进行谴责。

此外，维护社会的共同利益、共同理想，离不开守望相助、乐善好施的优良传统。《礼记·礼运》有云："大道之行也，天下为公。选贤与能，讲信修睦，故人不独亲其亲，不独子其子，使老有所终，壮有所用，幼有所长，鳏寡孤独废疾者，皆有所养。"这段话详细描述了大同社会的状况，勾勒出没有疏远与隔膜的理想样貌。对这个人们憧憬的理想社会，孔子说："治国者不敢侮于鳏寡，而况于士民乎，故得百姓之欢心，以事其先君。"可以说，维护个体利益，不是单方面的施舍或馈赠，而是互利互惠、共同发展的现实要求，更是纠正不公的道义责任。而在中国人的心中，对鳏寡孤独废疾者给予帮助扶养与社会利益的发展息息相关。儒家提倡执政者治理臣民要得百姓之心，属下的百姓看在治国者对鳏寡都不敢欺侮，知道统治者也不会慢怠他们，于是会感恩戴德。不仅乡邻之间、亲友之间，而且陌生人之间也会有扶危济困、见义勇为的行为，《管子·小匡》明确强调："卒伍之人，人与人相保，家与家相爱，少相居，长相游，祭祀相福，死丧相恤，祸福相忧，居处相乐，行做相和，哭泣相哀。"人们在日常生活中相爱、相居、相游，遇到祭祀、死丧也会相互照顾。这种家族救助和邻里互济行为是维系人与人关系的重要纽带。孟子有言："死徙无出乡，乡田用井，出入相友，守望相助，疾病相扶持，则百姓和睦。"（《孟子·滕文公》）可以说，守望相助体现出的团结、互助、友爱的人道主义精神，会落实到扶助他人的践履上，最终会涌动起全社会对弱势群体进行扶危济困、见义勇为的行为潮流。

三、扶危济困的新时代升华

中华民族"扶危济困"的优良文化在社会主义新时代得到创造性转化、创新性发展，这方面尤其以扶贫工作为代表。2015年，习近平在中央扶贫有关会议讲话中说:"全面建成小康社会,是我们对全国人民的庄严承诺,必须实现,而且必须全面实现,没有任何讨价还价的余地。不能到了时候我们说还实现不了,再干几年。也不能到了时候我们一边宣布全面建成了小康社会,另一边还有几千万人生活在扶贫标准线以下。如果是那样,必然会影响人民群众对全面小康社会的满意度和国际社会对全面小康社会的认可度,也必然会影响我们党在人民群众中的威望和我们国家在国际上的形象。我们必须动员全党全国全社会力量,向贫困发起总攻,确保到二〇二〇年所有贫困地区和贫困人口一道迈入全面小康社会。"①可以说,全面扶贫脱贫是对"扶危济困"精神的弘扬和升华,而全面建成小康社会则成为新时代"扶危济困"的诉求与目标。

具体来说,首先,扶贫要扶志。"幸福不会从天而降,梦想不会自动成真",扶危济困的强大力量不仅依靠良善之人的帮助,更有待贫困者以自身力量弥补发展动力不足的问题。也就是说,激发弱势群体脱贫的巨大潜能蕴藏在他们自身。恰如俗语所言"人穷最怕志短","人穷穷一时,志短穷一世",要想真正地发挥扶危济困力量,不能只从扶贫资金给予帮扶。只有弱势群体拥有脱贫致富的勇气,形成积极向上的干劲,才会以勤劳实干的精神实现自救。同时,扶贫重在造血而非输血,授之以鱼,更要授之以渔,只有激发生活困难者的脱贫动力,才能形成幼有所教、病有所医、老有所养、弱有所扶的社会风尚。正如习近平所指出的:"帮助群众特别是困难群众解决各类实际问题,除了要不断完善面向全社会的各类社会保障制度外,还要建立面对困难群体的长效帮扶机制。"②建立长效的帮扶机制体现了一种扶危救困的价值导向。要为危困之人排忧解难,更要把脉问诊,帮助其树立"自力更生"的正确观念。

其次,扶危强调救人于危难之际。当代社会仍然是风险社会,在人的生命旅程中,遇到困难、灾祸几乎难以避免,重要的是如何应对和化解。一方面,传统的扶危济困思想得到社会主义制度的继续传承,并在灾害救助的实践中逐步发展起来。新中国成立以来,中华民族在共同的抗灾、救灾中团结奋斗,形成了"一方有难、八方支援"的良好风尚。同时,改革开放以来,我国慈善事业有了较大发展,从政府慈善逐渐转向专业慈善、社会慈善,充分凝聚了各界力量,极大

---

① 习近平:《在中央扶贫开发工作会议上的讲话》(2015年11月27日),《十八大以来重要文献选编》(下),中央文献出版社2018年版,第29—30页。
② 习近平:《之江新语》,浙江人民出版社2007年版,第4页。

地消弭天灾人祸所带来的各种危害,对社会的稳定和整体协调发挥着不可替代的调节和补充作用。特别是2016年以来,《中华人民共和国慈善法》的实施,以及"中华慈善日"的设立,标志着我国慈善及社会保障事业全面进入新时代。另一方面,见义勇为的品德则显示出无私付出、急公好义的人文关怀。通过扶助他人的正义行为,能够有效消除各种意外伤害乃至打击犯罪,从而弘扬社会正气。由不断涌现的见义勇为的事迹可以发现,当社会公共财物、他人生命受到威胁之时,义无反顾的救助行为激荡人心,使得救人危难的道义与良知在整个社会被唤醒。不过,需要注意的是,智慧的"勇者"既要遵从社会主义法制和道德规范,更要在日常生活中勇敢坚定并冷静克制,而不是莽撞冲动。因此,见义勇为者在实施道德行为过程中适时保护自己也是一种道德智慧,有助于避免可能的争议带来的危害。同时,国家要振励见义勇为之风,为践行者提供强有力的保障,形成多层次保护机制,以弘扬见义勇为的美德。

简言之,扶危济困与见义勇为相辅相成。弘扬扶危济困、见义勇为的美德,不仅要求公民个体道德与行为充满正义感、正能量,也需要政府和社会在制度方面做好宣传、保障。通过创造、完善扶危济困的环境与机制,才能促使扶危济困、见义勇为的理念深入人心;同时,社会主义思想道德建设大力提倡、弘扬济弱扶危、见义勇为的传统美德,只有这样正气才能涌流世间。

第三部分

历史与中华民族文化精髓

第五章 经典文化

第一节 古典诗词

中国传统文化博大精深,内容包罗万象。中华古典诗词生动地体现着中国文化的基本精神、习俗信仰、生活态度、价值取向,是中国传统文化的一块瑰宝、一颗珍珠,浓缩着历久弥新、咀嚼不尽的精华。在历史上,中华古典诗词曾经妇孺皆知,世界驰名;在文化上,这是中华民族最为重要的、千年不断的文化传统和意识形态。中华古典诗词韵律和谐,内涵丰富,思想深邃,情感真挚,艺术价值无可比拟。因此,推进和普及古典诗词,是提升整个中华民族文化境界的重要途径之一。

一、古典诗词概述

自 2500 年前,我国第一部诗歌总集——《诗经》问世始,诗词歌赋以汹涌澎湃式呈现在历史的长河中。汉魏六朝的乐府民歌、骈体文,成为诗歌园地中的奇葩;隋唐而宋,诗苑词林中百花竞艳,成为我国文化发展史中的一道亮丽风景线;元、明以降,戏曲、小说盛行的同时,好诗好词仍层出不穷。我国古代诗词歌赋之多用百万计绝不为过,仅《全唐诗》就收录唐诗近 5 万首,《全宋词》收录宋词"逾两万"。而诗人和词人中,著名的能达到几百上千人,耳熟能详的就有屈原、陶渊明、李白、杜甫、白居易、苏轼、陆游、辛弃疾等。中国古代诗词源远流长,始于先秦,盛于唐宋,延续于明清。中国古代诗词是中华传统文化的瑰宝,是中华民族汉字文学的高级形式。几千年来,中华诗词以其独特的艺术魅力和深厚的文化底蕴,受到一代又一代读者的喜爱与推崇,成为陶冶人们心灵,培养高尚情操的重要手段和途径。

古典诗词是中国传统文化的重要组成部分。中国古诗词是中国古典文学的重要内容之一，中国古典文学又是中国传统文化的重要组成部分。在中国古典文学的诸多形式中，代表性的文学作品形式有诗、词、曲、赋、散文、小说等。中国古典文学是中华民族最宝贵的文化遗产之一，唐诗、宋词、元曲、明清小说等，都代表了当时特定历史时期文学的最高成就。而其中成就最高、影响力最大、最能代表中华民族特征的文学样式，无疑是诗歌。在诗歌发展历史中，唐诗又是中国古典诗歌创作的最高成就。

古典诗词是中华民族精神的根脉。习近平指出："中华文化积淀着中华民族最深沉的精神追求，包含着中华民族最根本的精神基因，代表着中华民族独特的精神标识，是中华民族生生不息、发展壮大的丰厚滋养。"[1]诗词复兴的根本动力，正是回应这一时代最深沉的需求。中国古典诗词是古代文化辉煌时代产生的无法企及也不可再造的世界文化瑰宝。它经历了几千年的发展积淀，在中华民族传统文化中形成了久远、持续的影响，并体现了中国文化的基本精神与历史走向。中国人从先秦到现代，骨子里就有诗化民族的根脉。那是一种传承数千年、习焉不察、潜隐于血液中的文化基因，是我们文化的根源、民族的归属，是每一个中华儿女感到光荣与自豪的最佳载体。

古典诗词是加强文化软实力的重要基础。纵观世界历史，无论大国的兴盛，还是民族的崛起，经济实力绝非代表一切，强大的文化软实力才是其有力的支撑。在中国大而未强之际，在中国青年尤须强化家国责任之际，在中国社会更需厚植人文情怀之际，在中国必须向世界说清中华民族强而不霸、弱而不分的和平文化基因之际，中国更需激活并提升包括诗词在内的文化素养与精神气质。古诗词是传统文化的一部分，加大对包括古典诗词在内的传统文化的宣传力度，既可以不断提高我国各族人民对本民族文化的认知，从而提高各民族人民的文化自信和文化自觉，更有利于将中国优秀文化推向世界，提高中华文化的影响力和民族认同感，对于提高中国文化软实力具有现实意义。因此应集结诗词的伟力，以更加充沛的底气，为国家和民族"培根铸魂"，为中华民族的伟大复兴"凝神聚气"，为增强文化软实力奠定基础。

---

[1] 中共中央宣传部：《习近平总书记系列重要讲话读本》，学习出版社、人民出版社2014年版，第99页。

二、古典诗词的学习与现状

一方面,学习古典诗词有多重意义,主要表现为以下几点:首先,有利于陶冶情操。文学教育是素质教育的一项重要内容。诗词是最重要的文学样式之一。经典的诗词作品,往往包含着博大睿智的思想,丰富厚重的情感,幽远深邃的意境,精妙别致的语言,能使我们自然而然地受到熏陶。多读古诗词,尤其是唐宋名家经典诗词,体味作品中反映的生活美、自然美、情感美、艺术美、语言美,在优美的诗歌意境的感染熏陶下,情不自禁地受到美的教育,也使自己的心灵得到涤荡,精神得到纯净。如读李白的"白日何短短,百年苦易满",会自觉珍惜时光;读陆游的"山重水复疑无路,柳暗花明又一村",会让在困境中的人,出离失望,乐观地去面对人生,保持希望之心;读林则徐的"苟利国家生死以,岂因祸福避趋之"的诗句,会激励人在关键时刻舍小家保大家,做有家国情怀之人。其次,有利于健全人格。人格修养是人生的关键部分,每个人从呱呱坠地就开始接触社会,随着年龄的增长而逐渐关注社会,渴望了解生活,积累人生经验。而古代优秀的诗歌作品,总是能从某些方面揭示社会生活本质,告诉人们如何认识社会、健全人格。如屈原的《离骚》,反映了其高洁坚贞的人格和对美好政治理想的追求;陶渊明的《饮酒》,表现出诗人对人生的感悟,即人生不应该为名利所累,不应该使自己的自然天性受到社会的束缚,而应该回归自然,去欣赏大自然的清新与生机;苏轼的《定风波》,展示了其虽处逆境屡遭挫折而不畏惧不颓丧的倔强性格和旷达胸怀。诸如此类的诗词歌赋,都给读者提供了认识当时社会、体会古代生活的审美范本,对人们尤其是青少年正确的人生观、价值观、世界观的形成具有重要的引领作用,对健全其人格具有极强的影响力。再次,有利于提高审美能力。古典诗词是一种思想高度凝练、情感高度集中的文学载体,意境优美,对仗工整,不仅能开拓读者视野,陶冶情操,还能提高读者的审美情趣和欣赏能力。古诗词的美主要体现在文辞之美、声律之美、形象之美、想象之美、情志之美、哲理之美等方面。就文辞而言,每首好的古诗词,作者在创作时,可谓字斟句酌、字字珠玑,力求用最简洁的文字给读者以最美的享受。如诗人贾岛的"推""敲"二字的选择就是一个非常好的例子。而声律之美是指古典诗词如同音乐一般"玲玲如振玉""累累入贯珠"。但凡优秀的诗词都在平仄押韵之间具有节奏铿锵、朗朗上口之特点,既抑扬顿挫,又悦耳悦心。优美的诗词还注重于意境的塑造、想象力的发挥,使人读后获得美的享受。如孟浩然的《春晓》,犹如一幅春意盎然、生机勃勃的画卷徐徐展现在读者眼前,会让读者心情豁然开朗、精神愉悦,烦恼和忧伤迅速消除。辛弃疾的"明月别枝惊鹊,清风半夜鸣蝉。稻花香里说丰年,听取蛙声一片。 七八个星天外,两三点雨山前。旧时茅店社林边,路转溪头忽现"(《西江月·夜行黄沙道中》),让人对清新明丽、安静祥和而又稻香阵阵的夏夜乡村充满憧憬和向往。

另一方面,古典诗词学习现状面临危机。古典诗词虽然在我国传统文化中占有极为重要的地位,而且对人们陶冶情操、健全人格、提高审美等方面具有重要意义,但在经济快速发展和生活水平不断提高的今天,有些人逐渐迷失在物质生活中,对以古典诗词为代表的传统文化进行了抛弃,因为他们认为古典诗词是封建社会的产物,对现代社会毫无用处,就连学校也不强调将古诗词纳入日常教学中,这也导致了作为未来文化传承人的青少年降低了对其的热爱程度。有位学者曾对某大学732名学生的古典诗词学习状况进行了调查。调查显示,许多大学生的诗词学习停留于高中阶段,进入大学之后并未继续进行深入学习。如其中有45.08%的大学生表示自己进入大学后学习的诗歌总数为5首以内。而大学阶段掌握诗歌总数为20到30首的学生仅占5.74%,掌握30首以上的占13.35%,另外有68.44%的学生表示自己周围的人很少有人爱好创作诗词。[①]虽然该调查只是抽样,但从一定程度也能反映出很多大学生对古典诗词并不热衷。作为未来国家栋梁的大学生对古诗词的学习尚且如此,其他人就可想而知了。可见古诗词,这一中华民族存留下来的文化瑰宝现今几乎无人问津。如果任其发展下去,古典诗词很有可能消失在历史长河中。因此,加强古典诗词的学习和推广已经刻不容缓。

三、推广古典诗词的途径

古典诗词是中华文化的瑰宝,我们必须将其传承并发扬光大。针对目前国人对中国古典诗词学习热情不高、重视不够的现状,我们应采取多种措施加以引导,以燃起人们学习它的热情。

[①] 宋湘绮、孙文豪、倪杨金子等:《当前大学诗词教育现状调研》,《创新与创业教育》2018年第4期。

第一,"和诗以歌"。音乐这种艺术形式没有国界,而且童叟皆爱。日常生活中音乐几乎无处不在。因此,将古典诗词与音乐歌曲相结合,"和诗以歌"将有助于激发人们学习古诗词的兴趣。

诗乐原本就是一家,《尚书·尧典》中说:"诗言志,歌永言,声依永,律和声。"《毛诗序·关雎篇》亦言:"诗者,志之所之也,在心为志,发言为诗。情动于中而行于言,言之不足,故嗟叹之,嗟叹之不足,故咏歌之。"郭茂倩在《乐府诗集》里同样强调:"当时先诗而后声,诗叙事,声成文,必使志尽于诗,音尽于曲。"由此观之,"和诗以歌"不是空穴来风,而是早有渊源。

随着时代的发展,电视、电脑等影音设备已经进入寻常百姓家。因此,将古诗词谱成曲,使诗与歌有机地结合在一起,不仅能够激发人们特别是青少年学习古典诗词的兴趣,更能够让他们在优美的旋律中感受古诗词美妙的意境,领会作者的情感诉求,从而激起对古诗词学习的欲望。央视大型文艺节目《经典咏流传》就是"和诗以歌"的典型代表。该节目将传统的经典诗词与现代流行音乐相结合,把文化瑰宝——古诗词配上朗朗上口的旋律,用现代的唱法和曲调来演绎传统经典,于是一首首经典诗词便转化为了一幅幅或生动或唯美的画卷,随着优美的旋律而传播开来。知名度较高的如李白的《蜀道难》、苏轼的《水调歌头·明月几时有》、张若虚的《春江花月夜》早已通过歌曲的形式传唱大江南北,而一些平时不为大家关注的经典诗词,通过这个节目也得到了极大的传播,如先秦的《诗经·无衣》《诗经·蒹葭》、战国时期庄周的《庄子·齐物论》、元代耶律楚材的《过阴山和人韵》、清代袁枚的《苔》等。这种通过唱歌的方式对古诗词进行传播,不但很好地实现了"推动中华优秀传统文化创造性转化、创新性发展"的目的,同时也扩大了受众群体,使更多人接受、记住、传播了中国古典诗词。

第二,通过电视节目推广。通过电视进行文化传播是当下中国电视媒介发展的一个重要特征。目前,中华优秀传统文化的传承和发展已成为国家的重要战略之一,将众多优秀传统文化不断融入广大民众的生活生产中,来满足人民群众日益提高的文化消费需求,已成为文化类节目发展的重要方向。

自《百家讲坛》始,传统文化的通俗化已成为一种潮流。近年,自央视文化类电视节目《中国汉字听写大会》《中国成语大会》《中国谜语大会》等陆续播出,对中国传统文化的传播起到了重要作用。就古典诗词而言,包括中央电视台在内的许多电视台都推出许多诗词类节目。这些节目选取经典文化类型,以通俗方式、轻松氛围讲述时代或人物故事,对传统诗词文化传播具有非常重要的推动作用。如央视的《中国诗词大会》《经典咏流传》等大型文化类节目的成功举办,引起各个年龄层观众对古典诗词的广泛关注,获得了"坊间传唱"的现象级热度。在这些节目的带动、引领下,学诗词、唱诗词已经成为社会热潮。如果政府进一步号召自中央到地方的电视台更多、更好地举办诸如此类的文化节目,古典诗词传承和发扬光大将不会太遥远。

第三,通过公共文化机构推广。公共文化机构包括图书馆、文化馆、博物馆、群艺馆、美术馆等。2017年1月,中共中央办公厅、国务院办公厅印发了《关于实施中华优秀传统文化传承发展工程的意见》,指出要"充分发挥图书馆、文化馆、博物馆、群艺馆、美术馆等公共文化机构在传承发展中华优秀传统文化中的作用"[①]。

这些公共文化机构通常具有体系成熟、布点广泛、资源富集、专业化程度高、基础设施完备的特点,因此很自然地就成了阅读推广的核心阵地。再借助各种媒体和信息的力量,其推广作用更会大大增加。黑龙江省图书馆在这方面做得就很有代表性。该馆为提升读者的国学修养,提高广大诗词爱好者的欣赏和学习水平,自2015年起联合黑龙江大学的教师们共同开设了古诗词吟唱公开课。该课程以古诗词为阅读推广的主要内容,通过亲子课堂、还原演唱古乐谱歌诗曲调等公众喜闻乐见的各种活动形式,将古典诗词寓教于乐推向公众,让公众欣赏古典诗词的音韵之美、文字之美、情感之美的同时,也体会到了诗人的爱憎情愁、人生百态。课堂上讲解的诗词内容与现代社会现象相结合,不但贴近百姓生活,而且易于理解;吟唱的方式使古籍中的文字生动灵活,易于各年龄层次接受和传唱,这就使经典阅读成为快乐阅读,更使千年的古乐谱与古典诗词吟唱在当代被重现,这种方法既满足了公众对传统文化与民族精神的审美与需要,更使古典诗词得到了广泛传播。据统计,到2018年,这种亲民性的课程直接参与读者达2000余人次,网络媒体间接影响读者20余万人次,并且这

[①] 中共中央办公厅、国务院办公厅印发《关于实施中华优秀传统文化传承发展工程的意见》,《中华人民共和国国务院公报》,2017年2月8日。

些人已经成为当地传播中华古诗词文化的主要力量。① 如果更多的公共文化机构都加入到对古典诗词为代表的传统文化的推广中来,我国传统文化的繁荣定会指日可待。

第二节 出土文献

自19世纪末20世纪初,随着东西方探险和考古活动的展开,大量古代文献纷纷出土,尤其是20世纪50年代以后,出土文献数量之大、种类之多,令人眼花缭乱、应接不暇。这些文献的发现与释读,不但对传世文献是巨大的补充与订正,在学术上具有极其重要的价值,而且对我国传统文化的发展繁荣也具有不可估量的作用。

一、出土文献概述

出土文献,是有广义和狭义之分的。广义的出土文献是相对于传世文献而言的,即考古发掘出土的(或经过鉴定、来源明确的馆藏品)文字材料都可称为出土文献,包括器物上镌刻的文字和书写材料上的文字。而狭义概念,则一般是指出土的书籍(包括典籍和公、私文书),主要指20世纪大量出土的简牍、帛书和纸质文书等。② 这些古文字资料按目前学术界的通行分法,可分为以下七大类:

第一类是甲骨文。甲骨文是商周时期镌刻于龟甲、兽骨上的文字,作为王族、贵族占卜的记录,内容涉及商周时期的政治、经济、文化、军事等诸多方面,以安阳殷墟发现的甲骨文最为著名。

第二类是古代青铜器铭文。青铜器铭文习称金文,有铸铭与刻铭两种。战国以前多铸铭,而战国时期则多为刻铭。甲骨文、金文是汉字早期发展的重要阶段。

---

① 何洋、王政:《打造图书馆传统文化阅读推广的新模式——以古诗词吟唱公开课为例》,《图书馆建设》2018年第7期。
② 梁松涛、赵艳平:《浅析我国出土文献数据库建设的制约因素及对策》,《图书馆工作与研究》2008年第4期。

第三类是简牍。简牍是指书写在竹简、木牍上的文字。简牍是出土文献中数量较多的一种,目前总量约为30万枚,比较具有代表性的有居延汉简、海昏简牍等。

第四类是帛书。帛书是指书写于缣帛上的文字,如发现于长沙马王堆汉墓中的帛书《老子》《周易》,以及长沙子弹库的楚帛书等。这两类合称简帛书。

第五类是纸质文书,是指书写或刊印在纸上的文字,有写本、刻本、印本等,如内蒙古黑水城发现约两万件文书,敦煌发现约五万件文书,此外吐鲁番也发现了数量可观的文书。

第六类是石刻,指古代刻写在石头和玉石上以及摩崖石壁上的文字。石刻文献除了地下发掘出来的,大部分都存在于地上,但由于多为墓志铭,存在于荒山僻壤而鲜为人知,所以列为出土文献。如河南大伾山摩崖石刻、陕西红石峡崖壁间摩崖石刻等。这两类文献相当常见,古人就有一定研究。

第七类是玺印等。玺印指春秋末期一直沿用到现在的各种官、私印章以及带有印章痕迹的封泥。此外还有币文、镜文、骨签、陶文等。概言之,出土文献都是手笔刻写文献,它们记载着中国几百甚至几千年来无人篡改的原始资料,这些资料真实地再现了那个时代的历史风貌。这些文献的出土不但让人们对古代社会有了更深入的认识,更是大大扩展了世人的文化视野,弥补了传世文献的不足,在学术史上可谓弥足珍贵。①

二、出土文献的发现与价值

我国出土文献的历史,最早可以追溯到汉晋时期孔壁之书和汲冢竹书的发现,但大规模出土却发生在近百年。在这百年中,出土文献的出现有过两次高潮:第一次为20世纪初,王国维先生称之为"发见时代",约指19世纪末20世纪初这"二三十年"②。其中有一部分被西方考古学家在我国西北地区发现、盗掘,并被运到了国外,现在成为这些西方国家的重要文物。第二次高潮是20世纪下半叶至今,这一时期无论出土文献的种类还是数量都陡然剧增,一时令人

---

① 梁松涛、赵艳平:《浅析我国出土文献数据库建设的制约因素及对策》,《图书馆工作与研究》2008年第4期。
② 王国维:《最近二三十年中国新发见之学问》,《王国维遗书》(第5册),上海古籍书店1983年版,第65—69页。

应接不暇,李学勤先生称之为"大发现的时代"①。而胡平生先生在总结20世纪中国考古学伟大成就和重要成果时指出:"20世纪中国考古学的伟大的成就很多,重要的成果也很多,如果要排队,当之无愧第一的就是出土文献。"②在这百年中,重要而有影响力的出土文献主要有殷墟甲骨文、新疆楼兰尼雅简牍、敦煌千佛洞写本、甘肃敦煌及内蒙古居延汉简、周原甲骨、侯马盟书、包山楚简、郭店楚简、云梦睡虎地秦简、湘西里耶秦简、临沂银雀山汉简、江陵张家山汉简、长沙马王堆汉墓简牍帛书、陕西未央宫遗址出土骨签、敦煌悬泉置遗址汉简、居延新简、长沙走马楼三国吴简、新疆吐鲁番纸文书及各地新出土的墓志等。其中简牍与墓志无论数量还是分布都名列前茅,仅走马楼三国吴简即达10余万枚。所以说,20世纪可谓出土文献大丰收的世纪。③

  大量文献的出土,必然对我国乃至海外学术界产生重大影响。其突出价值集中于以下方面:第一,扩大史料范围。虽然我国传世文献可谓浩如烟海、不胜枚举,但仍有很多出土文献是传世文献所未见记载的。出土文献的内容极其丰富,涉及面极其广泛,不仅包括社会学科,对自然学科也多有记载,大大丰富了诸多学科的研究领域,甚至在某些学科中,出土文献还提供了全新的研究对象和研究视角。如殷墟甲骨文的发现,极大地推动古文字学研究;敦煌遗书的发现,形成了世界著名学科——敦煌学;而北京内阁大库中元明以来书籍档册的发现和石刻碑文、简帛文献的大量出土,对相关领域的研究也有了重大的推动作用。诚如王国维先生所说:"古来新学问,大都由于新发现。有孔子壁中书出,而后有汉以来古文家之学;有赵宋古器出,而后有宋以来古器物、古文字之学。"近百年来学术界大量使用出土文献,促使古代社会政治经济、军事与社会、思想信仰、科技文化等方面的研究取得了丰硕成果。可见出土文献为学科建设和学术发展奠定了重要的资料基础,使人们对古代社会有了更广泛、深入的了解与认识。

  第二,增益传世文献的内容。由于人们掌握材料和认知水平有限,其所撰写的书籍内容遗漏和缺略是不可避免的。而通过与出土文献对照,可以发现现

---

① 李学勤:《近年出土文献与中国文明的早期发展》,《光明日报》2009年11月5日第11版。
② 蔡万进:《出土文献类课程教学内容的研究与探索》,《历史教学问题》2014年第5期。
③ 李均明:《出土文献整理面临的机遇与挑战——从出土简牍谈起》,《中国文物科学研究》2006年第2期。

存传世文献之不足。这种对比,既有利于研究者更贴近历史真相,也有利于后人更真实地了解历史事实。如陈寿所著《三国志》文字极为简略,且只有纪传而无志表,虽后人裴松之补注,但仍显单薄。1996年,在湖南长沙发现的10万余枚三国吴简,其内容涉及非常广泛,大致分为户籍类、卷书类、官府文书类、账簿类、名刺类等,如此丰富的内容,大大充实了三国孙吴的史料,可谓是对《三国志》的极大增补。

第三,订正传世文献的错误。传世文献在流传过程中,经整理选择和辗转誊抄,有很多字词、文句等与文献原本大相径庭,甚至有些学者在誊抄时,会根据自己的价值取向删减原文内容,这就改变了原有文章书籍的原貌。文献流传越久,失真越严重。而出土文献被埋于地下无人干扰,因而能保持其本真。用出土文献对照传世文献,可以用来校对传世文献中的一些错误。如目前所用传世文献《老子》,通行本为王弼本,在该本第三十一章中有"夫兵者不详之器"。此句通行本皆作"夫佳兵者不详之器"(傅奕本"佳"字作"美"),此处明代已经有人质疑,认为这有"古义疏混入于经者",但他并没明确指出具体是哪个字混入。清代纪昀、刘师培等也认为此句有注语夹杂进入,王念孙就怀疑本章句首中"佳"字有误。当帛书甲乙本出土后,人们才知道"佳"字原来是衍文。①

第四,出土、传世文献的互证,有助于学风转移。对于古史的怀疑之风,大概起源于宋代,一直延续至现在。不少传世文献或者在内容上被怀疑有误,或认为文献本身是后人所作的伪书,而出土文献能对这些文献的可靠性给予很好的判断。如有人质疑《史记·殷本纪》所载内容的不真实,王国维先生以出土的甲骨文和金文作为佐证,对商朝世系做出考证,认为《史记·殷本纪》基本真实可信。又有人怀疑先秦的今本《晏子春秋》《六韬》《尉缭子》都是汉以后的伪书,然而从银雀山西汉前期墓里却发现了这些书的部分抄本,内容跟今本基本无差,这就证明它们应该是《汉书·艺文志》中著录的先秦古籍。由此可见,出土文献可以为一些"伪书"正名,这对于理解古籍的真伪有很大的帮助。

三、出土文献的数字化

自20世纪70年代湖南长沙出土马王堆汉墓帛书,到90年代湖北荆门发现

---

① 周弥:《传世本〈老子〉与出土本〈老子〉时代的对比研究——论出土古文献的价值与利用》,《安徽文学》2015年第1期。

郭店竹简,再到近年从海外购回的上海博物馆藏竹简、清华简、北大简及安大简等,经科研及科技人员的多方合作,出土文献的研究和利用已经取得大量成果。这大大推进了诸如古文字学、古文献学、思想史、哲学史等研究的深化,引领了一波波利用出土文献探究中国古代文明图景的学术思潮。但出土文献资源还远未达到充分利用的地步,尤其是出土文献数字化是充分利用这一资源的基础。出土文献数字化,就是利用当今计算机信息技术,将常见文字或图形符号转化为数字符号的过程。出土文献数字化,不仅有利于抢救和保护濒危文献、开发利用出土文献,并且能通过网络共享这些珍贵的文献资源,实现文明普及和传承。

出土文献数据库的建设已有数十年的发展。特别是近年,出土文献数据库建设受到广泛重视,无论从建库范围还是覆盖面,都取得了一定成绩。目前在中国,大陆地区建立的数据库有敦煌文献数据库、西夏文献数据库、石刻文献数据库、甲骨文献数据库、金文数据库、简帛文献数据库等;在港台地区,也有出土文献数据库建设,如香港中文大学开发了"汉达文库""郭店楚简资料库",同时香港中文大学与中国文化研究所及中国社会科学院共同开发有"甲骨文全文资料库",台湾地区"中研院"则有"简帛金石资料库"等。在海外,日本对其收藏的大量中国出土文献也有数字化处理,如早稻田大学开发了"楚简数据库",京都奈良文化财政研究所则开发了木简、墨书、文书等数据库。

必须指出的是,出土文献数据库建设虽然取得了一定成就,但与出土文献的总量相比可谓微不足道、发展缓慢。大体上说,制约出土文献数据库建设的因素主要表现为以下层面:一是文献释读困难,影响建库进度。出土文献建库主要以文献本身的图像及书目文献主题库为目标。然而由于出土文献门类众多,涉及文学、历史、天文、地理、医学、算学、典章制度、机械制造、建筑等内容;同时文字多种,既有汉字,也有少数民族文字,其中还包括很多早已不用的死文字,如契丹文、回鹘文、吐火罗文、西夏文等,这就要求文献整理者既要有扎实的古文字学、语言学、历史学、考古学功底,知识储备又必须相当广博。显然,这类人才目前非常紧缺,甚至还存在不少"冷门绝学"领域,这就形成文献释读的困窘局面,进而制约出土文献数字化的进程。

二是现有数据库整体质量不高。为提高出土文献数据库质量,必须经常维护数据库并进行更新。有些出土文献数据库在建设伊始,建设单位热情很高,但当初步建成后,管理人员疏于管理,造成数据库一成不变。这一方面是由于专业人员对文献释读困难,造成新数据较少而更新缓慢;另一方面更重要的则是学术监督不足,不能及时更新,这就导致数据库质量较为低下,研究者使用率不高。

三是数据库重复建设问题严重。按惯例,出土文献一般保存于属地的博物馆、档案馆、图书馆、文化馆等机构。这样,由于全国各地都有文献出土,所以客观上出土文献的保存就相当分散。因为出土文献的价值极高,保存单位往往将其视为珍宝而秘不示人。很多单位为了自己使用方便而自行整理并建立了小型数据库,这种囿于地方利益、各自为战的开发使用方式,使出土文献的数字化整理基本处于封闭状态。归根结底,没有建库前的调查、论证,信息沟通不畅,缺乏统一的机构协调,必然导致数据库重复开发、重复建设现象较为严重,最终造成很大的资源浪费。

此外,资金投入有限,也是数据库建设发展的重要瓶颈。当前,出土文献数据库的建设主体很多,有学校、博物馆、科研机构等,但国家对出土文献的经费投入额度相对固定,这容易导致上述机构数据库的建立规模较小,并且主要以服务本单位为宗旨。需要强调的是,国家主导的普及型、公益性的数据库很少。市场上很多规模较大、使用频率较高的文献数据库大都由开发商来完成,由于逐利目的的影响,使用费很高。面对小众的出土文献数据库,商业机构往往不会主动投资。因此,普及型、社会公益型、小众型的数据库亟待专门资金来建设。

针对当今出土文献数据库建设过程中的以上典型问题,我们认为可以通过以下策略来提升或解决:其一,着力培养专业人才,加快整理速度。出土文献数据库的快速建设依赖大量专业人才的合作。这类人才的训练,既可以通过高校设立出土文献专业来培养,也可以通过聘请专家进行短期强化培训来弥补。如2019年暑期,清华大学举办了出土文献研究研习班。这次培训既有吴振武、朱凤瀚、王子今、刘钊等享誉海内外的顶尖文史学者,又有阚绪杭、黄凤春、凡国栋、郭长江、辛怡华等身居考古第一线的专家。他们对包括清华大学、北京大学、复旦大学、武汉大学、香港中文大学等院校的47位学员进行了青铜器与金文、战国文字、秦汉简帛等出土文献的各个方面的专门训练。诸如此类的学习班如果经常举办,无疑对扩大专业人才队伍规模大有裨益,而且有助于加快出土文献的释读及数据库的建设。其二,加强信息交流与协作,实行出土文献资源共享。出土文献数据库建设是一项整体性很强的系统工程,单靠某一单位的力量很难将其建大建强,多单位联合建设数据库可以说是应有之意。因此,各级各类出土文献的收藏单位要加强交流并亮出家底,这样既可以避免数据库的重复建设,又可以将资料整合起来为建成规模庞大的数据库奠定资料基础。同时,高质量的出土文献数据库建设,需要计算机与通信网络部门、科研单位、文物部门及其他相关部门协同参与才能够完成,可以组建一个由政府如国家文物局牵头,计算机界、科研机构、文物部门共同参与的专业组织,全权负责开展出土文献数据库的建设工作,这样不但可以进行宏观调控,还可以实现出土文献资源的最大优化。其三,做好管理工作,不断提升数据库效能。优秀的数据库必然是运行良好、发展有序、数据持续更新的。数据库建成只是文献数字化的开始,后期还要不断地管理和维护。出土文献数据库运营中,应制定相关规章制度,并由专人负责数据的维护,以保证系统持续良好发展。值得注意的是,要建立严格的操作规程和详细的备份制度,安排人员坚持不懈地对数据库进行新内容、新讯息的补充和技术升级,实现数据库建设的常备常新、日益完善。概言之后,出土文献数据库建设意义重大,是一项惠及社会各方、庞大而复杂的系统工程。这需要构建创新资金筹措模式,不断扩大数据库受众覆盖面。一方面,只有大量资金的持续支持,才能充分保障各类人才和技术的加入。目前虽然国家拨付一定的资金作为启动经费,但杯水车薪,难以满足众多数据库的建设,可以通过多种渠道引导各界力量投资该领域,从而建立更多、更大、更需要的出土文献数据库。另一方面,调集市场资源,筹措商业资金也是解决问题的重要手段。随着普通民众文化信息消费的不断提高,有针对性地开发大众需求较多、公益性较强而市场空间又较大的数据库,能够有效缓解资金困局,从而实现文献保护、传承与经济发展的共赢。①

---

① 梁松涛、赵艳平:《浅析我国出土文献数据库建设的制约因素及对策》,《图书馆工作与研究》2008年第4期。

第三节　濒危文字

语言与文字同为文化的载体,根据联合国教科文组织对非物质文化遗产的有关界定,语言和文字均属于非物质文化遗产的重要组成部分。[①] 联合国教科文组织在论及语言及文化多样性时,特别强调受到各种因素影响而濒危的语言和文字,在文化多样性中占据着相当重要的地位。因此,及时抢救和保护那些濒危语言、文字被联合国教科文组织列入其众多行动计划中的当务之急。

一、濒危文字现状

文字是人类文明成熟的重要标志。中国作为统一的多民族国家,不但民族众多,语言文字种类丰富多样,而且各民族的语言文字皆各具特色。据联合国教科文组织 2010 年世界濒危语言地图显示,中国有 144 种濒危语言文字,位居印度(197 种)、美国(191 种)、巴西(190 种)之后。这些语言文字在历史发展的长河中逐渐形成,其中有 10 种业已消失,24 种极度濒危,20 种严重濒危,51 种肯定濒危,40 种则不安全。[②] 它们记录着中华民族在社会实践中所积累的宝贵经验和丰富的知识,反映出各民族在漫长社会发展演进中所创造的科技成果和历史文化,同样是先民辛勤劳动和集体智慧的结晶。因而,无论是出于对世界非物质文化遗产的保护,还是缘于对民族文化多样性的尊重,研究濒危语言文字都具有非同寻常的意义。

目前,中国很多文字正濒临灭绝的危险境地,如东巴文、水书、女书、满文、托忒蒙文等。每一种文字的死亡,都是人类一种可能性的不复存在。所以,抢救并强力保护这些濒危文字已刻不容缓。其中,西南、华南地区,川、滇、黔、桂等地属于文字濒危的重灾区,这里既是中原、百越及各家文化的交会之处,又是东亚、南亚多种语言的集中区域,存在多种原始象形文字,可以说是古文字的"活化石"。

[①] 据 2003 年 10 月 17 日联合国教科文组织颁布的《非物质文化遗产公约》,将"非物质文化遗产"定义为:"被各社区、群体,有时是个人,视为其文化遗产组成部分的各种社会实践、观念表述、表现形式、知识、技能以及相关的工具、实物、手工艺品和文化场所。"(参见孙克勤编著:《世界遗产学》,旅游教育出版社 2008 年版,第 231 页)

[②]《濒危文字,将逝的智慧》,《中国国家地理》搜狐号,2017 年 7 月 2 日。

然而，由于历史、现实等诸多因素之影响，我国民族古文字的保护状况并不容乐观。首先，文字原件的保存、保护现状堪忧。由于历史及政治因素，许多民族古文字文献、文本不是被人为损毁，就是大量散落各处。这些濒危文字文本所在地区，一般气候潮湿多雨，居住条件简陋，而纸质材料在此恶劣环境下较容易受损，所以霉变、虫蛀、粘连等破损现象较为普遍，这就导致许多颇为珍贵的语言文字文献遭到程度不一的损害。再者由于传统风俗习惯的影响，很多资料因作者逝去被焚烧，比如女书受当地"人死书焚"习俗的影响，逝者宁可带其作品到另一个世界继续阅读和书写，也不愿意留在世上任别人窥视其中秘密，也有一些女人在其夫逝世后焚烧部分作品以示忠诚。而水书也存在类似情形，水书先生去世后，其使用过的水书也多被烧掉或陪葬，这导致存世水书数量日渐减少。正是由于这些人为因素破坏和自然因素损毁，完整留存至今的民族古文字资料越来越少。

其次，语言文字的传承岌岌可危。第一，在经济全球化浪潮的冲击下，民族文化传统往往后继无人。对传统文字而言，长期学习过程必不可少，而当今的青年人为生计所迫，一般都会外出务工。日益城市化、商业化的外部世界使得他们的思想观念发生根本性转变，他们从内心深处对本民族的古文字缺乏现代认同、甚至抵触，极少有人能够"坐下来"学习传统文字。这样，古文字的传承由以往的"不愿教"变化为现在的"不愿学"，传承人匮乏可以说是一些民族文字濒危的根本原因。令人心痛的是，很多文字的渐趋衰亡并非完全是外力所致，而是下一代的选择，以台湾地区原住民语言消亡为例，中国自20世纪50年代以来灭绝的10种语言文字，9种在台湾岛。该地原住民不愿意花费时间精力去学习、研究本民族文化，而乐于向强势文化靠拢，这促使本来就处于弱势地位的民族文字羸弱不堪，迅速消逝。另一方面，濒危文字的传承人普遍存在年龄较大、文化水平偏低及人数偏少等特点。例如千百年来，水书依靠"水书先生"口耳相传与手抄进行传承。20世纪80年代，三都县尚有500多位水书先生，仅数年时间离世者就达200多位，目前在世的200余位传承人多已年过半百，60岁以上的占九成以上。[①] 而女书传承人状况更为堪忧，由于其流传只能靠老传少、母传女，世代相袭，随着女性社会环境的不断变化，以及高银仙、义年华、阳焕宜

[①] 《象形文字"活化石"水书抢救保护迫在眉睫》，http://www.chinanews.com/cul/2016/04-24/7846148.shtml。

等一批高龄女书自然传人的相继离世,女书正濒于失传。江永县转而开始培养新的女书传承人。目前,江永县已经培养了7位女书传承人,她们都能说会写、会创作。尽管如此,这远远不能满足女书的传承人才需求。

第二,受外来文化和主流文化的影响,传承空间缩小。"全球化进程带来的文化的普遍交往,将使民族文化特别是发展中国家的民族文化受到严峻挑战。"①全球化过程中,外来文化的强势推进,电子信息文化的日新月异,对民族古文字的生存和发展构成了严重威胁。同时,在主流汉文化的全面"夹击"下,原本就处于弱势位置的民族古文字的生存和发展空间更是愈益缩小,在外来文化和汉文化的影响下,越来越多的年轻人不屑于甚至耻于使用本民族的传统语言文字,民族古文字濒临消亡的危险境地。

此外,还有其他诸多因素制约着濒危文字的传承与发展。如这些濒危的民族古文字多数是与"神本文化"息息相关的,尚未完成向"人本"的转变。再者,这些文字的使用范围多拘囿于本民族地区甚至某些村落,且多运用于婚丧嫁娶、建筑、礼仪往来等日常生活层面,这大大限制了其社会使用范围,因而很难成为社会大众广泛运用的交流工具。这些都直接或间接限制了民族古文字的拓展空间,难以传承和发扬光大。

二、濒危文字抢救和保护

一种文字的消亡意味着一种民族文化或者说是一种民族智慧结晶的消亡。物种的消亡给地球带来的是生态失衡,语言文字的消亡则意味着人类文化多样性的消亡。保护一种语言文字,就是保存一种文化;保存语言文字的多样性,也就是保存文化的多样性。② 学者冯骥才认为,人类的文化(或称文明史)可分为三个阶段:第一是自发的文化,第二是自觉的文化,第三是文化的自觉。人类由自发文化迈入自觉文化是文明的一大进步,然而更重要的是对文化的自觉。具体到文字上而言,就是如何科学地规范文字、保护濒危文字等。③ 可见,保护濒危文字是人类文化自觉的发展需求,是当今人类文明发展过程中的一个重要课题。

---

① 缪家福:《全球化与民族文化多样性》,人民出版社2005年版,第231页。
② 高慧宜:《傈僳族竹书文字濒危原因初探》,藏克和主编:《中国文字研究》2009年第1辑(总第12辑),大象出版社2009年版,第205—206页。
③ 冯骥才:《文化怎么自觉》,赵宇飞主编:《中国人的文化自信》,孔学堂书局2014年版,第170页。

科技文化高速发展的今天,我们应该像保护生态环境的多样性一样来保护文字的多样性,认真反思这些民族古文字怎样才能抵御当今信息化、全球化及主流文化的强烈冲击和影响,寻找科学有效的方式拯救和保护濒危文字,充分发掘并合理运用其社会功能,推动多元文化和人类社会的和谐发展。

其一,使传承人培养机制实现常态、长效保护。濒危文字申请非物质文化遗产是一种重要的保护途径,但相对于世界自然、文化遗产而言,非物质文化遗产需要有指定的"传承人",并且"传承人"也是较为重要的评选标准和保护对象。"非物质文化遗产是以人为本的活遗产,它更注重的是技能、技术、知识的传承。"可以说,"脱离了人,非物质文化遗产就没有存在的价值,也不可能存在"①。显然,濒危文字申报非物质文化遗产工作应以人为本,给予传承人特别的关注。"中国民间文化遗产就存活在这些杰出传承人的记忆和技艺里。代代相传是文化乃至文明传承的最重要的渠道,传承人是民间文化代代薪火相传的关键。"②他们可谓是民族古文字的"先生",要抢救和保护濒危文字,不仅要抢救文本,更要抢救和保护这些"文字先生",他们是濒危文字的权威和阐释者,如果没有这些"文字先生",传承就无从谈起,抢救濒危文字,必须要两手抓,一手抓"救人",一手抓"救书",两手都要硬。为了有效保护濒危文字和"文字先生",国家应采取措施加大对传承人的保护力度,为其最大限度地提供传承条件与环境,并采取经济扶持、表彰等各种鼓励措施,激发和调动其积极性,以吸引越来越多的人关注并积极参与到这一工作之中。目前,三都县已将"水书先生"列入水书文化抢救与保护的内容,为他们建立音像和纸质档案,聘请部分"水书先生"作为水族文化研究所的顾问,参与到水书文化的抢救和保护工作之中,还邀请其进入校园为中小学生讲课。③ 这些都能在无形之中激发传承人的内在动力和活力,有利于濒危文字和民族文化的传承与保护。

地方相关部门应积极申报非物质文化遗产,争取得到国际社会和国家的关注和扶持。目前,濒危文字的申遗工作已取得了较大进展。2006年,女书习俗、水书习俗申遗成功,成为国家级首批非物质文化遗产,得到了政府和社会的认

---

① 戴红亮:《台湾语言文字政策》,九州出版社2012年版,第226页。
② 中国民间文艺家协会编:《中国民间文化杰出传承人调查、认定、命名工作手册》,2005年,第11页。
③ 《中国唯一水族自治县"水书先生"仅剩350多位》,http://www.chinanews.com/sh/2014/12-17/6884798.shtml。

可,受到了高层次的保护。除政府扶持外,还应建立长效的保护和发展机制,培养新的传承人。例如,将濒危语言文字纳入幼儿园、小学、中学等相应教材中,从小就使孩子们受到这种文化氛围的熏陶,增强其对传承民族古语言文字的兴趣和自豪感,从而培养更多的"娃娃徒弟",做到濒危文字后继有人。

其二,建立濒危文字博物馆、体验馆等相关机构,开展濒危文字教育,使其受到社会的广泛关注和认可。如2001年3月,女书博物馆在江永县上江圩镇成立,同时,馆内还开设了女书学堂,吸收当地女书爱好者进入学堂学习,加大对女书教育的推广工作,这对女书传承人及本土研究专家的培养起到了积极的作用。还可以开展"非遗"研学,让孩子在体验"非遗"文化中引发对濒危文字的兴趣、自豪感和创新欲望,从而促使其在文化自信中健康成长,成为传统民族文化的传承者和宣传者。2016年9月,"纳西象形文字体验馆"在丽江大研古城开馆,集展览、体验、学习、销售等功能为一体,由纳西文传承人现场传授简单的纳西文字绘制课程,讲解纳西文的历史和内涵。这可以让人们准确地理解、接受并爱上纳西文字和纳西文化,从而取得公众的广泛认同并口碑相传,扩大其影响面及受众群体。

三、濒危文字的制度构建

首先,坚持维护民族古文字的"原真性"原则。随着老一代传承人的相继过世,现在能熟练识别和书写濒危文字的人越来越少。而一些人受商业利益的诱惑,对民族古文字的字符肆意篡改、胡乱拼凑,炮制编造各种濒危文字文本、文物,从而衍生出大量"改头换面"的伪文字字符,使人们真伪难辨。甚至还有人对其恶意炒作,以致误导人们对民族古文字的认识,严重扰乱正常学术研究。这些不良行为对濒危文字的原真性构成严重威胁,也给古文字研究工作造成负面影响,进而增加民族古文字的保护难度。保护民族古文字的"原真性"迫在眉睫,相关研究机构和研究人员应下大工夫深入考察、发掘、搜集并整理那些零星的、散落各处的第一手濒危文字资料,从民族文化传统对其深入解读,正确把握其原本内涵并还原本来面貌,以做到正本清源,去伪存真。尤其是政府机构应加强对损害民族古文字原真性行为的打击力度,同时联合相关研究机构将原汁原味的民族古文字通过各种途径展现给民众,增强民众对"伪文字"的抵御能力。

其次,以《中华人民共和国非物质文化遗产法》为渊源,建立濒危文字的法律保护制度。如针对贵州水书,现有《黔南布依族苗族自治州水书保护条例》(以下简称《条例》)。该条例明确州和相关县级人民政府应担负起对水书文化历史文物的发掘、抢救和保护责任,更强调其职能部门应当加强对水书先生的普查、管理、培训和保护工作,相关馆藏单位加大对流落民间的水书文献典籍及具有代表性的水书文化介质实物载体,展开征集、抢救和保护工作。《条例》还规定,政府部门鼓励运用科学技术手段,开展水书文化的普查、搜集、整理、编纂、翻译、研究、出版等工作,借以推动水书文化的传承和利用。同时,《条例》还将每年文化和自然遗产日后的第一周定为水书文化保护活动周。[①]对保护不力的单位和相关人员视情节严重程度依法追究责任。另一方面,将濒危文字作为民俗文化旅游资源进行开发时,也应从文化保护的视域出发,坚持"活态传承"的理念,对濒危文字所处的文化生态环境在保持其"原真性"的前提下适度改造,应有意识地维护其原有特质,不能为了哗众取宠、过分追求商业利益而无原则地刀劈斧砍。只有真实地维护好民族古文字所赖以生存的生态环境,才能为民族古文字的传承和发展创造良好的生存空间。

再次,运用现代文创,创新传统语言文字的宣传、推广机制。过去,一些濒危文字的宣传载体仅仅局限于纸、扇、书、巾等种类,这种形式相对比较单一、陈旧,可以在原有宣传载体的基础上,创新传播模式,例如,将濒危文字应用于服装设计,通过举办时装展览让这些濒危文字"动"起来、"活"起来,以便更多人感受并领悟其独特魅力,从而扩大其宣传面,进而动员全社会的力量去拯救它和保护它。2012年9月12日,一位来自女书故里湖南省永江县的女大学生周京晶经过精心设计,将女书绣到红、黄、青、蓝、紫五件颜色各异的旗袍上面,并将这些旗袍在"外交部湖南全球推介活动"中展出,这些旗袍将女书元素、湘绣等湖湘文化融为一体,既展现了中国风旗袍,又彰显了中国的非物质文化遗产和湖湘传统文化的独特魅力。经过国家知识产权局审批,这五件女书旗袍获得了外观设计专利证书。这无疑是对女书文化价值的一种肯定,为女书的传播和保护提供了一个新的载体。这也为其他濒危文字的传播与保护工作提供了一种借鉴。

[①] 《保护水书有了专门法规》,《贵阳晚报》2018年9月21日第(A02)版。

第六章 文物与遗产

第一节 古籍善本

我国文献古籍卷帙浩繁,丰富的文化典籍不仅记载着中华民族历史发展的脉络,也是先民思想智慧和文明成果的集中体现。然而经走马灯般的王权鼎革易代、天灾人祸,得以保留下来的古籍,特别是珍本、善本之类少之又少。可以说古籍善本既是中华民族的宝贵精神遗产,又是文明传承的不可再生的历史资源和重要载体。随着时间的流逝起伏,历尽沧桑而流传至今的古书弥足珍贵。如何科学妥善地保护利用这些珍贵遗产,最大限度地延长古籍寿命,日益成为图书收藏机构及有关方面亟待解决的问题。

一、古籍善本概述

何为古籍善本?通常来说,"古籍"是古代书籍的简称,而"善本"则难以定义。其实在不同历史阶段,古籍善本的含义是一个内容不断递变的概念。最初,人们关于"善本"的概念,就是指校勘精审,无文字错误的书籍版本,如宋代叶梦得《石林燕语》就说:"唐以前,凡书籍皆写本,未有模印之法,人以藏书为贵。书不多有,而藏者精于雠对,故往往皆有善本。"可见"善本"一词,出现在雕版印刷逐渐兴盛的宋代。而宋人所说的善本,主要指文字无误、内容完整的本子,起初与书籍版本的文物价值并无关联。随着宋元以后官、私藏书事业的发达,古人关于善本的观念日益成熟。以晚清版本目录学家张之洞为代表,他为指导学子读书撰有《书目答问》,对前代的古籍知识进行总结,进而结合自身认知对古籍善本作出系统解释。他认为,善本并非指纸版印刷的形式,而强调善本为经过精校细勘,内容不伪不缺之本。因此,判断善本主要有三方面的标准:一是足本,即古书没有删节和缺卷;二是精本,指对古书校正详注,极少错误;三是旧本,即出版时间相当久远的木刻本或传抄本等。张之洞的观点很有代表性,但绝非唯一。在艺术交易市场上,古籍善本所指广泛,包括刻本、墨迹本、碑帖、印谱、信札及其他文献。在法律中,《中华人民共和国文物保护法》对古籍善本也有相关规定,即清代乾隆六十年(1795)以前的文物和图书,均受到国家法律保护,不得私自出口。据此,收藏界也将该时间点作为界限,将乾隆朝以前的精刻本、精抄本视为极具价值之珍本。

当前的古籍善本类型丰富,从种类上说,既有刻本、抄本等图书,也有碑帖印谱、信札等艺术品,还涉及墨迹、谱录等其他文献。其中,刻本是指唐以后雕版印刷的书籍,后世学者、藏家往往认为其顶峰在宋元时期。目前,宋元刻本在艺术交易中难得看见,存世稀少所以珍贵,而宋版书早就有"一页一两黄金"之说。例如,辽宁省图书馆所藏宋刻本《抱朴子·内篇》,就为海内外现存最早之版本。由于宋元刻本深藏高阁,取而代之的就是,明清及民国时期的精刻本的风潮。至于墨迹本,多为古人稿本或抄本等,同样流传稀少,且多为孤本,也引人瞩目。如现藏于美国纽约大都会艺术博物馆的《灵飞经》,为唐人钟绍京所书,属于墨迹本中的珍品。此外,碑帖、印谱、信札等,也逐渐成为当代古籍拍卖场中的重要对象,如明清名流、民国名人信札就大受欢迎。鉴于此,古籍善本的价值不言而喻,主要体现于文物艺术、文献版本及学术等方面。

其一,在文物价值上,古籍善本的衡量标准是产生年代早晚、传世多少及纪念意义等。某些古书由于抄写或刻印年代久远,传世稀少,因此具有较高的文物考古价值。而艺术价值则主要是古籍的装帧价值,涉及书影、内文版式、插图、材质、装订工艺等方面的情况。古书的艺术魅力妙趣无穷,譬如古代书法名家写刻的本子,显然多是书法精品。有些精刻本不仅印刷工整,加上纸墨精良,可谓字字分明,页页生辉;有些古书如套印本、红印本、拱花等,字体雕刻精美,设色古雅,散发出浓郁的典雅气息。

还有一些古籍则文物、艺术价值兼具,如宋版书不仅存世有限,而且从纸质、墨迹、印刷技能及装帧水平等方面都堪称文苑珍宝。

其二,古籍善本的文献版本价值。古籍善本首先体现于自身的文献价值,其描述记载的史实相当丰富,从不同侧面记录中华民族发展的进程,因而是研究古代社会最为珍贵的第一手材料,具有不可再生性。作为中国传统文化的核心之一,古籍的版本属性十分值得注意。按照不同的标准,古书版本可划分为多种类型。例如,2002年江苏古籍出版社策划的"中国版本文化丛书",包括《宋本》《元本》《明本》《清本》《稿本》《家刻本》《坊刻本》《活字本》《批校本》《插图本》等主题类别。而根据是否为善本,可以细分为善本、珍本、秘本、孤本、真本、伪本、劣本、俗本、通行本、普通本等。对收藏家而言,版本不同,价值就相去甚远,一般来说,稿本(作者原稿)、旧抄本、原刻本、精刻本、初印本以及各类活字印刷本等版本的价值更高。①

此外,古籍善本的学术价值,主要指从学术角度来衡量和评判古文献所具有的研究价值和历史价值。其中,历代名家稿本、精校本以及在某一学术领域有独到见解或较为少见的版本、写本、批校本及过录本等,由于距当时作者所处时代比较接近,因此学术价值很高。即使一些古旧抄本、刻本在文字内容上未必非常完美,但作为时代产物,对研究某一王朝或社会的各方面,却具有难以替代的学术资料价值和文化价值。②

二、古籍善本的"藏"与"用"

古籍善本在当今社会主义文化建设中具有举足轻重的作用,有着其他文献资源无与伦比的文物价值、文献价值和学术价值,因而如何保护、利用这一文化遗产资源成为各级政府与管理部门,图书馆、博物馆等从业者,乃至所有哲学人文社会科学工作者的事业和担当。

首先,古籍善本的保藏现状"忧乐"并存。积极的方面是,国内外图书馆、博物馆普遍重视古籍的收集、珍藏,成为古籍善本这一文化宝库的主要集聚地。当前,国内收藏古籍善本最多的图书馆当属国家图书馆,它的古籍善本直接承继南宋缉熙殿、元翰林国史院、明文渊阁、清内阁大库等皇家珍藏,更广泛地汇集了明清以来许多私人藏书家的毕生所聚,可谓宋元旧椠、明清精刻异彩纷呈;名刊名抄、名家校跋琳琅满目;而古代戏曲小说、方志家谱等通俗、民间文献也极富特色。值得注意的是,国内多数高校图书馆都有专属的古籍特藏部门,如北京大学图书馆收存古籍善本20余万册,列全国高校之首,其中藏宋元刻本达

---

① 王红玲:《论古籍善本的珍藏保护》,《青岛行政学院学报》2011年第2期。
② 王红玲:《论古籍善本的珍藏保护》,《青岛行政学院学报》2011年第2期。

300余种,包含12种珍本,既有初刻本、后世传本之祖本,也有仅存之孤帙,具有很高的考古文物价值。

  博物院是另一类古籍善本收藏的重要机构。如山西博物院(截至2017年)古籍收藏近8万册,其中善本606种、5043册,其版本类型涉及写本、抄本、稿本、刻本及石印等。该院代表性的珍本有民国著名藏书家傅增湘双鉴楼旧藏、明末清初山西著名学者傅山批注的明朝北监本《二十一史》以及明清诸种版本的山西地方志等。① 再如陕西西安碑林博物馆已查明善本有百余部,其中经部10部、史部80部、子部14部、集部15部,此外还有类、丛等部古书。在版本方面,该馆古籍涵盖宋、元、明、清不同时期的刻本、抄本等,并且馆藏善本计54部,被《中国古籍善本书目》收录。自2007年至2013年西安碑林博物馆已有12部古籍入选《国家珍贵古籍名录》,16部(含入选国家名录12部)入选《第一批陕西省珍贵古籍名录》,古籍入选数量居陕西省文博系统前列。②

  海外方面,近代以来很多国外图书馆都保存了大量中国的古籍善本。在美国,美国国会图书馆收藏3000余部,哈佛大学哈佛燕京图书馆藏有4000部,普林斯顿大学葛思德东方图书馆则藏有1100部。而收藏1000部左右的有加州大学伯克利分校东亚图书馆800部、芝加哥大学远东图书馆400部、哥伦比亚大学东亚图书馆250部、西雅图华盛顿大学东亚图书馆138部、纽约市公共图书馆100部左右。这些美国图书馆所藏古籍善本质量之高,毫不逊于国内各大图书馆。如哈佛大学哈佛燕京图书京馆藏有1500部明刻本,其中188部为国内各图书馆所无的版本。难得之本、精雕之帙在该馆比比皆是,它的所藏在欧美及东南亚地区大学中应是独占鳌头,首屈一指。③

  此外,私人藏书也是历代古籍善本保存的重要方式。私人藏家往往对古籍具有强烈的爱好和兴趣,愿意投入大量时间、精力和财力搜集散落民间的古籍善本,这是对公共机构古籍搜集与保存非常有益的补充。两者结合,能够在最大程度上避免古籍善本的失传。与此同时,收藏者通常会把所得善本进行刻印出版或借人写抄,将其化身百千,以使孤本不孤,为天下所用。因此,尽管在法律意义的所有权上,这些古籍善本属于个人所有,但其价值终究属于全社会。

---

① 谷锦秋:《山西博物院善本古籍修复现状调查及案例分析》,《国家图书馆》2017年第3期。
② 王原茵:《陕西文物图书中心馆藏古籍善本概述》,《文博》2016年第3期。
③ 《有多少中国古籍存藏在美国东亚图书馆》,http://www.sohu.com/a/242625571_713703,2018—07—22 09:18。

另一方面，令人忧虑的是，虽然中国古籍数量之多，可谓汗牛充栋、浩如烟海，但自古至今，古籍遭兵燹、水火等人为、自然之灾害，幸免厄运而流传至今者，已百不存一。据国家图书馆统计，目前全国各公藏单位拥有古籍总量约5000余万册。但是，这些劫后余生的古籍善本，由于主客观方面的原因，也已经遭到一定程度的损坏。例如，有些古籍出现破皮老化，或霉蚀虫蛀，或水渍口开等缺损现象，有些则已经不能翻阅移动。据推测，留存下来的这5000余万册古籍中，需要修复的超过1000多万册。然而，有些单位古籍善本的藏书条件与一般流通书库无二，只是另辟出一间小室进行存放；很多藏书单位由于经费所限，导致善本书库所需要的如防火、防潮、防虫等基本设施设备都不具备，其防鼠防虫也仅仅是靠樟脑丸来完成。有些单位整理力度较弱，对所藏古籍进行整理编目时，著录不够规范，与账簿形式无异，甚至有些单位存放后连整理都未进行。需要指出的是，很多收藏机构古籍修复手段落后，保护和修复人才匮乏，少数民族古籍善本尤其如此，使很多古籍善本面临失传的危险。可以说目前对古籍善本的保护工作仍有很多地方需要强化。①

古籍善本的重保藏、轻管理的现状，严重制约着人们对它的利用。由于古籍善本散佚严重、留存极少，具有很高的文献文物价值，所以这些图书不能像新印古籍和其他常见书籍一样自由翻阅、携带出库。探究其原因，第一，国家对此有相关性立法，如《中华人民共和国文物保护法》就规定，"历史上各时代重要的文献资料以及具有历史、艺术、科学价值的手稿和图书资料等"均属于文物。各地古籍收藏部门在管理上必须根据此制定相应条款，如不少收藏机构规定"善本、孤本、工具书及不宜外借的书刊，须经一定的手续，只限于馆内借阅"，有的则规定"对珍本、善本以及不宜外借的文献资料，应当采取保护措施，限制使用"。即便允许使用，古籍藏书单位也会制定一些规章制度来保护古籍，如有些单位在准入制度上规定未满18周岁的用户不被准入，对要使用古籍善本者进行严格的身份验证以及严格的领导审批等；还有的单位对阅览古籍善本也有相应的规定，如必须在指定位置就座，戴手套触摸，不能折页、勾画刮搓及污损等。如研究者需要复制某些内容，须说明用途后经领导审批，一次复印不得超过10页，且只有一次复印机会等；复印时要收取一定的费用，如清华大学图书馆古籍

---

① 李又增：《宁夏大学图书馆藏经部、史部古籍善本述论》，宁夏大学学位硕士论文，2009年。

复印的收费标准为宋元本、孤本28—40元/页(且须该馆负责人特批),善本古籍8—15元/页,普通古籍2—4元/页。同时,阅读古籍还会根据善本等级收取1—2元的费用。总之,收藏单位倾向于把古籍善本视作珍宝精心收藏而不轻易示人,甚至将其作为"镇馆之宝"封存起来,这虽然对古籍保护确实起到了一定的效果,但却限制了读者对古籍善本的使用,因此,大多数古籍善本被利用率极低。

三、古籍善本的"活化"传承

古籍善本因为其稀有性和文化性而被视为珍宝小心收藏,过多的触摸和直接使用会造成其损坏。然而,管理机构往往只是收藏而不加以研究、利用,古籍显然在很大意义上失去了自身存在价值。一些管理者还夸大相关法规对图书文物所有权、保护等级、收藏职责及文物获取、借租等方面的规定,长期以来借口保护古籍而过度限制读者使用的做法,引起诸多社会舆论的广泛诟病。因此,解决好古籍善本"藏"和"用"之间的辩证关系,才能发挥其最大效用。

总体而言,古籍善本的"活化"传承,既要高度重视古籍善本物质形态上的技术保护,又要不断加强对古籍善本所蕴含历史文化精神的传播、应用。一方面,古籍善本无论收藏或是利用,完善技术保护都是首要的,保护好古籍善本的原貌是发挥其最大价值的基础。一般来说,古籍善本的保护大致分为实物保护、内容保护和工艺保护等不同层次,提高其保护水平则有两种重要途径:其一,由于年代久远,现存古籍善本在文物层面需要较为周致的保护条件,创建专门的古籍特藏书库也就非常必要。古籍特藏书库是针对善本的实物特点而建立的,对保障古籍安全、延长古书寿命至关重要。古籍特藏库通常必须具备恒定的温度与湿度、自动灭火系统以及防虫、防霉、防尘设施等基本条件。例如,是否恒温、恒湿直接影响到古籍纸张的寿命,而且还间接地对光照、灰尘、气体、虫霉等因素产生相互作用。有实验证明,环境温度20℃左右,相对湿度在55%左右是古籍存放的最佳环境;在防火方面,由于古籍善本的载体多是纸质品,只能选择气体灭火系统,而非用水喷洒类灭火系统。此外,安装有效阻隔紫外线照射的窗帘等设施设备,也有助于缓解古籍老化,实现古籍长期收藏。[①] 其二,

---

① 饶俊丽、马丽飞:《高校图书馆古籍善本的修复与收藏》,《河南图书馆学刊》2018年第4期。

在古籍善本已有保护的基础上,对破损古籍加强修复,以延长其使用寿命。2007年,《国务院办公厅关于进一步加强古籍保护工作的意见》早已强调,"集中资金,有计划地对破损古籍进行修复,重点抓好列入《国家珍贵古籍名录》和濒危古籍的修复工作"。然而,古籍修复是一项责任心、专业性、技术性很强的工作,需要专门人员同时掌握古籍修复的专业知识与精湛的现代高科技。由于古籍善本损坏的方式不同,修缮方法必须因材而施,古籍修复师应当根据其破损程度采取"整旧如旧""整旧如新""抢救性为主,治病为辅""保持原状,过程可逆"等的原则进行灵活修复。正如明代周嘉胄在《装潢志》一书所说,"良工须具有补天之手,贯虱之睛,灵慧虚和,心细如发"①,可以说为了古籍得到更久远的流传、更好的利用,相关部门逐渐加大古籍修复人员的培养力度势在必行。

另一方面,从当代传媒手段视角,促进古籍善本的传播应用。古籍虽然具有历史文物性、艺术代表性,但最重要的是其学术资料性。古籍只有通过加强媒介功能,才能为人所用、体现出其蕴含的思想文化价值。因此,古籍善本的整理出版,是保护、利用其的常规手段。2017年,中共中央、国务院办公厅下发《关于实施中华优秀传统文化传承发展工程的意见》,专门指出"要实施国家古籍保护工程,加强中华文化典籍整理编纂出版工作"。其实,国家对古籍善本的整理出版工作早在20世纪50年代就已经开始,并成立了全国古籍整理出版规划领导小组(简称"古籍小组"),负责制定古籍整理出版规划。例如,明代著名类书《永乐大典》,作为中国最大的百科全书式的文献集,全书原有11095册、22877卷(仅目录就有60卷),总约3.7亿字,汇集明以前图书七八千种。英国《不列颠百科全书》评价其为世界史上最大的百科全书,然而这样一部价值巨大的书籍,由于战争、保护不力等原因而散佚,现仅存800多卷。为更好地保护这部古书,在国家支持下,中华书局就将多年前收集到的部分卷本进行仿制并翻刻出版,而且还利用影印方法对当时国内留存的700多卷进行缩印。20世纪80年代,中华书局又将海外新得之本与之前出版的内容汇编为十册,线装影印出版。这些举措对推进《永乐大典》的保护和利用,尤其是学术研究作出了重要贡献。现在除中华书局外,国家图书馆等一大批古籍出版社,致力于古籍整理出版、保护流通,相继推出《四库全书》《中华再造善本》等系列丛书,一定程度上缓解了

---

① 周嘉胄:《装潢志》,上海古籍出版社2005年版,第12页。

古籍善本的"藏"与"用"矛盾。

进入21世纪,随着信息科技飞速发展,数字化和网络化成为古籍善本开发利用的首要方向。所谓古籍数字化,是从利用和保护古籍的目标出发,采用新兴媒介技术,将常见的语言文字或图形符号转化为能被电脑识别的数字符号。利用这些技术,纸质文本能够转化为古籍文献书目数据库或古籍全文数据库。当前数字化的基本方式有两种:一是利用图片扫描技术,将古籍善本按照原貌转变为电子文献,这种方式在保持古籍原有形态上具有非常重要的价值。另一种方式则是,利用现代技术将古籍输入电脑,并对古籍进行学术处理。这两项措施相互补充,既可以将传世孤罕的古籍善本无限复制,避免失传之虞,又便于研究者或普通人所用,不仅可以最大限度地减少对古籍的损害,而且能够广泛传播,实现"继绝存真,传本扬学"的宏远目标。需要强调的是,古籍文献信息资源的数字化是一项系统工程,需要充分发挥互联网与古籍数据库的作用。数字化以后,虽然更多人能方便地接触、利用古籍数据库中的完整而清晰的古籍扫描图像,使不久前那些难以目睹的甲骨金文、帛书汉简、唐代写本与宋元刻本在网络上轻松见到,古籍善本的价值得以最大程度发挥,但是古籍善本的持续网络化仍然有赖于一定的人力和设备条件,有计划的资金投入和技术人员训练必不可少。[1]

第二节 历史建筑

2017年,党的十九大报告提出"推动中华优秀传统文化创造性转化、创新性发展"的要求,并要求"加强文物保护利用和文化遗产保护传承"。历史建筑作为优秀传统文化的重要组成部分,承载着中华民族的辉煌历史和文化记忆,无疑是文物保护利用、文化遗产传承的重要对象。改革开放以来,虽然很多古代建筑或遗址在保护和利用中重焕生机与魅力,但也有不少古迹遗产伴随"拆真"和"复建"的热潮骤然消失,甚至出现"拆真遗存,建假古董"的荒谬现象。在此背景下,2017年9月,住房和城乡建设部下发了《关于加强历史建筑保护与利用

---

[1] 漆永祥:《古籍善本何以为文化续脉,为时代添彩》,http://www.ce.cn/culture/gd/201905/24/t20190524_32177074.shtml.2019.5.31。

工作的通知》,要求各地"做好历史建筑的确定、挂牌和建档","最大限度发挥历史建筑使用价值","不拆除和破坏历史建筑",以及"不在历史建筑集中成片地区建高层建筑"。这一意见,对于人们怎样认识、如何保护以及释放历史建筑的当代价值,给予了明确方向,也是"践行新发展理念、树立文化自信"的重要任务。

一、历史建筑概述

历史建筑的概念目前还没有统一的概念或界定。历史建筑(Historic Building)本是英文概念,出现于文艺复兴时代的15世纪,在数百年后的19世纪被广泛使用,主要指受保护的建筑,后来又专指价值极大且受保护的建筑。随着人们对文物遗产价值认识的不断变化,区别于文物建筑,以往被忽视、遗忘的"老房子"、近现代建筑和工业遗产也归入历史建筑并受到保护。这样,历史建筑的内涵越来越大,基本上涵盖了过去的所有建筑。今天,"历史建筑"这一称谓被广泛使用,其意义与建筑遗产已经较为接近。历史建筑重在永续利用,只有在利用中才能体现历史建筑的核心价值。值得注意的是,历史建筑与文物建筑虽然都与建筑有关,但历史建筑范围比文物建筑要大得多。文物建筑是一个法定概念,特指经过政府核定、有重要历史文化价值属于文物保护单位的建筑。由于文物建筑的重要性和稀缺性,《中华人民共和国文物保护法》对文物建筑的认定、修缮及管理利用等有严格规定。在实践中,文物建筑的保护方法一般采用冻结式的保护,在建筑修缮上不能改变原状,最大程度地保存其历史信息;而在使用上,则强调最低程度地干预文物建筑本身,一般采用建立博物馆或辟为参观游览场所的办法。因此,文物建筑总体上是静态型的文化遗产,它的价值取决于其原真性的保持程度。[1]

历史建筑的具体类别较多,通常包括以下类型:(一)历史文化街区,指经省、自治区、直辖市人民政府核定公布的保存文物特别丰富、历史建筑集中成片、能够较完整和真实地体现传统格局和历史风貌,并有一定规模的区域。如坐落于福州这座具有2200多年历史的古老城市中心的福州市"三坊七巷"历史文化街区,占地约40公顷,由三个坊、七条巷和一条中轴街肆组成,分别是衣锦

---

[1] 阮仪三、李浈等:《江南古镇历史建筑与历史环境的保护》,上海人民美术出版社2010年版,第2页。

坊、文儒坊、光禄坊,杨桥巷、郎官巷、塔巷、黄巷、安民巷、宫巷、吉庇巷和南后街。这是一个典型的文化街区。①(二)宗教文化建筑,是信徒供奉神灵、进行宗教修习活动并居住的处所,有寺观、塔、石窟及教堂等类型。如河南洛阳的白马寺、北京的白云观、山西应县辽代木塔、甘肃敦煌莫高窟及天津西开教堂等。(三)公共历史建筑,主要指历代所建造以非居住功能为主的建筑或建筑群,这些建筑承担着商业贸易、娱乐交往、行政管理等诸多职能。如港口、庙会、集市及广场等。(四)名人旧居建筑,就是指经过多方考证,在历史上曾经居住过政治家、文人或其他名流的房屋建筑,它历经岁月洗刷依然记录并留下这些人物日常生活的遗迹,作为特殊的文化载体具有一定的文化价值。如毛主席故居、宋庆龄故居、老舍故居、茅盾故居及梅兰芳故居,等等。(五)传统民居建筑,指在中国特有的自然地理环境中,受社会因素制约,与自给自足的自然经济相适应,经长期发展在明清时代基本定型的民居建筑。因地制宜、就地取材、设计灵活、功能合理、构造经济,具有浓厚的地方风格,是传统民居建筑的主要特点。如北京四合院、傣族竹楼、藏族碉楼等。(六)工业遗产建筑,指反映工业发展历程,且已列入工业遗产保护名录或增补名录的相关建(构)筑物,涉及工厂车间、仓库、店铺、能源生产场所等。如河北省井陉煤矿建筑群就是典型的工业遗产建筑群。

  历史建筑不仅是城市的物质资源,更是都市文化的重要载体。成片的历史街区、遗址、名人故居与特色建筑,一方面纵向记忆着城市的历史演进,见证其初生、发展、变化及延续的过程;另一方面对城市不同时期的政治、经济、军事、民俗等大小事件进行横向展示。这些历史建筑蕴藏着纵横交织的时空,是其所在城市的记忆符号和文化命脉,汇合为城市特有的身份标识。因此,在当代保护历史建筑,具有鲜明的时代意义。具体而言,一是保护历史建筑有助于激发民众的爱国热情,增强民族文化认同。仅从建筑艺术来看,中国历史建筑独立于西方建筑体系之外,形成特有的东方古典建筑体系,曾是周边各国建筑学习的榜样。作为东方艺术宝库中的一朵奇葩,这些历史建筑既是中华文明世代相继、绵延不绝发展史的实物见证,又是一部写满中国历史的"无字"史书。游览历史建筑,能够使国人感受到中国古代文化的独特魅力,油然而生的爱国热情

---

① 福建省政协文史和学习委员会、福建省文化厅编:《文脉流芳——福建文化遗产保护读本》,福建人民出版社2016年版,第110页。

和民族自豪感可以坚定民众的文化自信。二是保护历史建筑有利于促进城市旅游繁荣。从旅游业来看,历史建筑是遗产旅游的重要吸引物。我国历史建筑在艺术形式、技术水平上都达到很高水平,因为地域辽阔、民族众多,保存下来的历史建筑类型也极为丰富。这些具有突出历史价值、审美价值的建筑,既通过自身丰富的文化内涵满足游客访古之需,又可以多样的建筑类型满足游客求奇、求异心理。当前,历史建筑观光已成为我国文化旅游的重要增长点,并日益为中外游客所关注。此外,从科学价值来讲,历史建筑是现当代建筑的根脉与借鉴。历史建筑是古代科学技术的凝聚,它在建筑布局、施工、材料与艺术装饰、传统风格等方面展现出的特色,是我国千百年来优秀工匠实践经验的总结,其中包含着精益求精的"工匠精神",在满足人们的多元审美之外,对现代建筑从业者仍然具有较大的启迪和示范作用,可为新建筑设计、新艺术创作提供宝贵的历史借鉴。①

二、历史建筑的保护历程与挑战

中国对古代建筑遗产现代意义上的保护,始于20世纪20年代。1922年、1929年相继成立的北京大学考古研究所和中国营造学社,对中国历史建筑的研究与保护发挥过重要作用。在此时期,历史建筑的保护主要由学者个人、科学团体发起,如建筑史学家梁思成、林徽因等人较早对古建筑展开研究、保护,梁氏还结合西方建筑学理论写出《中国建筑史》等书。国内学者的建筑史研究逐渐引起当时政府和社会各界的关注。特别是1931年,南京国民政府颁布《古物保存法实施细则》,从现代法律层面开始对古代建筑进行保护。然而随着抗日战争以及第二次世界大战的来临,国内局势动荡不安,短暂的建筑保护热潮很快被战火所淹没。

1949年新中国成立后,历史建筑的保护进入新阶段。在政府制度层面,我国文物管理部门提出"保护为主、抢救第一、合理利用、加强管理"的"十六字方针",这为历史建筑保护与实践指明了方向。尤其是20世纪五六十年代,《关于保护文物建筑的指示》和《文物保护管理暂行条例》相继出台,以文物建筑为中心的保护制度得以建立,同时国务院在1961年还首次认定了全国第一批重点

---

① 张青:《古建筑保护的意义和措施》,《安徽建筑》2011年第2期。

文物保护单位计180处，其中古建筑遗址77处。虽然此后进入"十年动乱"时期，国家的文物保护事业并未断绝。改革开放后，中央政府于1980年批准国家文物事业管理局、国家基本建设委员会的《关于加强古建筑和文物古迹保护管理的报告》，进一步强化对古建筑的保护和管理。特别是1982年，《中华人民共和国文物保护法》颁布实施，明确规定国家文物保护范围包括：与重大历史事件、革命运动或者著名人物有关的以及具有重要纪念意义、教育意义或者史料价值的近代现代重要史迹、实物、代表性建筑等。

　　进入新世纪，我国陆续出台了众多保护历史建筑相关的法律法规。例如，2005年《历史文化名城保护规划规范》明确提出历史建筑是指具有一定保护价值，能够反映历史风貌和地方特色，未公布为文物保护单位，且未登记为不可移动文物的建筑物、构筑物，并对其进行保护。① 2008年专门性法规《历史文化名城名镇名村保护条例》出台，又对历史建筑的认定建档与保护修缮等作出规定。到2016年，《中共中央国务院关于进一步加强城市规划建设管理工作的若干意见》直接要求各地用5年左右时间完成辖区内历史建筑的认定工作。2017年5月，住建部《关于进一步加强历史文化街区划定和历史建筑确定工作的通知》又对历史建筑的普查、规划划定等进行了详细规定。可以说，当前历史建筑保护引起空前重视，已经进入关键阶段。需要补充的是，在此阶段中，从1982年到2019年，国家陆续公布全国第二批、第三批至第八批重点文物保护单位，共近4900处。简言之，回顾近百年来历史建筑的保护史，我们发现文物保护事业的持续发展，尤其是相关制度法规的不断完善，确实为历史建筑的保护提供了强大保障。在此前提下，不少城镇的历史建筑得到了有效保护。

　　然而，近年来随着各地城市化的不断加深，以旧城改造、新区建设以及道路等交通设施建设为特征，我国大量历史建筑遭到不同程度的破坏，而其破坏形式也大不相同，主要有以下几种：第一，历史建筑被大规模拆毁。如2016年5月因设立营业网点和便民服务中心，湖北省红安县七里坪革命旧址之"国共合作谈判处旧址"被全部拆除；2016年11月，河南省汝州市百余座古墓葬遭到该市望嵩文化广场项目施工方破坏；另外，河南商城县因当地政府实施南关旧城改造工程，将保存较为完整的百年南街民居（包括清末商铺和民居建筑群在内

---

① 杨宇峤：《历史建筑场所的重生——论历史建筑"再利用"的场所构建》，西安工业大学出版社2015年版，第7页。

的53处单体文物建筑、4处院落)整体拆除。① 第二,文物古迹虽在,但所处周围环境遭到破坏,历史文化价值被严重损害。如北京市国家级重点文物"沿字三号敌台"因长期接受影视剧拍摄,周边出现影视剧组留下一堆搭建的亭台、木梯、胶条等"烂摊子";又有山西临汾市洪洞县某学校擅自在全国重点文物保护单位广胜寺保护范围内建教学楼,对该建筑原有风貌造成无法挽回的破坏;此外陕西榆林市"榆靖公路"建设则对明代长城遗址造成多处破坏。第三,历史建筑在修缮过程中的损坏。由于建筑实施人员未遵守正确的操作规程,许多历史建筑在维修时被随意改动,这些建筑的传统风貌被破坏,其真实性、完整性彻底丧失。可以说,当前我国历史建筑被破坏的案例层出不穷,破坏的形式日趋多样。如果放任历史建筑的损害行为,将给地方历史文化及其记忆带来难以弥补的损失。

我国疆域广阔,历史建筑数量异常庞大,又相当分散,这为人们保护这些建筑增大了难度。但需要强调的是,历史建筑被破坏的原因相当复杂,主要在于以下三个方面:其一,历史建筑保护经费严重不足。虽然国家每年都会拨付一定的经费用于古代建筑物的维护、修缮,但大部分都被用于作为文物的建筑物,留给历史建筑的经费较少,从而使其难以得到及时修缮,加快了历史建筑的损坏速度。其二,随着城市化进程的不断发展,城市人口的不断增加,建设性破坏蔚为风潮。很多商人为了眼前利益、某些地方政府为了政绩,在对城市进行大改造过程中将一些具有保存价值的历史建筑拆毁,或者只保留了历史建筑本身而对其周边环境进行了拆除,使历史建筑成为孤岛,严重破坏其整体性。其三,为发展旅游和提高本地知名度,对历史建筑过度开发利用而疏于保护,从而导致其破坏。不得不说,当前地方历史建筑的保护面临着极大的危机与挑战。

三、利用历史建筑延续城市文脉

当前,我国的历史建筑保护刻不容缓,如果再任由上述危机蔓延下去,无论在当下或是未来都会导致巨大的历史文化损失。针对这一不断严峻的文物保护形势,只有依靠政府、社区、相关组织及全体居民的共同参与,才能保护、利用好地方建筑遗产资源。概括地说,有待从以下四个方面对历史建筑强化保护。

---

① 《国家文物局通报河南汝州汉墓群遭破坏等3起案件调查处理情况》,新华网,http://www.xinhuanet.com/politics/2017—01/26/c_1120387543.htm。

首先，根据中央要求，全面、动态实施历史建筑普查工作。文物普查是历史建筑保护的基础性工作，也是建立保护的前提。对于大多数省市来说，历史建筑普查的关键在于历史城区、历史文化街区、古代遗迹遗址以及历史文化名村名镇等核心保护范围，特别对近期城市建设的重点区域如旧城旧区、旧村旧厂等改造区域展开调查。通过普查行动，理清全国各地市历史建筑的家底，实现建档、挂牌，为保护利用打下坚实基础。①

其次，健全、完善历史建筑的法律治理体系。经过数十年发展，我国已经初步形成了以文物保护为主体的一系列法律法规制度，但仍然存在一些空白与漏洞。例如，《中华人民共和国文物保护法》虽然对文物建筑有明确规定，但对尚未被认定为文物的历史建筑，其法律效力并不清晰。在法律实践中，那些因一定原因而未能升格为文保单位却又具有一定历史价值的建筑，长期处于法律保护的灰色地带。即使《中华人民共和国城乡规划法》对历史建筑保护有所规定，但侧重于法律原则或指导，可操作性较弱。因此，国家和地方相关部门应借鉴国际上历史建筑保护的具体法律制度，为其保护提供"在地化"、实践性的法律法规。如进一步明确历史建筑认定和保护的主体、协同部门，规范有关单位的工作职责、权利义务与惩罚措施，尤其是对历史建筑保护范围、修缮标准以及所有权、经营办法进行严格规定，从而切实提升我国历史建筑的保护能力与水平。

再次，增强全民保护意识，形成延续城市文脉的社会共同体，塑造良好的历史建筑保护氛围。历史建筑是不可再生的人文资源，也是城市文化的根脉与灵魂。保护历史建筑只依赖政府重视与法律法规是不够的，这属于全社会、所有公民的共同义务和职责。一方面，政府应通过各种媒体对历史建筑保护意义进行大力宣传，促使公众知晓这些建筑的文化价值，倡导社区居民及组织自觉加入文保团体，历史建筑才能永续保存。同时，管理部门应放宽权力，允许公民、法人和其他组织以技术服务、资金支持等方式参与城市历史建筑的保护工作。例如历史街区往往是群众生活休闲的好场所，各地可以通过建立志愿组织，积极吸引周边居民监测历史建筑的保护、利用。

最后，创新观念，不断加强历史建筑的保护性利用。历史建筑重在"活化"利用，通过传承性的合理利用才能体现历史建筑的突出价值。长久以来，博物

---

① 刘晖、梁励韵：《历史建筑保护的制度建构》，《城市建筑》2013年第3期。

馆模式的保护,是人们心目中保护历史建筑的主要手段。然而滥开、滥设博物馆的弊端也相当明显,这不但会限制建筑本身的生产、生活价值,使其成为封闭性的"古董",也会加重政府的经济文化负担。因此,应当在保护历史价值、保证安全的前提下,探索历史建筑合理利用的多元路径。如天津近代租界区的"五大道"存在大量名人故居,通过将其转变为银行、报社、餐饮场所,甚至幼儿园等,这些老建筑得以运转起来,充分发挥出原有价值和魅力。而1994年以来,上海外滩众多楼宇的功能置换,同样也是以近代著名建筑再利用为核心的城市功能结构优化与调整的范例。此外,可以通过历史建筑数字化保护的方式,如虚拟旅游服务当下或未来的文化需求,这样不仅有利于建筑的实体保护,还能实现其文化价值的发掘利用。总之,全国历史建筑范围广、规模大,并没有普遍适用的有效措施,各地需要根据现实中的不同情况,实施相应级别的保护、利用策略。

第三节　历史文化名城名镇名村

"举头望明月,低头思故乡",唐代诗人李白用诗句直书自己的乡愁情结。安土重迁,离家后乡愁是国人对家乡的感念,对故土的眷眷之情,也是难舍的文化记忆。2013年,习近平总书记在中央城镇化工作会议上提出,要让人"望得见山、看得见水、记得住乡愁",这一重要论述强调在城镇化历史巨变中要保护自然人文景观,努力留住"乡愁"。历史文化名城名镇名村,不仅是中国厚重历史的物质体现和文化烙印,更是乡愁的重要载体。这一特殊的文化建制,无疑为我们保护好古代名城、名镇、名村,进而留住"乡愁",创造了基本条件。

一、历史文化名城名镇名村概述

历史文化名城,又称"国家历史文化名城",其概念形成较早。20世纪80年代,为了保护历史上曾经作为政治、经济、文化中心或近代革命运动和重大历史事件发生地的重要城市及其文物古迹免受破坏,1982年,"历史文化名城"的概念由侯仁之、郑孝燮和单士元等学者提出。1982年底,《中华人民共和国文物保护法》颁布施行。这些法律明确规定历史文化名城为"保存文物特别丰富并且具有重大历史价值或革命意义的城市",并且"由国务院核定公布为历史文化名城"。① 该制度是 1985 年中国加入世界遗产组织并签署《保护世界文化和自然遗产公约》前,国内实施的一种富有前瞻性的文物立法保护机制,影响相当深远。从实践而言,历史文化名城是一种文化概念,并非行政区划意义上的"市"或"县",是指一个城市范围内的旧城或古城范围内包含着丰富历史信息的区域。② 例如,历史文化名城"北京"就与"北京市"有极大差别,涉及的范围大相径庭,前者指向北京旧城范围,后者则是一种行政管理单位。山西平遥、河南开封等历史文化名城的命名也具这一特点。两者间的联系也相当明显,历史文化名城由所在城市直接保护。

历史文化名镇名村,则是 21 世纪初按照中央有关部署,在住房和城乡建设部、国家文物局共同推动下,我国针对乡村基层实施的一项历史文化保护举措。借鉴历史文化名城的概念,它指保存文物特别丰富且具有重大历史价值或纪念意义、能较完整地反映一些历史时期传统风貌和地方民族特色的镇和村。在法律层面,《中华人民共和国文物保护法》对其也有规定,历史文化名镇名村必须"报国务院备案"。

需要指明的是,名城、名镇、名村虽在内涵上属于不同类型,但都是人居类文化遗产。这类遗产与文物保护单位、自然保护区同中有异,即其具有双重属性。一方面它带有遗产性,保留着很多文化积淀深厚的物质或非物质遗存,与文物、自然遗产一样需要国家与民众保护。另一方面,城、镇、村具有鲜明的生活性,是人们工作、生活的空间以及与此相连的地理环境。因此,保护名城、名镇、名村,必须关注其不可分割的双重属性,充分认识到它是"活着的遗产"。鉴于此,2017 年,再次修正后的《中华人民共和国文物保护法》专门规定,"历史文化名城和历史文化街区、村镇所在地的县级以上地方人民政府应当组织编制专门的历史文化名城和历史文化街区、村镇保护规划,并纳入城市总体规划",同时"历史文化名城和历史文化街区、村镇的保护办法,由国务院制定"。

概言之,自 20 世纪 80 年代以来,我国古代名城、名镇、名村先后引起中央和地方的高度重视,而历史文化名城名镇名村的保护制度,促使国人充分意识

---

① 《中华人民共和国文物保护法》,国家文物局,http://www.ncha.gov.cn/art/2017/11/28/art_2301_42898.html。
② 木基元:《云南历史文化名城研究》,云南大学出版社 2012 年版,第 18 页。

到文化遗产的重要价值。具体来说,其一,自1982年2月至2018年5月,国务院相继公布了数批国家历史文化名城,涉及市县共有135个,如第一批有北京、承德、大同等24座,第二批有天津、阆中、歙县等38座,第三批中有正定、咸阳、浚县等37座,第四批有南通、无锡、金华等14座,此后又陆续进行增补。这些城市类型多样:有的曾长期被选作都城,如西安、洛阳、北京等,有的因保有珍贵文物遗迹而享名,如安阳、承德、曲阜等;有的在历史上曾为政治、经济重镇,如扬州、天津等;有的则是重大历史事件的发生地,如上海、咸阳、重庆等;也有的保留有完整的旧城或历史建筑群,如大理、丽江、平遥等;还有的则由独特的自然风貌、民族风情、优美的山水园林所构成,如日喀则、拉萨、桂林、苏州等。其二,历史文化名镇名村虽然出现较晚,自2003年开始至2019年止,住房和城乡建设部及国家文物局先后分七批总计公布799个中国历史文化名镇名村。其中有历史文化名镇312个,如天津市杨柳青、北京市古北口、山东省泰山市大汶口等;历史文化名村达到487个,如河北省井陉县于家乡于家村、安徽省黄山市徽州区潜口镇唐模村、海南省定安县龙湖镇高林村、贵州省锦屏县隆里乡隆里村等。这些村镇广泛分布在全国31个省份,保护层次、类别和内容极为丰富,既有传统文化型、乡土民俗型、革命历史型,又有民族特色型、商贸交通型,囊括太湖流域的水乡古镇群、川黔渝交界民族古村镇群、晋中南古村镇群及粤中古村镇群等。上述名镇、名村基本完整展现了我国不同地域历史文化村镇的传统风貌。①

经过近40年的实践,全国各地也陆续公布了省市级别的历史文化名镇名村,如江苏省在1995年公布高邮与泰州、2012年公布如皋为省级历史文化名城,2017年则公布苏州市平望镇、昆山市巴城镇等为历史文化名镇以及常州市武进区前黄镇杨桥村等为历史文化名村。此外,值得注意的是,国家有关部门也在探索将来把工业建筑、文化景观、文化线路等各种文化遗产类型纳入当前的保护体系。②

---

① 陈恩维:《试论地方特色文化与文化强省建设》,《佛山科学技术学院学报》2011年第5期。
② 《住房和城乡建设部 国家文物局关于历史文化名城名镇名村保护工作评估检查情况的通报》,中华人民共和国住房和城乡建设官网,http://www.mohurd.gov.cn/wjfb/201906/t20190611_240820.html。

二、历史文化名城名镇名村的保护现状

首先,通过数十年的文化保护立法,历史文化名城名镇名村的法律治理体系初步建立。为了保护各地文化遗存,中央与地方法律法规相继出台。尤其是1982年颁布生效的《中华人民共和国文物法》,首次明确了历史文化名城的法律地位,这就使历史名城的保护有法可依。进入21世纪,该法经过数次修订后,又将历史文化城镇、街区和村庄纳入保护体系中。而2008年开始施行的《中华人民共和国城乡规划法》要求保护"历史文化遗产","保持地方特色、民族特色和传统风貌",同时将"自然与历史文化遗产保护"确定为城市总体规划的强制性内容。在专门性立法方面,2005年颁布的《历史文化名城保护规划规范》,规定了历史文化名城、街区的保护规划编制内容与方法。2008年,国务院针对历史文化名城、名镇、名村进一步出台《历史文化名城名镇名村保护条例》,此后对该条例还进行数次修订。值得肯定的是,一些省(自治区)、市也结合本地情况制定了地方性保护条例或办法,如《北京历史文化名城保护条例》《河北省历史文化名城名镇名村保护办法》《安徽省历史文化名城名镇名村保护办法》等,这些具体性法规一般易于执行,有助于加强当地历史文化名城名镇名村的保护。

其次,在制度实践层面,住房和城乡建设部、国家文物局等相关部委定期组织开展国家历史文化名城名镇名村的评估检查,积极贯彻落实上述法律法规。例如,从2006年开始,国家住建部正式实施城市规划督察员制度,陆续向历史文化名城归属地的政府部门派驻城乡规划督察员,通过督察活动切实维护历史文化名城名镇名村的原真性和完整性。

再次,国家通过设置名城名镇名村名录,推动各地申请世界遗产,不断提升文物保护水平。由前文我们充分认识到,历史文化名城名镇名村,是我国法律赋予具有特殊价值的名城名镇名村的专门概念。自1982年首次把24个城市列为历史文化名城后,又有成百上千的城镇、街区及乡村被认定为历史文化名城名镇名村。而1987年中国拥有首批世界遗产后,历史文化遗产的申请热潮逐渐兴起,各级政府不断追求将本地保存完整、价值极高的古代城镇向有关部门推荐,以争取进入《世界遗产名录》。例如,山西平遥和云南丽江等古城,借助自身国家历史文化名城的优势,成功申报为世界文化遗产,也成为全人类共同守护的文化瑰宝。

经过几十年的努力,虽然中央和地方政府的有关制度和举措确实对历史文化名城名镇名村等文化遗产的保护发挥了巨大作用,但是和历史建筑一样,仍有很多问题不容忽视,亟须解决。这些问题主要有以下几个方面:第一,历史文化名城名镇名村所在地政府存在着"重申请、轻保护"的错误倾向。不少地方在成功入选国家有关名单、获得资助后,认为这些城镇已经"破旧",肆意大拆大建,将原有建筑或街区"推倒重来",导致"拆真名城、建假古董"的现象大行其道。例如,山东聊城老城区以始建于宋淳化三年(992)的光岳楼为中心,在1994年顺利入选为第三批全国历史文化名城后,于2009年以"古城重建计划"为名对古城核心区实施大改造,重建过程中约1平方公里的古城被基本拆光。

再如1982年列入首批国家历史文化名城的山西大同,在政府"复建古城"的行动下,社区居民和各类建筑被强制迁出古城,而新建"仿古街"、仿古四合院却拔地而起,取代了原有街市和房屋。① 这些建设性的破坏,并非少数历史文化名城的特有现象,而是在已有历史文化名城名镇名村中不同程度的显现。这种假保护、真破坏,严重损毁了千百年来蕴含于所在城市的深厚历史信息、传统风习和乡愁记忆。

第二,缺乏严格的城乡统筹规划,以孤立性保护,严重破坏历史文化名城名镇名村的整体风貌。当今全球的文化遗产保护,决不局限于物质形态的文物古迹,而是越来越注重遗产自身具有的原真性。地方管理部门要实现名城名镇名村的原真性保护,必须将文物古迹、历史街区和村镇的传统空间格局、原有风貌及文化习俗等统筹起来,进行多层次的整体保护。② 现代著名学者梁思成早就针对我国文化遗产提出了整体保护思想,他指出,"缘于环境而生同时又在与环境的共生中作用于环境,最终形成了由文化遗产辐射而产生的整体环境,因此,文化遗产的存在形态,不是单一的文化单元而是整体的文化构建"③。令人遗憾的是,有些地方官员片面执行国家关于历史文化名城名镇名村的有关规定,在具体行动中只对局部群落或单体建筑进行保护,而忽视文物遗产所在的周边环境,去除与其密切相连的一般历史建筑或构筑物,从而将文物古迹孤立为现代

---

① 王军:《历史文化名城保护工作的四大硬伤》,《文化产业评论》,http://www.citiais.com/ycz-tcpzt/18856.jhtml。
② 任洁:《浅谈历史文化名城的整体性保护》,《小城镇建设》2008年第1期。
③ 耿波、毕会娜:《"文化遗产保护北京学派"的理论与实践》,《民族艺术》2013年第5期。

城市的"盆景"。这种保护举措造成旧城、村镇完整性的破坏,遗产价值也大为降低。

此外,必须指出的是,由于资金投入有限,不少地方历史文化名城名镇名村的保护力度大打折扣。城市村镇类文化遗产所在地,工业化程度、产业结构往往受到较大空间约束,要实现地方经济与文化传承的双重发展,必须有大量资金投入。然而一些地方受困于财政能力,文保资金支付难以持续为继,从而导致许多有价值的历史文化街区、建筑物等因缺乏及时有效的维护而日益破败,成为名副其实的"顺其自然"发展。如河南省鹤壁市浚县老城区原有历史建筑152处,由于政府补贴不到位,居民又无力修缮,致使上述建筑群有的墙体部分坍塌、有的只剩门户,1/3左右破损严重。再如安徽淮南市寿县古城,由于资金问题大部分文化遗存处于年久失修、无人管理状态。面对长期的文保资金困局,历史文化名城名镇名村遭受自然破坏的现象可以说相当普遍,情况堪忧。

三、留住"乡愁":历史文化名城名镇名村的永续保护

历史文化名城名镇名村总量庞大,历史文化价值颇高。由于其物质形态上的脆弱性,一旦损坏就不可挽回,因此应采取多种措施对其进行整体全面的保护。2019年春节前,习近平总书记在北京慰问基层干部群众时指出:"一个城市的历史遗迹、文化古迹、人文底蕴,是城市生命的一部分。文化底蕴毁掉了,城市建得再新再好,也是缺乏生命力的。要把老城区改造提升同保护历史遗迹、保存历史文脉统一起来,既要改善人居环境,又要保护历史文化底蕴,让历史文化和现代生活融为一体。老北京的一个显著特色就是胡同,要注意保留胡同特色,让城市留住记忆,让人们记住乡愁。"①以上讲话,无疑为历史文化名城名镇名村保护指明了正确的保护理念和方法。因此,在新时代中国特色社会主义建设中,从中央到地方,必须坚持最大限度保护文化遗产的真实性和整体性,在现代化进程中充分发挥文物古迹的使用价值。只有留住"乡愁",才能充分释放出文化遗产在城市良性发展中的促进作用。

鉴于此,为最大程度彰显历史文化名城名镇名村的文化内涵,各地必须因地制宜地创新文化遗产的保护、利用方式。具体来说,一是坚持以人为本,采取

---

① 《习近平谈世界遗产》,《人民日报(海外版)》2019年6月6日第9版。

循序渐进的手段进行有效维护。一方面,历史文化名城名镇名村在自然作用下出现损坏不可避免,对其进行日常修缮也是必要的。相比于简单粗暴的大拆大建,只有采取渐进式更新的方针,才能实现对文物遗产的精准保护。如动手修缮前,事先做好评估,确定具体的维修目标和修缮办法,对不具备修缮条件或能力的部分,待时机成熟再进行更新。另一方面,自下而上发动民众参与遗产日常保护。以美国为例,文物遗产通常首先由社区居民或团体发现,经官方认可后,共同展开对遗产的保护。因为人们认为遗产是所在社区的公有财富,与自身生产生活紧密相连,所以大家具有归属感,也就很关注遗产的日常状况,并积极参加保护活动。而在我国,遗产认定往往由国家及各级政府发起并认定,多数百姓将保护遗产的责任归于政府,而对当地遗产完好与否缺乏认同感,这就造成我国各类遗产保护的群众基础相当单薄。我们可以借鉴西方遗产保护经验,以人为本,广泛动员社区群众参与城乡的遗产保护,这样才能持续提升遗产的保护能力。

二是以完善法治体系为中心,加强遗产整体保护能力。一方面,通过健全立法促进执法,这就需要在立法上进一步提高文物遗产的法律地位。例如,把《历史文化名城名镇名村保护法》提上议事日程,使文化遗产保护的法律体系日臻完备,更加具有法律效力。同时,在立法、修法及执法过程中要与时俱进,针对乱拆乱建等行为出台具体政策,建立监测预警与督导体制,以规范城乡建设活动,切实保护城市文化遗产的原真性与完整性。另一方面,构建城镇、街区等遗产保护的责任人制度。具体来说,其一是指定文物或历史建筑的保护责任人,可以由文化遗产的使用人、产权人或志愿爱好者以及社区居民等来担任。其二是指定文化遗产管理的责任人。地方主管部门应指定专员专人作为遗产保护责任人,使其负责片区内保护的具体管理和监督工作。这样才能实现对破坏历史文化名城名镇名村责任主体的严厉处罚,同时应对所在城市政府及部门负责人,依法依规进行终身问责。

三是因地制宜创新历史文化名城名镇名村的治理体系,既通过多种渠道加大资金投入以修缮保护,又注重在"文旅融合"和"乡村振兴"战略中实现名城名镇名村的整体活化利用。当前,我国全面实施的历史文化名城名镇名村制度,从1982年建立后虽然不断成熟完善,但这一制度在总体架构过多强调遗产保护的一致性。事实上,我国地方历史文化、经济地理等差异很大,各地遗产管理情况悬殊,保护效果随之必然大打折扣。国家在制定相关制度时,一定要充分发挥地方的创造性,使其具有灵活性、可操作性。同时,对名城名镇名村的保护是一个长期过程,需要大量资金的持续投入,仅依靠政府力量难以彻底完成,因此,应该建立以政府为主导,以市场化运作为主体的多渠道资金筹措制度,积极鼓励社会不同阶层以各种投资方式参与相关遗产保护。政府可以根据实际情况鼓励产权人、使用人对历史建筑及周边环境进行日常保护并给予一定补贴,或对文化遗产资助人或团体在其他方面给予优惠政策,充分加强社会各界的文化遗产保护力量。此外,历史文化名城名镇名村作为一个整体,可以融入国家"文旅融合"和"乡村振兴"的伟大战略,从而充分释放其文物历史价值与经济社会价值。

第四节　非物质文化遗产

非物质文化遗产是人类社会无形的文化财富和资源,也是国家与民族文化软实力的重要体现。作为四大文明古国之一,中国的非物质文化遗产也极为丰富。

2019年7月,习近平总书记在内蒙古考察时与非物质文化遗产传承人亲切交谈,他特别强调,中华文化延续着我们国家和民族的精神血脉,既需要薪火相传、代代守护,也需要与时俱进、推陈出新。可以说发掘并保护这些非物质文化遗产,是当下我国文化发展、文化创新的必由之路。

一、非物质文化遗产概述

非物质文化遗产(Intangible cultural heritage),是一个后起的外来概念,在世界上较为权威的定义出自联合国教科文组织。2003年,该组织公布的《保护非物质文化遗产公约》就解释说,非物质文化遗产指被各群体、团体,有时为个人所视为其文化遗产的各种实践、表演、表现形式、知识体系和技能及其有关的工具、实物、工艺品和文化场所。[1]　因而,保护非物质文化遗产的宗旨与目标是确

---

[1] 《保护非物质文化遗产公约》,联合国教科文组织官网,https://ich.unesco.org/en/basic-texts-00503。

定不同文化的特性、激发人类创造力与保护文化多样性,促进文明间的相互宽容、交流。这一理念对21世纪的全球文化遗产保护事业产生了重大影响。根据上述公约内容,并结合中国的实际情况,2005年3月国务院颁布了《国家级非物质文化遗产代表作申报评定暂行办法》,对非物质文化遗产进行了本土化阐释,即指各族人民世代相承的、与群众生活密切相关的各种传统文化表现形式(如民俗活动、表演艺术、传统知识和技能,以及与之相关的器具、实物、手工制品等)和文化空间。①

根据联合国教科文组织和国务院有关论述,国内外对于非物质文化遗产的表现形式和范围也有不同的划分方法。国际上,通常把非物质文化遗产分为口头传统(包括作为文化载体的语言),表演艺术,社会实践、礼仪与节庆,有关自然界和宇宙的民间传统知识和实践,传统手工艺技能等五大类别。而在国内,主要将非物质文化遗产分为传统的文化表现形式、文化空间两大类别,在具体操作中,以《国家级非物质文化遗产代表性项目名录》为代表又将非物质文化遗产细分为十个种类,即民间文学、传统音乐、传统舞蹈、传统戏剧、曲艺、传统体育及游艺与杂技、传统美术、传统技艺、传统医药及民俗等。详细而言,民间文学与口头传统大体相似,包含神话,关于地名节日、人物及特产等的传说故事、谜语笑话、歌谣(儿歌)、史诗长诗、各种民间流传的谚语俚语俗语等。传统表演艺术则相当于传统音乐、舞蹈、戏剧、曲艺、体育及游艺与杂技的门类集合,其内容最为广泛,既有号子、山歌、叫卖等民间劳作经营时的歌曲,休闲娱乐、节日庆典等场合演唱、奏鸣的乐曲以及上层流传下来的工尺谱等;也有反映生产活动、信仰崇拜、岁时娱乐等内容的各种舞蹈,荡秋千、滚铁环、踢毽子、放风筝、杂耍等民间游艺活动;还有昆曲越剧、皮影木偶、京剧粤剧、快板鼓词、花鼓马灯等传统戏剧曲艺。而传统手工艺技能则囊括传统美术、传统技艺等,如泥塑面塑、剪纸年画,汤圆、麻糍等食品制作,锄犁、石磨及渔具等农具制作,榨糖榨油业、打铁打金铺、木竹石匠、泥瓦匠等传统手工业。此外,社会实践、礼仪与节庆,有关自然界和宇宙的民间传统知识和实践,这两大类多与各类民俗信仰有关。需要指出的是,非物质文化遗产的以上分类在实践中往往难以对号入座、精准切割。如传统医药,既涉及诊疗方法、民间药物等技艺,也包含医书药典、针灸方剂及

---

① 《国务院办公厅关于加强我国非物质文化遗产保护工作的意见》,中国政府网,http://www.gov.cn/gongbao/content/2005/content_63227.htm。

养生保健等传统知识和实践,还可与岁时节日结合反映一种社会实践与礼仪。因此,应当从整体性保护的视角看待各种非物质文化遗产,保持民间生活的原有状态、人居建筑等空间格局和传统风貌,充分维护其所依存的景观环境等原生文化。

与文物遗产一样,非物质文化遗产也蕴含着丰富的历史文化、艺术教育、科学技术等资源价值,对人类的生存与发展产生着无可替代的重要意义。下面我们从多个维度展开对其价值的探讨:

其一,人文性。虽然非物质文化遗产同样记录、反映着某些历史文化痕迹或社会变迁,但其最大价值在于无形、抽象的宇宙观与生命观,人们可以借助口头语言、传统表演等与逝去的祖先对话,感受前人的生活智慧与思想,体会他们的生命价值,用于认知未来。可以说非物质文化遗产强大的人文影响力与渗透力既深沉又久远,每个人都无法与它脱离,这种民族文化的归属感、认同感,具有坚定的文化自信和极高的生活属性。

其二,多样性与综合性。非物质文化遗产类型丰富,形态各异,内涵各不相同,而且不同时代、不同民族都有自身的"非遗"传统。无论表演艺术、传统技艺,抑或口头传说、风俗习惯等,这些实践与智慧的结晶都从多个层面展示出众多族群的审美意识和创造力。历经时光打磨而流传至今,各种"非遗"项目不仅触动、愉悦人心,而且与所孕育的民族、地域及文化思想相互共生,构成环环相扣的文化综合体。以古琴为例,其不仅是乐器,也是古琴曲目与弹奏技艺,更与古代士人美学、雅文化及隐逸精神相连,构成血脉相连、浑然一体的微型文化系统。

其三,实践或应用性。非物质文化遗产与农耕社会的生产、生活及商贸紧密相连。其中,传统美术、传统技艺、传统医药及民俗等文化表现形式,在世界范围内也是独具魅力的文化创意资源,能够为未来中国旅游产业、医药业等提供一定的比较优势。口头文学与表演艺术等非物质文化遗产项目,同样具有明显的经济价值,与现代影视产业、娱乐业及服务业等结合也能带来相当可观的物质效益。

其四,知识与教育性。与物质文化遗产比较而言,非物质文化遗产具有更为强烈的多学科、多领域的知识属性,它反映出历史时期科学和生产、生活与思想等多方面的文化印记,有助于现代人获取传统社会的科技经验和伦理智慧。

以传统医药、传统技艺为例,它们本身就是古代科学技术知识的直接体现,不但能够为后人提供极其丰富的研究资料,还能给现代科学研究提供一定的思想启迪。而且,传统民俗与文化空间蕴含着深厚的处事规范、文明修养等伦理智慧,是进行国民道德人文教育的知识源泉。例如,端午节暨妈祖信俗,包含有祭祀屈原、纪念伍子胥、祭祀妈祖等仪式活动,显示出中华文化忠贞爱国、立德行善等传统美德。通过上述礼仪活动等,人们能够鲜活地感受到自身文化的魅力,增强对国家乃至民族文化的认同,这无疑有助于培养和谐的社会氛围。①

二、我国非物质文化遗产的保护现状

作为《保护非物质文化遗产公约》的创始缔约国,中国政府非常重视这类遗产的保护工作,经过20多年的发展业已形成自身的"非遗"保护体系,并且取得显著成效。首先,在非物质文化遗产立法方面成绩突出,特别是在2011年《中华人民共和国非物质文化遗产法》颁布实施,这是继《中华人民共和国文物保护法》之后针对文化遗产的又一个专门立法,标志着国家将非物质文化遗产的保护和传承正式纳入法律体系中。实际上在此之前,2005年国务院就发布了《国务院办公厅关于加强我国非物质文化遗产保护工作的意见》,明确提出"通过全社会的努力,逐步建立起比较完备的、有中国特色的非物质文化遗产保护制度,使我国珍贵、濒危并具有历史、文化和科学价值的非物质文化遗产得到有效保护,并得以传承和发扬"。正是在中央有关指示下,各级政府也根据本地实际情况相继出台了地方性法律法规,如2006年《江苏省非物质文化遗产保护条例》、2012年《山西省非物质文化遗产条例》、2016年《武汉市非物质文化遗产保护条例》、2019年《北京市非物质文化遗产条例》等。在法律制度有力保障下,文化主管机构与有关部门积极落实非物质文化遗产的保护传承工作,对这类遗产进行认定、建档,逐渐完善相关数据库,形成调查信息的共享机制。② 可以说,采取世界各国通行的立法保护举措,国人对各地非物质文化遗产的现存状况相当关注,有关法律意识也大幅提升。

其次,在申请世界级"非遗"的背景下,我国从中央到地方创建了非物质文

---

① 王鹤云:《非物质文化遗产的多元价值分析》,《中国文化报》2008年7月16日。
② 卢杰、李昱、项佳佳:《非物质文化遗产濒危评价及数字化保护研究》,华中科技大学出版社2018年版。

化遗产保护名录,初步实现对各地非物质文化遗产的全面覆盖。截至2019年,国务院共批准认定四批次国家级非物质文化遗产。其中前三批入选"国家级非物质文化遗产名录",分别于2006年、2008年及2011年公布。2014年公布第四批时,根据《中华人民共和国非物质文化遗产法》有关规定,原有表述"国家级非物质文化遗产"统一调整为"国家级非物质文化遗产代表性项目"。这样,前四批总计有"非遗"项目1372项,从申报地区或单位来看共有3145个子项,涉及国家级非物质文化遗产代表性项目保护单位达3154个。在此基础上,中国积极推进世界非物质文化遗产申报工作,截至2019年12月,中国共计40个项目被列入联合国教科文组织非物质文化遗产名录(名册),总数居世界第一。与此同时,为加强非物质文化遗产保护与利用,我国政府还在2007年建立了"非遗"项目代表性传承人、国家级文化生态保护区,2011年创建国家级非物质文化遗产生产性保护示范基地等制度。先后命名五批国家级非物质文化遗产代表性项目传承人共计3068人,在17个省份设立国家级文化生态保护实验区21个,公布两批国家级非物质文化遗产生产性保护示范基地合计100个。这一系列名录或清单的设置,显著提升了非物质文化遗产的可见度,从而推动了非物质文化遗产的保护。①

然而,当前非物质文化遗产保护面临的最大问题是这类遗产在快速消失。虽然我国通过建立一系列政策、法律制度来保护非物质文化遗产,但是对其的发掘整理、活化利用相对迟缓。因此,不少非物质文化遗产处于濒危状态乃至悄然消亡。以传统戏曲为例,据统计近代中国戏曲品类有394种,1949年减少为360种,1982年时为317种,到2004年急降为约260种,百余年来我国传统剧种失传竟达130多种,占总量的35%。若就地方而言,20世纪60年代山西有传统戏曲52种,现在只有28种,一半左右已消失。②再如民间舞蹈,1990年前后全国舞蹈普查时,山西、云南等19个省市存在舞种2211个,20多年后仅留下1389个,仅山西、河北两省就有近2/3的传统舞种失传。③此外,传统美术方面,木版年画、民间剪纸等,在明清时期遍及全国,改革开放之初在很多地区还较为

---

① 各类项目清单,参见中国非物质文化遗产网,http://www.ihchina.cn/project#target1。
② 汪英俊:《安徽庐剧传承发展困境及其对策研究》,《安徽工业大学学报》2012年第2期。
③ 李景平:《非物质文化遗产与我国的保护措施探析》,《齐鲁艺苑》2011年第5期。

兴盛,但目前基本为现代装饰所取代,与许多非物质文化遗产项目一样苟存于世。①

非物质文化遗产的现实困境,主要有两方面的原因:一是内在原因。该类遗产项目存在严重的人员传承危机。随着传统文化形式及工艺的不断衰落,非物质文化遗产一直面临着知识、技艺与民俗等的代际传播、延续问题,而改变这些弱势文化命运的核心力量在于传承人后继者的培养。当前,非物质文化遗产代表性传承人老龄化现象严重,他们作为农耕社会原生态文化的传承者被关注度较低,多数处于无人帮扶的艰难处境。加上"非遗"项目一般难度较大、学习周期较长,年轻一代往往不愿意从事相关领域工作,尤其是成为传承人。对于各类学校及研究机构而言,非物质文化遗产项目进校园大多流于形式,尤其是在课程、专业设置及成绩认定等培养体系上缺乏有效对接。二是从外部环境来看,非物质文化遗产保护高度依赖政府主导,大部分遗产项目成果都是按照国家、省市等行政性目标来完成,而对当下社会的行业、市场需求或公众分享反映不足。这一管理模式,造成大量非物质文化遗产项目被束之高阁或者封闭于博物馆。在全国范围内,对"非遗"项目成果的现代转化相当少见,实行成功者少之又少。可以说,针对"非遗"项目的成果转化和应用极端缺乏,是其保护难度大的终端因素。此外,资金或经费支持力度小,也是非物质文化遗产保护中较普遍的现象,一些地方甚至出现拨款不到位及经费挪作他用等问题。

三、非物质文化遗产的"活态"保护

非物质文化遗产对国家、民族乃至社会发展的重要作用,不言而喻。因此,采取多种措施对其进行保护和传承也势在必行。具体来说,应从以下三个方面着手:

第一,有效完善非物质文化遗产人才培养机制。首先,为缓解现有非物质文化遗产项目的代际传承问题,防止可能出现的大量失传现象,主管机构应鼓励传承人收徒,采取传统的师带徒模式促进相关技艺延续下来。其次,把非物质文化遗产传承与发展全面纳入学校教育体系。各级政府要明确教育部门传播、传承非物质文化遗产的职责,尤其是支持高等院校、职业院校设置非物质文

---

① 张魏:《非物质文化遗产旅游开发系统的动态仿真研究》,江西人民出版社2014年版。

化遗产项目课程与专业方向,通过贯通学历、技能教育,培养出更多的后继人才。值得注意的是,近年有关部门在教育培训方面的尝试与行动逐渐增多,例如 2016 年以后,国家文化部(现"文旅部")针对遗产项目传承人、管理者和参与者等多次举行专门培训活动,这一举措无疑强化了非物质文化遗产的保护和传承。此外,在人才建设上,国家应在政策层面对遗产传承人进行支持和资助,通过改善其生活环境,吸引和鼓励年轻一代传承遗产项目,实现非物质文化的代际延续。

第二,通过转化、创新,实现非物质文化遗产的"活态"保护。"非遗"项目与人们的生产、生活密切相关,具有显著的实践属性。因此,保护非物质文化遗产应当在保持原真性的基础上,对其进行转化和利用,实现"活态"传承。习近平总书记曾指出,"传承中华文化,绝不是简单复古",应当"实现中华文化的创造性转化和创新性发展"。有学者指出,非物质文化遗产的创造性转化和创新性发展,就要做到当代化、生活化、创意化、审美化。详细而言,当代化是指非物质文化遗产要找到与现今社会相契合的形式与内容,不断适应当下社会。生活化就是把非物质文化遗产从原来的脱离生活转而重新回归并融入日常生活。创意化则是将这类遗产通过"创意、创新、创造"等手段,创造出人们喜闻乐见的东西来服务社会。至于审美化,是指把外在普通的遗产项目转化成具有美感的艺术品来美化生活。① 例如,故宫在保护和继承非物质文化遗产时,以公众需求为导向创新思路,研发出大量融入故宫文化内涵的创意商品。据统计到 2017 年年底,故宫文创产品已达 1 万种,年销售额有 15 亿元之多。这种空前火爆的故宫"非遗"现象,不仅使文物遗产得以创新和发展,也弘扬了中华传统文化。

第三,构建多层次、多部门联合保护,社会各界广泛参与的非物质文化遗产治理机制。非物质文化遗产保护涉及面广,种类多样且内涵丰富,而且是一项长期性的国家与民族文化工程。依靠单一部门或力量来保护,难以突破非物质文化遗产项目保护和传承的诸多内、外制约因素。只有多部门合作保护、多层次共同参与,才可能打破当前困境。因此,各级政府可从宏观着手制定若干政策,如采用税收激励和奖励政策引导企业、科研机构参与非物质文化遗产保护和成果转化,再如教育部门从小培养孩子们对非物质文化遗产兴趣和保护传承

---

① 汪振军:《以"文化双创"引领非物质文化遗产传承》,《河南日报》2019 年 6 月 12 日。

的观念,创造有利于传统文化继承的氛围。此外,优秀的非物质文化遗产保护实践,需要多种不同法律的共同作用。在现实中,《中华人民共和国非物质文化遗产法》难以实现对所有非物质文化遗产项目的有效保护。从国际经验来看,保护非物质文化遗产需要多部法律密切配合。在我国,应该加强诸如《文物保护法》《公共文化服务保障法》《旅游法》《义务教育法》《广告法》等法律的相互协同性,以增加、修正相关条款的形式完善立法,推进非物质文化遗产保护的健康发展。[①]

[①] 童圆:《非物质文化遗产保护困境的深层原因及应对策略》,《文化学刊》2018年第8期。

第七章 革命传统与优秀文化

第一节 革命文物资源

革命文物类型丰富,数量十分庞大,每件革命文物都承载着英雄烈士的丰功伟绩,展示着共产党人视死如归的精神。可以说革命文物是革命历史记忆的伟大见证,是铭记历史和缅怀革命先烈的媒介,是激发爱国热情、振奋民族精神的深厚滋养。因此,如何更好地保护和利用众多革命文物,是国家与社会应该认真探讨与对待的重大问题。

一、革命文物概述

革命文物蕴含着中国共产党人的革命精神与中华民族的优良传统,加强革命文物的保护、利用和管理工作,以爱国主义为核心的民族精神和以改革创新为核心的时代精神鼓舞斗志、引领风尚,是建设社会主义先进文化,构建社会主义和谐社会的必然要求。①

革命文物是一个历史范畴,随着时代的发展,其内涵也在不断变化,有学者把它的形成过程分为孕育期、形成期和成熟期三个阶段。在这三个阶段中,孕育期时,革命文物先是指"死亡战士之遗物",后扩大到为"有革命纪念意义的物品"和"革命历史文物"等;形成期时,革命文物的概念进一步扩大为"一切有关革命的文献和实物",在外延上,革命文物又包括可移动革命文物和不可移动革命文物;到成熟期时,革命文物被定义为自 1840 年以来,中华民族为争取民族

---

① 国家文物局、中宣部、发展改革委、教育部、民政部、财政部、住房城乡建设部、文化部、国家旅游局、共青团中央等:《关于加强革命文物工作的若干意见》,《中国文物报》2008 年 8 月 6 日。

独立、实现伟大复兴而奋斗,特别是中国共产党领导下的新民主主义革命和社会主义革命与建设光辉历程的重要实物见证,其内容也日益扩大为与革命运动、重大历史事件或者英烈人物有关的,具有重要纪念意义、教育意义或者史料价值的近代现代重要史迹、实物、代表性建筑。①

革命文物是历史文物的一种,它记载着中国共产党辉煌的革命历史,体现了近代以来国人奋勇拼搏的不屈精神,是革命文化的物质载体,具有鲜明而特殊的重要价值:第一,革命文物是革命文化的实物载体和历史见证,凝结着中国共产党的光荣历史和优良传统。在艰苦卓绝的革命斗争中,中国共产党不畏艰险、奋勇杀敌,逐渐形成了以井冈山精神、长征精神、延安精神、红岩精神、西柏坡精神、雨花英烈精神、淮海战役精神为代表的革命精神。这些内涵丰富的革命精神,是中国传统文化的重要体现,也成为中华民族精神的重要组成部分。以各种形态存在的革命文物,不仅见证了中国共产党人和广大人民群众同仇敌忾、抵御外侮、维护国家主权、捍卫民族独立的艰难历程,而且成为弘扬革命传统、激发爱国热情、振奋民族精神的重要载体。第二,革命文物是中国共产党人"不忘初心,牢记使命"的力量源泉,也为实现中华民族伟大复兴的中国梦提供丰富的政治智慧和精神滋养。革命文物承载着催人奋进的红色传统和红色基因,是不可再生资源,它所蕴含的优秀革命传统和精神内涵是激发生机的营养剂,也是催生力量的原动力,是中华民族最重要最珍贵的精神财富,也为实现中华民族伟大复兴的中国梦提供丰富的政治智慧和精神滋养。因此,作为后继者的我们既要注重各种有形革命遗产的保护,又要发掘和继承其中蕴含的无形遗产,让革命文物在社会主义建设中发挥更大作用。

此外,革命文物是激励当今中国人积极向上的精神财富,对后代树立正确的世界观、人生观、价值观具有积极作用。革命文物是革命者们革命实践与丰功伟业的真凭实据,革命文物上凝结着革命者先进、开创、奋发、乐观的历史精神,是激励我辈积极向上的强大动力。这些先烈们以光明磊落的人品、高尚的情操、勇于为人民牺牲的精神,展示出无愧于时代和民族的人格魅力。传承其中无形的革命精神与文化魅力,能够为新时代青年人树立正确的世界观、人生观、价值观产生无法替代的引领作用。

---

① 贾旭东:《革命文物概念及其界定》,《北京师范大学学报》2018年第6期。

二、革命文物资源的现状

我国政府历来重视文物保存和传承工作,对革命文物尤为如此。这是因为革命文物是革命文化的有机载体,书写着中国人民尤其是共产党人的光荣历史,凝结着近代以来中华民族团结奋斗的英雄气概。鉴于此,必须通过多种途径对革命文物进行保护,促使革命传统、革命精神得到永续传播。值得说明的是,经过多年努力发展,全国各地已经有大批革命文物得到针对性保护和宣传。据国家文物局有关负责人介绍,目前全国有革命专题博物馆和纪念馆808家,与近现代重要革命直接相关事件和人物有关的可移动文物49万件套;我国登记的革命旧址、遗址33315处,其中全国重点文物保护单位477处;抗战文物3000多处,长征文物1600多处。[①]

具体来说,革命文物资源保护已取得以下成绩:首先,各级政府持续出台革命文物保护的法律法规。中共中央办公厅、国务院办公厅于2018年印发了《关于实施革命文物保护利用工程(2018—2022年)的意见》,《意见》指出鼓励各省(自治区、直辖市)和设区的市制定革命文物保护的地方性法规。在此纲领性文件指导下,很多省份进一步加强革命文物保护利用、挖掘革命文物资源、弘扬革命精神,且根据本省实际颁布相应的法律法规,如山西省起草了《山西省革命文物保护利用工程实施方案》,确立了工作目标和五项工作任务、六项重点项目,并确定到2022年建成山西省革命文物大数据库和革命文物全景展示平台的近期目标。与此同时,四川、江西、宁夏、安徽等省以及河北省廊坊等市也先后出台相关法律法规来保护当地革命文物。其次,中央与地方划拨专项资金对重要革命文物进行修缮、保护。一方面,国家设立专项资金加强文物保护、改善文物保存条件,以支持全国文物保护工作、促进文物事业发展。各省同样积极划拨专项资金对革命文物进行专门保护,如广东省在近5年划拨15亿元资金用以保护革命文物,安徽省则首次设立2亿元专项资金进行革命老区红色文化保护。另一方面,为更好地展示革命文物,近年地方政府都相当关注和支持革命文物的维修工作,如内蒙古对"五一"会址、乌兰夫故居、城川民族学院、王若飞革命活动旧址等进行大力修缮,使得一批革命文物旧址、遗址遗迹得到很好的

---

① 国务院新闻办:《关于实施革命文物保护利用工程(2018—2022年)的意见》新闻发布会,《中国文物报》2018年7月31日。

保护和利用。而安徽省作为革命文物大省,则对鄂豫皖区委员会旧址、刘邓大军泗河驻地旧址等10多处革命文物进行了维护,比如对独山与金寨革命旧址、濉溪小李庄淮海战役总前委等6处革命旧址安装消防工程,同时在宏观上编制全省革命文物简介、组建全省革命文物资源库,对更好保护革命文物做了较为充分的工作。此外,陕西省的革命圣地延安也对267处革命旧址、革命文物等进行了全面修缮。

必须指出的是,虽然党和政府高度重视革命文物保护,有关工作也取得很大成效,但仍然存在一些突出问题。其一,随着乡村建设和各地城市化的推进,部分地区对革命文物保护的重大意义视而不见,片面追求经济发展的规模和效益,很多革命文物遭到难以挽回的损坏。其二,由于革命文物分布地域广泛,且很大一部分位于"老少边穷"地区,加之文物类型繁多,导致革命文物的保护维修、宣传阐释和价值挖掘等工作严重滞后。某些地方不愿投入足够的革命文物资金,加之保护手段有限,出现个别革命遗迹存在彻底塌毁消失的风险。其三,很多革命旧址、纪念馆基础设施陈旧,地理偏僻、交通不便,进而形成革命文物资源的"封闭化"倾向,相关公共服务和社会教育功能受到严重制约。其四,不少专门机构对革命文物的展示方式雷同、理念落后,甚至有革命纪念馆滥用声、光、电技术,文物装饰制作牵强、展览简单粗俗,难以有效传播革命精神。[①]

三、革命文物的保护与弘扬体系

革命文物保护与弘扬的上述问题,要求各级政府和相关机构统筹规划革命文物资源,加强当前文物保护的整合和实效,构建起革命文物资源保护与革命精神传承的强大体系。总体来说,这一体系包含以下内容:

第一,完善革命文物保护与弘扬的法律体系,加大执法、普法力度。在革命文物的保护制度中,现有《中华人民共和国文物保护法》是革命文物立法的重要指导思想和国家层面的基本法,从目前状况来看,我国各级地方政府仍要加强具体性、可操作性的地方法律法规的建设配套。一方面,针对目前在城市化建设及乡村振兴过程中,对革命文物随意推倒、损毁等现象,相关部门要出台地方性法规制度及分类措施。既要严厉打击盗掘、盗窃、倒卖、走私革命文物的犯罪

---

① 张自成:《开启革命文物保护利用新时代》,《人民政协报》2018年8月9日。

分子,又要依法惩处片面追求短期经济利益的违法行为。在完善立法制度的同时,法律的宣传、普及工作同样应做足、做实,尤其是大量革命文物分散于偏远农村、少数民族地区,法律意识相对淡薄,革命文物的认可、保护需要这些地区全社会公民的广泛参与。可以说,将法律、法规宣传普及到广大农村、少数民族地区,形成当地保护革命文物的文化氛围,乃当务之急。另一方面,从法律制度上规定和保障革命文物资源修缮和保护的资金投入。资金缺乏是革命文物资源保护面临的首要问题,尤其是在文物分散不易管理的革命老区,保护好这些地区的革命文物,加大资金投入必不可少。首先,要在日常制度上规范中央、省、市级财政资金的投入力度,特别是中央财政文物保护专项资金的投入力度,且尽可能覆盖各级文物保护单位、纪念设施及遗址的保护传承利用等。同时还要加大专项资金使用的监督力度,专款专用以确保资金运用于文物保护、修缮及基础设施建设等方面。其次,构建多方筹措资金的革命文物保护制度。革命文物资源属于全体国民,单靠政府之力是不现实的,在地方法规中必须明确打破依赖政府投入的单一模式,引导社会力量、民间资本等参与创新管理,不仅要拓宽筹集资金的渠道,更要鼓励海内外社会力量加入革命文物的保护和修缮。而在具体实施过程中,政府可以根据具体情况,对自愿投资保护、修缮革命文物的民间或企业力量,在保证所有权不发生改变的前提下,给予其一定的经营权或使用权。

  第二,制定专门规划,确保革命文物资源常态、可持续发展。抢救并保存革命文物资源,是党和国家的一项重要使命。最近,《关于实施革命文物保护利用工程(2018—2022年)的意见》颁布实施,强调对革命文物要"坚持抢救性和预防性保护并重"的原则。首先,进行革命文物普查是专门保护的前提。当前,大量革命文物散落民间,革命遗址也多在乡村,因此组织工作队深入广大乡村进行田野调研、全面掌握这些地区不可移动革命文物的数量、分布、特征及保存现状等,同时建立文物资源档案数据库,以便为科学制定文物保护政策和规划提供基本依据。其次,管理机构及专业人员应对当地革命文物保护进行合理编制、长期规划,通过在日常工作中定时、定员检查革命文物,主动发现正在或即将遭受毁坏的文物,并通知相关部门及时处理,做到及早解决,防患于未然。此外,针对一些重大革命事件的参与者、亲历者、幸存者或见证者,相关机构与人员要及早尽快采访,并对口述资料、电子视频、涉及的有价值物品等进行征集、整理与备份，预防因各种风险因素特别是在自然和人为的破坏下而导致的资料损坏或消亡，加快非物质革命遗产抢救和保存非常紧迫与必要。

第三，进行资源整合与创新，推动红色旅游为代表的革命文化快速成长，在高质量发展中保护革命文物。在发展中保护，是目前较为流行的一种文物保护手段。红色旅游作为近年兴起的一种主题文旅活动，已成为众多市场和游客的热门对象。在国家层面，继2004年、2011年连续两次发布红色旅游发展规划纲要之后，2016年10月中共中央办公厅、国务院办公厅再次联合发布《2016—2020年全国红色旅游发展规划纲要》。各级政府对此积极响应，纷纷制定、出台实施方案。红色旅游的大力发展，促使广大地方政府积极加大对革命文物的保护和修缮力度，通过深入挖掘红色资源，力图打造更丰富更优质的红色文化产品，从而为当地创造出较高的经济财富。如有些地方为发展红色旅游，对原来罕有人问津的、较为分散的众多革命文物、遗址及遗迹进行修缮保护整合，进而把关联性强、距离相近、内涵丰富的红色景点串联成红色线路，使游客能够更完整、更全面地体验革命精神与红色历史。有些地方则扎实深入地开展革命文物的研究，做好红色旅游的内容生产，把红色研究成果以通俗、生动的现代表达形式呈献给游客。简言之，通过发展红色旅游文化，不但能打造出革命老区新的经济增长点，帮助贫困地区人口脱贫致富，而且也发挥了革命文物的精神价值，在实践中促使革命文物资源得到永续保护发展。

第二节　革命老区

革命老区是新中国的摇篮，是社会主义大厦的牢固基石，更是中国历史上一段无法磨灭的印记。它们曾为新中国的成立和发展做出过巨大贡献和牺牲，但由于自然、历史及地理等诸多因素的制约，目前很多老区经济发展较为落后。可以说，如何在经济急速发展的当下引导老区人民跟上时代潮流，如何让当地民众有美好社会的获得感，这是上至党和国家领导人，下至普通民众都深为关注的重大问题。

一、革命老区概述

通常来说，革命老区或者说中国革命老根据地，主要是指20世纪上半叶中国土地革命战争、抗日战争时期,在中国共产党和毛泽东等老一辈无产阶级革命家领导下创建的革命根据地。[①] 革命老区是一个特定政治历史概念,是中国近现代历史国情的一个重要特征。针对不同历史时期,其划定标准有所不同。具体而言,土地革命战争时期的革命老区划定标准有:一是曾有中国共产党的组织领导;二是有革命武装;三是发动群众进行过打土豪、分田地、分粮食、分牲畜等斗争运动;四是建立过工农政权,并进行了武装斗争,而且坚持半年以上时间。抗日战争时期革命老区的划分与土地革命战争时期有一定相似,除要求曾经有中国共产党的组织、革命武装外,还要求发动群众进行减租减息运动、建立抗日民主政权进行反侵略武装斗争,坚持一年以上的时间等。在空间上,革命老区分布非常广泛,除新疆、青海、西藏以外,我国大陆的28个省、自治区、直辖市的1300多个县(市、区)都有分布。

从历史来看,革命根据地的发展经历了多个阶段,地理分布也多有变化。首先,在土地革命战争前半期,根据地创立、发展大体可分为两个阶段:第一阶段是从20世纪20年代大革命失败到第一批农村革命根据地的创立,时间起止约为1927年8月至1930年夏;第二阶段是红军苏区第三次反"围剿"战争和党内反对"李立三路线"斗争的根据地巩固和发展时期,时间约为1930年夏至1931年秋。而土地革命战争后半期,根据地的发展、演变则划分为三个阶段:第一阶段是从九一八事变到中央红军主力长征前,时间为1931年9月至1934年冬;第二阶段则指红军长征时期,时间为1934年10月到1936年10月;第三阶段是从中央红军长征胜利到全国抗日战争爆发前,时间为1936年10月到1937年7月。土地革命战争阶段的10年时间里,中共建立有17个根据地,在地域上以南方为主,分别为井冈山革命根据地,湘赣革命根据地,中央革命根据地,闽东、闽南、闽中革命根据地,湘鄂西革命根据地,通海如泰革命根据地,鄂豫皖革命根据地,湘鄂川黔革命根据地,闽浙赣革命根据地,川陕革命根据地,湘鄂赣革命根据地,鄂豫陕革命根据地,左右江革命根据地和滇黔桂边游击区,西北革命根据地,海陆丰和东江革命根据地,南方三年游击战争根据地,琼崖革命根据地等。[②]

---

① 陈建才:《老区高职院校可持续发展的策略研究——以闽西职业技术学院创建国家骨干高职院校为例》,《淮阴师范学院学报(自然科学版)》2012年第3期。
② 参见革命老区,中国共产党新闻网,http://dangshi.people.com.cn/GB/151935/164962/。

其次,抗日战争时期根据地的发展,自1937年11月聂荣臻在山西五台山创立首个根据地——晋察冀,此后一直到1945年抗日战争胜利为止。此时期根据地的建立,使中国人民抗日战争的敌后战场得到不断扩大。中国共产党领导各地各族人民在全国创建有近20个抗日根据地,包括陕甘宁、晋绥、晋察冀、冀热辽、晋冀豫、冀鲁豫、山东、苏北、苏中、苏南、淮北、淮南、皖中、浙江、广东、琼崖、湘鄂赣、鄂豫皖、河南等。此时期,北方的革命力量得到长足发展,南北逐渐均衡起来。①

从政治来讲,众多革命老区在反帝反封建的战争年代,不但养育了中国共产党和人民军队,还为中华民族革命事业做出难以估量的贡献,主要体现在以下三个方面:第一,为20世纪的中国革命做出巨大人力牺牲。革命老区人民无论在土地革命战争时期,还是在抗日战争时期都为人民政权输送了源源不断的革命儿女,他们当中许多人英勇牺牲,如四川省,据不完全统计,该地老区人民参加红军、游击队的人数达12万人,其中在册革命烈士达9万余人;再如全县不足10万人的河南省新县新民主主义革命时期就奉献出吴焕先、高敬亭、叶成焕等约5.5万优秀儿女的宝贵生命。湖北红安的革命老区人民不惜抛头颅、洒热血,同样为中华人民共和国的成立做出巨大牺牲,先后牺牲了14万英雄儿女,仅在册革命烈士就有22552人,牺牲之重、贡献之大,全国罕见。其中,红安县的紫云、七里等区甚至一度成为"死人区""无人区"。此外,从1927年的"马日事变"到抗日战争爆发,湘鄂赣根据地的平江县70万人口减少达50%,土地荒芜23万亩,可以说湘鄂赣是血染的革命热土,该地人民参加红军者约有24万人,相继孕育出红五军、红八军、红十五军、红十六军及红十八军等。革命老区人民的炽热奉献和丰功伟绩,将永远铭刻在人们心中。

第二,革命老区人民在极其艰苦困难的情况下,从人力、物力及财力上大力支援革命战争,为夺取革命胜利做出了无可比拟的贡献。例如山东抗日根据地是以一省为主经过殊死斗争而建立起来的,无论在抗战期间或解放战争期间,其贡献可谓彪炳史册。在淮海战役中,陈毅将军曾动情地说:"淮海战役的胜利,是(山东)人民用小车推出来的。"有首歌谣这样唱道"最后一碗米送去做军粮,最后一匹布送去做军装,最后一件老棉袄盖在担架上,最后一个亲骨肉送去

---

① 参见革命老区,中国共产党新闻网,http://dangshi.people.com.cn/GB/151935/164962/。

上战场",这是对革命老区人民支持中国革命的最有力、最贴切的写照。再如,革命事业危亡之机,老区人民雪中送炭,一次次助力共产党人将其化解。在红军长征进行战略大转移时期,党中央和两支主力部队经过云南,足迹遍及该省数十个县,红军四渡赤水、扎西会议、巧渡金沙江等重大历史事件都发生在这里。云南人民从各个方面提供保障,给红军以有力支援。而身为保卫西北之锁钥、抗战大后方的陕甘宁根据地,在战争年代为中国共产党及其领导的人民军队提供了坚持长期斗争的各种资源,不仅为革命取得最后胜利付出巨大牺牲,也作出了突出贡献。

第三,在艰苦卓绝的战争磨砺中,革命老区为党和国家培育出大批治军、治党、治国栋梁。如在革命战争期间,湖北红安县诞生并锻造出董必武、李先念两位国家主席以及陈锡联、韩先楚、秦基伟等223位将军。地处大别山脚下的河南新县,是鄂豫皖苏区革命根据地的发源地、首府所在地,解放战争时刘邓大军千里跃进大别山的落脚地,先后养育了红四方面军、红二十五军、红二十八军主力部队,在这里不但留下徐向前、董必武、李先念、徐海东等多位革命领袖足迹,而且培育出许世友、李德生、郑维山等93位共和国将军,这些人许多成为省部级以上领导,为国家建设做出卓越功绩。至于叱咤风云的巴蜀大地,孕育出朱德、刘伯承、邓小平、陈毅、聂荣臻等共和国开国将军达91人,省部级干部也有86人,他们对中国革命和社会发展做出的赫赫功勋闻名天下。

二、革命老区发展之困

革命老区在民族独立和民主主义战争年代为中国革命胜利做出重大贡献,但在经济飞速发展的今天,革命老区却发展迟缓,许多老区人民生活水平较低、甚至较为困难。近年,国家为促进革命老区经济发展,虽然投入大量财政资金从整体上极大地改变了当地面貌,但由于自然环境、经济基础等原因,目前仍有一些区域经济发展总体水平较低,群众生产生活在物质条件、文教卫生、地方财力等方面仍有诸多问题和客观限制,社会建设和经济发展面临着许多困难和挑战。

革命老区之所以发展较为滞后,原因众多,其中主要制约因素有三个方面:

其一,自然条件相当艰苦。革命老区多分布于偏远之地,交通不便、信息闭塞,地方自然灾害、流行病多发,生存环境极为恶劣,有些地方甚至不适宜居住。

这些条件虽有利于过去革命根据地的建立和巩固,却对今天发展经济非常不利。甚至一些老区还存在贫困面大、贫困程度深、返贫率高等特有问题。这些先天制约因素导致一系列的结构性困局。如基础设施建设不足,社会公共事业滞后,革命老区基础设施普遍较差,许多地方学校较少,教育、医疗卫生等社会公共事业发展也相对滞后,这就在大多数乡镇产生不同程度的上学难、就医难问题;而目前老区普遍存在的道路不畅、饮水缺乏、电力供应不足及通信设施落后等,也严重制约着这些区域的物质资源转化和生活水平提高。

其二,产业发展缓慢、经济基础薄弱。一般来说,老区的产业结构依然以农业为主,这一状况千百年来并没有明显变化,同时由于新兴技术应用不足,使得产品加工水平仍然以初级农产品为主,因而市场化程度较低。需要指出的是,以往革命老区为中国革命提供了大量的人力、物力、财力,这也造成经济社会各方面透支严重,发展基础较为薄弱。

其三,老区建设人才缺乏,并且流失严重。在民主革命年代,老区人民为民族解放事业输送大批革命精英的同时,也为中国革命牺牲了大量劳动人口,幸存者大多是老弱病残之人,加之文化环境恶劣、受教育困难,很容易导致后人文化素质水平偏低。虽然国家已颁布、出台若干人才吸引政策,但由于经济欠发达、自然环境恶劣等的限制,各类人才多不愿前往,当地原有人才也都陆续流失。人才匮乏极不利于老区打赢脱贫攻坚战,极大地制约着老区经济社会的全面发展。此外,当前国家的某些政策与战略同样制约老区发展,当今不少地区为了国家整体建设发展仍然做着牺牲,例如陕北老区因为是全国重要的煤、油、气能源基地,陕南老区作为南水北调的重要水源涵养地,许多经济回报高的产业项目受到限制,无法落地。

概言之,由于先天地理禀赋、后天经济基础薄弱等制约,广大革命老区发展较为缓慢、落后,陷入恶性循环的生产生活困局,如太行山地区目前还有很多村落饮水困难、未通公路,读书、就医必须到几十里外的镇里。这不仅直接导致当地农民收入水平低,而且促使政府财政紧张,人口素质难以快速提高。

三、社会各界对革命老区的反哺

革命老区在战争时期为中国革命作出过重大贡献,党中央、国务院也一直对老区人民非常关心。例如习近平总书记情牵贫困地区干部群众,一直要求各级党委和政府聚精会神抓好扶贫攻坚工作,特别是要抓好革命老区扶贫开发工作,确保贫困地区人民群众同全国人民一道进入全面小康社会。而李克强总理在2018年工作部署时同样指出,要加强对革命老区、民族地区、边疆地区、贫困地区改革发展的支持。在此背景下,社会各界积极响应党和国家领导人的号召,针对革命老区的贫困特点及落后原因,采取各种措施积极帮扶革命老区,实现反哺。

详细而言,首先,近年中央政府多途径加大对革命老区的支持,全力帮助其脱贫,加快实现全面小康目标。在财政方面,自2001年起,中央财政部门设立革命老区转移支付资金,补助对象是对中国革命作出重大贡献、财政较为困难的革命老区(县或市、区)。这些资金主要用于革命老区教育、文化、卫生、基础设施等老区民生事务、社会事业发展,以及老区革命遗址保护、烈士陵园维护和改造等专门事务。据统计,2018年中央对地方革命老区转移支付规模达到110.58亿元,比上年增加10余亿元,增长幅度达10%。2019年,财政部拨付中央专项扶贫资金351.17亿元,明确加大对革命老区脱贫攻坚的支持力度,鼓励革命老区率先脱贫。此外,从2008年起,中央每年安排专项彩票公益资金,用于老区整村推进等专项扶贫工程。另一方面,中央号召下属企业积极参与革命老区的各项建设工作,如中央企业采取结对帮扶的形式帮助革命老区。据统计,中央企业结对帮扶的239个国家扶贫开发工作重点县中,有108个县为革命老区县,占中央企业结对帮扶贫困县的45%。其中,中国石油、国家电网、中国电子等中央大型企业分别结对帮扶4个革命老区贫困县,而中国海油、中国五矿、中煤集团及中国中铁这4家中央企业也各结对帮扶3个革命老区贫困县。这些企业凭借自身雄厚实力,迅速解决了革命老区众多贫困村长期缺水、缺电、缺路的基础性硬件问题。

其次,在革命老区全面脱贫进程中,很多有能力有情怀的企业与单位主动承担起社会责任,踊跃加入到革命老区的脱贫攻坚战役,利用多种形式帮助革命老区人民。例如有些企业通过项目与老区对接,山东省曾组织驻济企业与老区扶贫进行项目对接,以投资10亿元的方式扶持了一大批特色项目,有力地解决了老区产业发展"自我造血"的问题。许多企业还通过公益方式帮扶革命老区改善生产生活条件,促使其尽快脱贫致富。如福建闽商就采取直接捐赠、设立扶贫公益基金或建设公共设施等方法,通过捐款捐物、助老助残、助学助医、修建村级基础设施等手段,极大改善了苏区、老区大量农村的水电、路灯、教育医疗等基本环境条件。① 此外,社会各界积极开展向革命老区捐款捐物、技术援助等支援活动,如山东省在"关爱老区行动工程"实施过程中组织社会各界向老区群众捐赠款物累计达8000万元,上海老将军革命老区公益行活动向甘肃革命老区捐赠1200万元物资,西北农林科技大学向陕西省铜川革命老区援助优质小麦原种2500斤,河南中医药大学附属医院、黑龙江葵花药业等向革命老区捐献药品……社会各界对老区的帮扶已经取得明显效果,据统计,截至2019年5月,继井冈山、兰考率先脱贫后,全国革命老区中357个国家扶贫开发工作重点县和片区县,已有141个脱贫摘帽。而且按照国民经济综合实力评比,全国百强县中甚至已有82个属革命老区县。②

再次,在人力资源方面,老区要发展,关键靠人才。为了帮助革命老区解决发展中的智力问题,各级政府与企业、社会团体纷纷出手帮助老区培养各类人才。例如,山东省各级革命老区建设促进会就为老区举办各类培训班30多期,造就技术能手15000多人,这样一大批创业创新人才成为当地致富能手,激活了老区发展的巨大潜能;广西壮族自治区百色市借助市委党校、百色干部学院及百色讲坛等文化教育平台,举办主体班、委托班、业务班和百色讲坛等培训班共32期,为革命老区输送了大批所需人才;安徽省则从2013年起,每年选派200名优秀文化工作者前往革命老区,为当地培养急需的文化工作者;而江西省通过加强与卫生健康领域高层次人才合作,推进本省革命老区医疗卫生事业高质量发展。此外,一些大型集团通过设立文化教育发展基金等形式,帮助老区贫困大学生、优秀学子入学深造。简言之,各地通过多种多样的人才帮扶与培训活动,促使革命老区各方面人才逐渐增加,在一定程度上改善了老区脱贫致富、经济社会长远发展的人才基础,缓解了当地科技进步的智力支持问题。可以说,数十年来,在党和政府以及社会各界的支援帮扶下,老区群众的获得感和幸福感不断提升。相信革命老区人民通过不懈努力,在不久的将来会和全国各族人民共同进入小康社会,实现中华文明的伟大复兴。

---

① 吴志红:《闽商下乡:苏区老区我们来帮》,人民政协网,http://www.rmzxb.com.cn/c/2019-05-31/2355090.shtml 2019.5.31。
② 侯磊:《新中国成立七十年革命老区建设成效显著》,《解放军报》2019年5月29日第3版。

第三节　革命传统

革命传统是一百多年来我国人民长期伟大斗争的实践产物,是数以万计的爱国志士、革命先烈用鲜血和生命创造出来的宝贵精神财富,是中国革命和建设实践的重要精神支柱和力量源泉。自革命传统诞生之日起,它就对中国革命与建设、改革开放事业起到强大的引领作用。① 因此,继承和弘扬中国革命传统,对创造先进的人类精神文明,保证我国社会主义现代化建设的健康发展至关重要。

一、革命传统概述

革命传统是指革命志士以及广大群众为民族革命解放事业英勇奋斗、坚韧不拔的革命精神和革命人格,是共产主义世界观、人生观和价值观的鲜明体现。革命传统的形成并非一蹴而就,而是经历了一个长期的演进过程,它萌芽于1919年五四运动前后,发端于中国共产党成立后的轰轰烈烈的工人运动和蓬勃发展的农民运动,经历土地革命战争、抗日战争、解放战争,逐渐形成并得到不断发扬光大。其内容主要包括红船精神、井冈山精神、长征精神、延安精神等一系列伟大的革命精神。具体来说,红船精神源于1921年中国共产党成立时所乘坐的嘉兴南湖的红船。2005年,习近平主政浙江时提出"红船精神",将其内涵高度提炼为"开天辟地、敢为人先的首创精神,坚定理想、百折不挠的奋斗精神,立党为公、忠诚为民的奉献精神",他认为"红船精神"就是中国共产党为人民谋幸福、为中华民族谋复兴的初心。井冈山精神,则是指1927年秋收起义失败后,毛泽东、朱德等带领部队在井冈山革命根据地进行艰苦卓绝斗争时展现出的传统,其内容包括坚定信念、艰苦奋斗、实事求是、敢闯新路、依靠群众、勇于胜利等。2016年春节前夕,习近平视察井冈山时指出:"井冈山时期留给我们最为宝贵的财富,就是跨越时空的井冈山精神。"长征精神产生于中国共产党带领部队进行长征期间,主要包括不怕牺牲、前仆后继、团结互助、百折不挠、勇往

---

① 《中共中央宣传部关于加强革命传统教育的意见》,《福建党史通讯》1985年第3期。

直前等。延安精神是中国共产党在延安时期,面对极其恶劣的国内外环境下形成的自力更生、艰苦奋斗、批评与自我批评、理论联系实际等精神文化。至于西柏坡精神,指新中国成立前夕党中央入驻西柏坡期间所集中铸就的谦虚谨慎、不骄不躁、发扬民主、精诚团结的革命精神,它是共产党人在决定中国命运的关键时刻,对以往丰富斗争经验的总结和升华,这是改革开放时期中国共产党人应该始终坚持、深入研究和发扬的基本准则。概言之,红船精神、井冈山精神、长征精神、延安精神与西柏坡精神等一脉相承,是党和国家进行社会主义建设的精神宝藏、优良传统。

革命传统有其自身的特点,可以概括为以下三个方面:第一,先进性与政治性。革命传统的先进性,表现在党的指导思想具有先进性、革命战争是正义的战争。中国革命是在马列主义、毛泽东思想的指导下取得胜利的。这一指导思想代表了最广大人民群众的意志,体现着历史发展的必然规律,具有强大的生命力和光明的前途。同时,共产党人领导的革命战争获得中国最广大群众的支持和拥护,符合世界历史发展方向和中国社会进步的潮流,因此具有超前性、正义性、独到性的优势,更有显著的先进性。革命传统的政治性,在于中国革命宗旨是为无产阶级服务,革命目标是推翻三座大山,建立新中国,实现中华民族解放和国家富强;在于中国革命具体实践的政治性,即共产党人在乡村地区开辟革命根据地、发动革命群众,在革命实践中形成了理论联系实际、密切联系群众、批评和自我批评的三大优良作风;在于策略选择的政治性,即整个革命过程中,党坚持对军队的绝对领导、坚持革命统一战线、坚持发动群众。此外,党的组织也具有先进性,民主集中制既保证了革命的积极性,也保证了革命的高效性,铸起具有强大战斗力的坚强组织堡垒。可以说,革命传统所具有的先进性,体现出鲜明的阶级性和政治性,成为中国革命成功的决定性因素。

第二,继承性和时代性。一方面,革命传统的形成是对中国传统文化的继承和发展。中华民族五千多年来所积累的大量优秀精神文化,深刻影响着革命志士和广大群众的思想和行为,成为中华儿女进行革命斗争的思想基础。中国共产党,作为工人阶级的先锋队,不但吸收传统文化的精粹,又把它与当时革命的具体实践相结合,最终形成了优秀的革命传统。中国共产党将其用于指导实践,最终取得革命战争的伟大胜利。另一方面,革命传统虽然是历史产物,却更是现实需要,在历史继承与时代创新的契合中,时代精神的实质与内涵得以彰显。在新的形势下,革命传统可以不断与新时代精神相融合,并产生出新的精神文化,如"两弹一星"精神、红旗渠精神、特区精神等。革命传统的这一特点,促使其保持有强大的生命力、创造力。不得不说,在新时代,中国共产党的执政环境、社会文化氛围等已经发生巨大变化,革命传统必将不断与时俱进。

第三,巨变性。中国革命的过程是武装斗争、暴力革命的剧烈社会转变,是推翻压在人民头上的"三座大山"、实现人民当家作主的辉煌过程,也是对旧制度彻底摧毁、新制度建立的新生过程。面对千年未有之变局,中国共产党人用新传统替代旧传统,新革命精神代替旧伦理道德,因而在此伟大历史进程中形成的革命传统必然具有巨变性的特点。

二、弘扬革命传统的价值

革命传统作为一种强大精神力量,自形成之时起就对中国革命事业发挥着重要的指导作用。即使在当今社会,弘扬革命传统仍然是中国共产党凝心聚力、兴国强国,实现中华民族伟大复兴的制胜法宝。

首先,弘扬革命传统是加强党风建设的需要。中国共产党是国家与社会的领导核心,她领导中国人民夺取革命战争和解放战争的伟大胜利,在社会主义建设中也取得了巨大成就。但是在和平执政时期,一些党员甚至领导干部确实出现了严重的腐化问题,他们脱离群众、滥用职权,信奉享乐主义、官僚主义等作风,这不仅严重影响党的威信和党群关系,而且损害了党的执政能力乃至国家稳定,整肃党风已经刻不容缓。加强党风建设,必须要反腐倡廉、密切党群关系,而革命传统是党在长期的革命斗争和建设中形成的优秀精神文化,用革命传统教育党员干部,是密切党群关系、实现廉洁奉公、提升执政能力的重要思想基础。

其次,弘扬革命传统对中华民族伟大复兴具有指导作用。2012年,习近平总书记提出了"实现中华民族伟大复兴的中国梦"的理念,并指出复兴中国梦,就是"要实现国家富强、民族振兴、人民幸福",这"既深深体现了今天的中国人的理想,也深深反映了我们先人们不懈追求进步的光荣传统"。可见实现中国梦是全体中国人的共同追求。要实现这一宏伟目标,弘扬民族精神必不可少。

民族精神既包括我们祖先传承下来的古老民族精神,也包括近代以来为争取民族独立、国家富强、人民富裕以及国家建设过程中所形成的伟大民族精神,尤其是中国共产党在革命和建设中形成的优秀革命传统,是我国民族精神的重要组成部分,也是最具现代化的、与时俱进的民族精神,对我国实现中国梦具有重要指导作用。①

再次,弘扬革命传统是批判历史虚无主义的重要保障。20世纪80年代以来,历史虚无主义开始在中国生成蔓延,这种颠倒历史、嘲弄高尚、胡编乱造的思潮在当今社会呈现出传播手段信息化、传播主体年轻化、传播平台网络化的新形态。有些心怀叵测之人利用各种媒体、在不同场合污蔑革命英雄,他们的言论或视频不但充满对英雄们的恶搞,而且折射出潜藏在这些现象背后消解历史、歪曲历史的文化阴谋。如若对其放任自流,不仅会对涉世未深的青少年在认知上产生极大负面影响,甚至会动摇普通民众与社会的历史认同、信仰根基。英雄是历史长河中最优秀的儿女,是民族文化基石和民族精神象征,更是国家和民族之脊梁。这种以污蔑民族英雄、质疑革命历史为表征的历史虚无主义思潮,既是对民族精神的抹杀,也是对中国革命和建设所取得成就的极大否定。因此必须弘扬革命传统,加强近现代史教育,让各族人民尤其是青少年了解中国革命史,从而彻底打破历史虚无主义的阴云。②

简言之,弘扬革命传统有助于增强全体国民的文化自信。习近平总书记曾提出"文化自信,是更基础、更广泛、更深厚的自信"。他还指出,"在5000多年文明发展中孕育的中华优秀传统文化,在党和人民伟大斗争中孕育的革命文化和社会主义先进文化,积淀着中华民族最深层的精神追求,代表着中华民族独特的精神标识"。由此可见,中华民族深为自豪的华夏文化,至少包含中华优秀传统文化、革命文化、社会主义先进文化等三个层面的内涵。其中,革命文化即革命传统,是中国人民在长期历史实践中,不断探索、积累总结、去粗取精所留下来的文化精华。这一传统引导中国革命走向胜利,是文化自信的底气;其理想与信念坚定了国家发展与前进的方向,是文化自信的动力;其伦理道德促进了社会道德风尚的正向发展,是文化自信的指路明灯。因此,大力弘扬革命传统有助于加强中华民族的文化自信。

---

① 汤丽芳:《实现中国梦必须弘扬革命传统精神》,《实践》2014年第7期。
② 陈云:《革命文化的当代价值及弘扬路径探析》,《改革与开放》2017年第7期。

三、革命传统现代化与革命传统教育

革命传统曾在中国革命和建设中发挥巨大作用,在当前国内外环境下必须与新时代特点相结合而实现现代化,才能更好地指导社会发展和建设。在此前提下,革命传统现代化,就是在马克思主义指导下,从我国社会主义现代建设事业实际需要出发,通过继承、弘扬和发展革命传统精神,不断吸收和融会时代精神,促使两者相互融合和转化,从而创造出符合时代要求的新的民族精神。其中弘扬指的是继承和发扬党的优秀革命传统;现代化则是在弘扬的基础上,吸纳和汲取反映社会发展方向和要求的时代精神,赋予革命传统以时代内容,即把继承来的革命传统,进行时代性、现代性的转化,是一个对革命传统再创造的过程,这是革命传统与时俱进的关键所在。革命传统的现代化是其永葆青春和活力的重要保证。其现代化可以从以下几方面进行:

首先,结合时代发展要求,培育新的时代精神。和平与发展是当今世界的两大主题,而实现中华民族伟大复兴是我国近期的伟大目标。面对这些新情况、新特点,我们应当在继承革命优秀传统的同时,大力培育开放精神、科学精神、合作精神及竞争精神等,充实原有革命传统,以适应当代社会的发展要求。同时,市场经济的高速发展,要求出现符合市场经济发展的时代精神。市场经济既是法治经济又是道德经济,还与公平正义的政治相随,因此,弘扬法治精神与民主精神、契约精神与平等精神及诚信精神等就成为时代大势,也构成新时代精神的重要内容。

其次,通过研究革命传统,发掘新的时代内涵。探求革命传统中新的时代内涵,亟须对革命传统进行全面而深入的研究,这是中国史尤其是中国近现代史、党史工作者义不容辞的责任。因此,一是鼓励组建更多的中国近代史、党史研究学会或机构团体,集中相关领域工作者利用不断发现的新材料,对革命传统进行系统、细致的研究,开创新理论、形成新观点,并通过有计划、有步骤的各种会议进行讨论交流,持续扩大学术成果的影响力。二是利用新技术、新方法,把革命传统研究不断引向新阶段。随着信息社会来临、科技发明日新月异,运用新科技、新方法进行文化研究已成为重要趋势。在对革命传统进行研究的过程中,可以运用"互联网+"、大数据、数字化等手段,通过搜集采访、记录整理保存稀有史料,扩大原有各类资料,能够从不同角度促进革命传统研究,以充分发

掘革命传统的时代精神。

再次，利用新旧媒体，传播新时代革命传统。随着新兴科学技术发展，媒体融合成为大势所趋。除传统大众媒介外，新媒体特别是社交媒介剧烈影响着日常生活。各级政府要充分利用这些媒体，对新的革命传统进行大力宣传。主要传媒机构可以通过开设专栏、专题或专版等方式，综合运用新闻报道与专家点评、民众评论及公益广告等多样形式，对新的革命传统、英雄事迹、国家道德标准和社会正能量等进行立体化宣传。在报道过程中，必须坚持党性原则、把握正确舆论导向，对弘扬什么、限制什么，提倡什么、反对什么，赞扬什么、抨击什么，必须明确态度，通过引领主旋律，充分发挥大众传播的正面效应，为弘扬新时代革命传统营造"讲正气"的氛围。总之，在新时期继承和发扬优良革命传统，必须与时俱进，促使优良革命传统与时代精神、继承与发展相统一，不断为革命传统增加新的时代内涵、时代特征和时代意义，促使革命传统不断发展与升华，最终凝练出符合时代发展要求的新的革命传统。

革命传统教育是革命传统现代化的重要内容和落脚点。随着改革开放进入"深水区"，全球形势发生着深刻变化。在此背景下，各种价值取向和思想观念暗潮涌动，青年一代不可避免地受到一些负面影响。而广大青少年，尤其是学生是祖国、民族的希望与未来，担负着弘扬民族精神和革命传统文化的重任，可以说青年人的思想道德状况事关我国现代化大业的前途和命运。鉴于此，革命传统教育的目标是相关主体通过有目的、有计划、有组织地开展中国共产党领导各族人民在革命和建设实践中所形成伟大精神及其载体的教育活动，使受教育者受到启发和激励。① 革命传统教育必须肩负起以共产主义理想信念为主要内容的政治教育，以集体主义为原则的爱国主义教育，以艰苦奋斗、自强不息等民族精神和时代精神为核心的思想道德教育。对于整个社会而言，充分利用革命传统文化教育资源，不断提高下一代的思想政治素质，引导他们感受革命传统、重温革命历史、牢记历史使命，最终将其培养成为社会主义祖国的合格建设者和可靠接班人。②

对广大青年的革命传统教育可从创新教育内容、加强社会实践及网络传播等方面展开：其一，与时俱进，创新革命传统教育内容。革命传统虽是历史概

---

① 柯狄祖：《如何引导大学生吸收优秀文明成果》，《光明日报》2007年10月10日第7版。
② 王春玲：《革命传统文化对培育大学生核心价值观的作用》，《卫生职业教育》2017年第6期。

念,其内容却要随时代变化而革新,革命传统在不同时期的内容和表现皆有所不同。因而革命传统教育的内容必然因时更新。如革命传统中的爱国主义,其在民主主义革命的特定历史条件下,主要表现为革命战士们抛头颅、洒热血,马革裹尸或为国请命;但在当今和平与发展居于主流的时代,国际竞争日趋激烈,国际交往日益频繁,国家间联系和互动越来越密切,上述内容教育显然与时相违。而新时期的爱国主义教育可以体现为热爱祖国大好河山与灿烂文化,热爱科学与生命,反对分裂、维护祖国统一以及实现中华民族伟大复兴等,这些与时代息息相关的内容,青年一代很容易接受,以此启发他们努力学习,进而成为国家与社会栋梁。

其二,结合社会实践,增进和深化革命传统教育。对于青年学生而言,依靠单一课堂的革命传统教育,难以唤起他们的学习热情和积极性。各级教育机构,必须转变革命传统教育的课堂"灌输"模式,通过社会实践活动这一精彩生动的第二课堂,提升革命传统教育的质量与效益。一方面,学校和宣传机构可以组织学生参加革命传统宣传为主题的歌咏与征文、设计与演讲等比赛活动;可以利用节假日或重大历史纪念日,举行庆祝或纪念活动、进行多种形式的革命传统宣讲活动等。而开展红色旅游,也是加强革命传统教育的重要手段。旅游是目前很多青少年最喜欢的实践活动之一,通过这种方式可以切身体验到革命斗争的艰苦曲折、革命历史的波澜壮阔,进而把了解的革命知识还原到生活中去,有效提升他们的政治思想和革命意识。[1] 例如有些学校通过组织学生参观革命战场、纪念馆、纪念碑、重走红军路等红色旅游形式,让其亲身感受革命党人在战争年代为民族独立、国家解放和富强而舍小家为大家的大公无私精神,感受革命者面对敌人炮火或者被捕后那种视死如归的英雄气概,感受长征路上爬雪山过草地时的那种艰苦奋斗和排除万难争取胜利的必胜信念;而游览革命者故里或伟人故居等,青年人可以品味革命领袖的励志人生,领略革命精神的时代魅力。概言之,在这些实践活动中,学生一方面通过独立查阅革命资料、学习革命历史、采访革命亲历者等,对革命传统进行探究性学习,可以使他们对革命传统有更深刻、更系统、更全面的了解,这些人很容易就会成为革命传统的传承者、宣传者和倡导者。另一方面,实践体验带给学生们的感悟、触动和

---

[1] 郭秋月:《新时期大学生革命传统教育途径探析》,《吉林化工学院学报》2013 年第 8 期。

教育,是课堂教育难以实现的。青少年在旅游过程中,潜移默化地接受革命精神洗礼,对革命者的崇敬油然而生,面对来之不易的现有生活,他们也会格外热爱和珍惜,并自觉地承担起革命传统的传承责任。

最后,借助网络平台,渗透革命传统教育。随着信息和网络技术的飞速发展,互联网已遍及社会生活的各个领域。青少年作为互联网的主要使用者或"网络原住民",他们的价值取向与政治态度、心理发展与道德观念以及行为模式等深受网络文化的影响。教育机构应充分认识利用新媒体的积极作用,运用互联网深入开展革命传统教育工作。如各类学校可以利用网络信息量大和生动、快捷且图文并茂、声像并举等特点,将种类丰富、数量繁多的革命资源进行整合,然后开设学生感兴趣的内容板块,并把思想性、先进性和知识性、趣味性融进革命传统教育主题板块中。另外,还可以积极寻找校园文化活动与网络文化的结合点,开展融思想性、知识性、生动性于一体的网络文明建设活动,如策划"上红色网站、读绿色书本""红色网站制作大赛""革命传统知识网络竞赛"等一系列活动,创造一个积极向上、健康有序的网络文化氛围,使广大学生无形中接受革命传统的熏陶和感染。

第四部分

中华优秀传统文化的传承与实践

第八章　美好生活与优秀传统文化

第一节　传统节日与"新"民俗

节日,是在岁时基础上形成的具有特定民俗文化内涵的时日。"中国传统节日,凝结着中华民族的民族精神和民族情感,承载着中华民族的文化血脉和思想精华,是维系国家统一、民族团结和社会和谐的重要精神纽带,是建设社会主义先进文化的宝贵资源。"[①]中国传统节日以春节、清明节、端午节和中秋节最具广泛性和代表性[②],集中展现了中华民族日常生活的丰富物质体系、仪式活动和精神信仰。

一、传统节日民俗的起源发展及其文化精神

(一)春节:辞旧迎新,阖家团圆

春节是众节之首,是传统节日体系中最重要、最隆重的节日。春节又称年节,俗称"过年"。年,《说文解字·禾部》"谷熟也",本指谷物成熟,谷物成熟一次为一年,又引申指谷物丰收。据研究,年节起源于远古人们因为粮食丰收而举行的庆祝、祭祀活动。[③] 而从甲骨卜辞来看,商代已经存在庆祝并祈求丰年的活动,分别在夏季和冬季进行,但并没有固定的日期。到了周代,民间流行在年末岁首进行打扫庭除、修整房屋、燕饮祝寿等辞旧迎新的活动,这就是后来年节

[①] 中宣部、中央文明办、教育部、民政部、文化部:《关于运用传统节日弘扬民族文化的优秀传统的意见》(中央文明办〔2005〕11号)。

[②] 需要指出的是,春节、清明节、端午节、七夕节、中秋节和重阳节等六大节日于2006年列入第一批国家级非物质文化遗产名录。

[③] 参考陈久金、卢莲蓉:《中国节庆及其起源》,上海科技教育出版社1989年版。

的雏形。但周代历法以"建子为正"(以十一月为正月),年节的具体时间与今天的农历年节也不相同。直到汉武帝太初元年颁布《太初历》,以夏代建寅之月(正月)为岁首,把二十四节气纳入历法,逐渐形成后来历代通用的"夏历"(农历),年节的日期才固定为"元旦"(正月初一,古有元日、上日、元正等诸多别称)。进入近代,民国政府改用西方公元纪年,以公历1月1日为"元旦",为便于区分,把农历正月初一称为"春节"①。

但据民间旧俗,从腊月二十三祭灶始(南方某些地方是腊月二十四),到正月十五止,都是春节的范畴,其中包括祭灶日、除夕、元旦和元宵节。因此,春节是持续时间最长的节日。旧时几乎家家在灶台附近设有灶龛,供奉灶王爷画像(有的还有灶王奶奶做陪伴),画像上大都印有本年日历,上书"东厨司命主""人间监察神",表明灶神的职责是监察家人的日常善恶,两旁贴上"上天言好事,下界保平安"的对联。"古传腊月二十四,灶君朝天欲言事",据说腊月二十三(或二十四)是灶神升天向天帝汇报的日子。祭灶仪式多在此日天黑后进行,全家人②在灶神像前供糖果、清水、料豆和秣草(糖果又甜又黏,使其报告时多说好话,不说坏话;后三种为灶神的坐骑备料),然后口念祷词,将旧像焚烧,谓之送灶;除夕又买新的灶神画像供上,谓之迎灶。祭灶,民间称为"过小年"。过了祭灶,神煞上天,百无禁忌,民间举行婚娶者尤众,家家也都开始为春节进行各项准备。俗谚说"二十三祭灶官,二十四扫房子,二十五磨豆腐,二十六去割肉,二十七杀只鸡,二十八贴窗花,二十九去沽酒"③,反映出春节准备工作的欢快和紧张。

岁末的最后一天称为"岁除","除夕"即岁除之夜,民间称为大年夜,春节的气氛至此达到了高潮。这是中国人心中最重要的日子,漂泊在外的游子无论远近都要赶回家中与亲人团聚,在爆竹声中辞旧岁迎新春。一年一度的年夜饭是除夕最重要的习俗,是年末最为丰盛隆重的家庭宴会。年夜饭吃食很有讲究,北方人总少不了饺子,南方人则是汤圆或者年糕。饺子取"更岁交子"之意,汤圆寓意着团团圆圆,年糕象征着年年高升,都是中国人年节的经典美食。团圆饭后,按旧俗要点燃灯烛,彻夜守护不使之熄灭,俗称"守岁(火)""熬年夜"。

---

① 春节,原指二十四节气"立春"这一天。
② 河南民间讲究"祭灶必祭在家",有"祭灶不祭灶,全家都来到"的俗谚。
③ 各地大都有类似俗谚,风俗不同,具体内容亦有不同。

新年正月初一，旧历"元旦"，是法定意义上的"春节"。这天最重要的习俗是拜年。初一早晨，晚辈依次向家中长辈叩首施礼祝贺新年，长辈则要将备好的"压岁钱"还赠晚辈。然后是登门向乡里长者、同辈亲友拜年。民间走亲访友的拜年活动会一直延续到正月十五，俗称"走亲戚"。网络通信发达的新时代，先后兴起了电话拜年、短信拜年、社交软件拜年，近年电子红包成了赠予"压岁钱"的流行方式。春节的团圆、拜年和"走亲戚"活动，不止是礼俗仪式的进行，也不止是人们血缘亲情的表达，更是宗族血缘关系的确认和加强，这对于传统乡土社会的维持具有重要意义。

正月十五元宵节，古或称"元夕（夜）"、"上元"①、"灯夕"，是春节华丽的尾声。这天，各地都有舞龙狮、踩高跷、赏花灯、猜灯谜、放烟花等盛大民俗活动，达到了春节娱乐的高潮，故俗称"闹元宵"②。"灯"是元宵节最重要的符号。放灯习俗据说起源于东汉明帝为弘扬佛法于正月十五夜在宫中"燃灯表佛"，后随着佛教的扩展逐渐形成风气，并发展出与灯相关的一系列娱乐活动。"月色灯山满帝都，香车宝盖隘通衢"（李商隐《观灯乐行》），"东风夜放花千树，更吹落，星如雨。宝马雕车香满路。凤箫声动，玉壶光转，一夜鱼龙舞"（辛弃疾《青玉案·元夕》），隋唐至宋，元宵节盛极一时，成为一年中最热闹的民众狂欢节。元宵节的代表性食品是"元宵"，南方称"汤圆""浮圆""水圆"，寓团圆之意，象征全家人和睦团圆。这种美食从宋代就开始流行了。

春节的团圆、拜年、"走亲戚"活动和吃汤圆，不仅是礼俗仪式的进行，也是人们血缘亲情的表达，更是宗族血缘关系的确认和加强，这对于传统乡土社会的维持具有重要意义——这也是春节的文化精神所在。

生肖文化在春节表现得最为突出。每逢年节，年画、剪纸、饰品上的生肖动物便会布满每一个中国家庭的角角落落，反映出中国人对生肖的喜闻乐见和真挚真爱。可以说，十二生肖作为一种民族性的符号体系，是春节最重要的象征。关于生肖文化的起源，历来研究者有种种猜想和论证，但始终未能得到彻底解决，至今仍然是一个谜团。据文献文物资料所显示的情况，生肖文化在商代已

---

① 道教崇奉天官、地官、水官，以"三官"与时日节候相配，定正月十五为"上元"，七月十五为"中元"，十月十五为"下元"，合称"三元"。
② 古人称夜为"宵"，元宵即上元之夜。

经萌芽,各种生肖动物在甲骨文中已经出现,但尚未与干支产生联系;战国阴阳五行说流行,人们开始将干支计日与生肖动物进行对应,根据湖北云梦睡虎地和甘肃天水放马滩20世纪70年代中期出土的秦简可知,先秦时期已经存在比较完整的生肖系统,但与今天的生肖系统不完全相同;汉代,与今天相同的十二生肖体系出现在古籍记载和出土文物中,从此生肖体系延续至今。① 在生肖文化中,十二种对人类有害或者有益的动物,各自有其主宰时间的权力和感应人类命运的神奇功能,轮流值宿,伴随人的一生,它们既是生命诞生的符号,也是时光轮回的标记,更被人们赋予诸多美好的意义而成为人生的吉祥物。这种动物与人之间所具有的密切而和谐的联系,是传统文化天人合一精神的生动反映。

(二)清明节:慎终追远,亲近自然

清明,既是二十四节气之一,也是传统祭祖、踏青的节日。《淮南子·天文训》:"春分后十五日,斗指乙,则清明风至。"清明作为时令节气,时间在春分后15日,公历4月5日前后,"万物生长此时,皆清洁而明净,故谓之清明"。中国人自商代起就十分重视对祖先的祭祀,随着儒家思想的流行,追宗返本的观念更加深化,上古时期四时祭祀中的"春祭"逐渐发展为春季祭祖扫墓的礼俗。唐代,官方政令将民间祭祖扫墓的风俗固定在寒食节(清明前一两日),并设置假期。由于清明与寒食两节相连,二者逐渐合而为一。清明不仅分担了寒食祭祖的功能,还容纳了蹴鞠、秋千等原属于寒食节的著名节俗。② 宋元以后,清明节地位上升,除禁火、冷餐外,基本承担了寒食的节俗功能,并融会了三月三上巳节郊游踏青的习俗。明清时期,寒食、上巳衰微,清明节成为春节外最重要的春季大节。

祭祖扫墓是清明节最重要的节俗,慎终追远是清明节核心的文化精神。每逢清明,家人老少相携,到祖先的墓地洒扫祭拜,修培墓土,追念先人功绩,遥寄子孙孝心,祈求祖宗佑护。与此同时,海内外华人也会缅怀祭祀中华民族共同的人文祖先。对祖先的尊重和缅怀,已经成为我们民族文化心理的核心因子。在对祖先的祭拜中,不仅加强了家庭、宗族和民族的血脉联系和认同,也激发每一个个体冷静地去思考生死和人生。

---

① 参考张珊珊:《生肖文化的起源及其发展过程》,北京语言大学硕士论文,2007年。
② 有诗为佐证,参见白居易《寒食野望吟》:"乌啼鹊噪昏乔木,清明寒食谁家哭",杜甫《清明》:"十年蹴鞠将雏远,万里秋千习俗同"。

清明也是踏青游春、亲近自然的时节。在万物勃发的春天,人们走进山林野外,拥抱清明世界,与大自然亲密接触,放风筝、荡秋千、踢毽子、拔河等活动,成为人们踏青郊游最喜爱的娱乐活动。除此之外,据说是发端于清明戴柳插柳的植树风俗也延续至今。

宋代民谚说"馋妇思寒食"(《新编醉翁谈录·京城风俗记》),因为寒食节禁火,所以家家户户早就准备好了各种美食。清明节兼容了古代寒食节俗,因此众多寒食节的美食通过清明节保留下来,如凉粉、凉面、寒食粥、寒食燕、清明茶等都是清明节日的佳品。

(三)端午节:驱疫禳灾,缅怀屈原

端午节,是传统四大节日之一,节期在农历五月初五。古老节日大多起源于上古时期的原始信仰、祭祀等活动,据研究,端午吃粽子和龙舟竞渡的节俗即跟古代南方吴越地区对龙的崇拜和祭祀有关。① 但自南北朝以来②,民间习惯上将端午习俗与伟大的爱国主义诗人屈原联系在一起,以端午纪念屈原,家喻户晓,影响至深。

龙及龙舟文化始终贯穿在端午节的历史传承中。端午时节,赛龙舟的活动在我国南方地区十分流行。龙舟竞渡分为请龙、祭龙、游龙和收龙等几个环节。请龙祭龙,气氛肃穆,人们向龙神祈求福佑、驱邪禳灾;游龙赛龙,气氛热烈,竞相争渡。在屈原的家乡湖北秭归,数千年来,人们则以划龙舟来缅怀屈原。

在端午节,人们在家门上悬置艾草、菖蒲等习俗也由来已久。《荆楚岁时记》记载:"五月五日,竞采杂药,可治百病。"五月艾草生长最旺,含油最多,功效最好,人们争相采摘。有的地方流行煎蒲、艾等香草来沐浴;有的地方则将蒲、艾制成酒,又或以雄黄入酒而饮之;有的地方还把艾草插在头上,或者制成香囊佩于身上,又发展出以五色线系手臂等方式。这些都是古人端午前后采药治病、祛邪灭疫的遗俗。

吃粽子,是端午必不可少的习俗,据说是为了纪念屈原之死。粽,原写作"糉",东汉许慎《说文解字》解释为"芦叶裹米也"。从晋代开始,粽子就成为端

---

① 参考闻一多:《端午考》和《端午的历史教育》。
② 最早将屈原和端午节联系起来的,是南北朝时南梁吴均的神话志怪小说《续齐谐记》,此时屈原已去世 750 年以上。

午节的必备美食,形态样式层出不穷,流行于大江南北,并且远播朝鲜、日本、东南亚等地。

在中国古代节日节俗的演进中,我们常常会看到民众对旧有节日节俗进行的文化创造,端午节就是一个显著的例子。"人们在节日活动中不断地将天神俗化成人格神",继而将某些节日节俗与具有高尚情操或伟大贡献的历史人物相联系,以寄托某种特殊的情感。端午节本是祭祀神灵、驱邪避疫的节日,但在南北朝时期的历史因缘中,人们将它与爱国主义诗人屈原相联系,将一个普通的民俗节日改造为一个具有重大伦理意义的重要节日。从而忠君爱国、忧国忧民成为端午节的文化精神,端午节也成为中华民族节日体系中表达家国忧思和济世情怀的特殊节日。

(四)中秋节:花好月圆,家人团圆

中秋节,节期在农历八月十五,是中国节日体系中除春节外最重要的节日,与春节、清明节、端午节并称传统四大节日。中秋节由上古时代秋分祭月仪俗发展而来,至唐代成为官方认定的节日。

中秋赏月在晋代就有记载,但还不普遍。唐代是传统节日习俗糅合定型的重要时期,这时赏月成为中秋节的重要习俗。"四时皆有月,一夜独当秋"(崔备《和武相公中秋锦楼玩月》)、"皓魄当空宝镜升,云间仙籁寂无声,平分秋色一轮满,长伴云衢千里明"(李朴《中秋》),诗人们留下了众多玩月咏月的绝唱;"玉颗①珊珊下月轮,殿前拾得露华新。至今不会天中事,应是嫦娥掷与人"(皮日休《天竺寺八月十五日夜桂子》),这时人们将中秋与嫦娥奔月、吴刚伐桂、玉兔捣药、杨贵妃变月神、唐明皇游月宫等神话故事结合起来,使中秋节带上了浪漫色彩,并逐渐发展出赏桂花、饮桂花酒等风俗,沿袭至今。

月饼本是中秋祭月的供品,后来逐渐成为中秋节标志性美食。据文献记载,北宋苏东坡就有"小饼如嚼月,中有酥和饴"(《留别廉守》)的诗句,到了明代,"士庶家俱以是月造面饼相遗,大小不等,呼为月饼"(沈榜《宛署杂记》),吃月饼赠月饼已经是民间流行的习俗。明代刘若愚的《酌中志》说:"八月……自初一日起,即有卖月饼者,至十五日,家家供奉月饼、瓜果。如有剩月饼,乃整收于干燥风凉之处,至岁暮分用之,曰团圆饼也。"明代的《西湖游览志余》也说:

---

① "玉颗"指零落的桂花瓣。

"八月十五日谓之中秋,民间以月饼相遗,取团圆之义。"可见,这时月饼已被附带上了"团圆"的象征意义。

唐代王维诗云:"独在异乡为异客,每逢佳节倍思亲。""团圆"不仅是中秋节的核心文化精神,也是中国大多数节日的应有之义。中秋佳节,一家人共赏花好月圆,是每一个中国家庭共同祈盼的幸福的团聚。"月是故乡明",游子在外,不能与家人团圆,必会"举头望明月,低头思故乡",举杯遥祝亲人安康。

二、传统节日民俗的文化经济功能

传统节日和节俗伴随中华民族走过了千年历史,在不断地淘炼中,逐渐适应了中国社会广大民众在物质、精神、伦理和审美上的共同需求,超越了特定民族、社会阶层和不同地区,在维护传统社会的和谐稳定上起到了重要功能。[①]

第一,传统节日民俗具有休闲娱乐、精神调剂功能,是广大民众舒缓生活生产、积蓄心理能量不可缺乏的调节剂。传统节日节俗一般在季节的转换时节,与农业生活生产节令保持一致。古人说,"百日之劳,一日之乐"(《孔子家语·观乡射》)。在劳累的农业生产生活中,人们通过节日的祭祀、庆祝和娱乐,娱神娱己,释放与平衡内在的紧张和压力,调整情绪,进而净化心灵,凝聚精神,鼓舞士气。节日不是充满空洞的说教,而是以多样多彩的习俗活动,活跃生活的氛围,安抚人们的心灵。比如年节祈福神灵、贴对联年画寄托了人们对美好生活的向往,清明踏青放风筝、端午竞舟、重阳登高可强身健体,元宵节、中秋节种种的游戏狂欢则有益智娱情的功效。"乐则安,安则久",短暂的节日娱乐是为了长久的心理安宁,是生产生活持续发展、家庭和谐社会稳定的必要调节。

第二,传统节日节俗具有调节家庭家族关系与社会关系的功能。中国传统文化重视伦理人情,尤其强调家庭和谐、邻里和睦。传统节日中大多数节俗的开展都是以回归家庭为主题的。过年要回家团聚,清明要归乡祭祖,中秋要阖家团圆,节日为家庭成员提供了周期性的聚集时机,节俗为家庭成员提供了规范性的交流方式,持续维护着血缘姻缘关系的培育和稳固。同时,传统节日节俗也有扩大社会交往交际的功能,调节着乡村邻里、城市社区的关系。例如春节邻里朋友之间的拜年、元宵节的游街观灯、清明的春游、端午的龙舟竞赛、中

---

① 萧放:《传统节日文化遗产与民族精神》,《政工动态研究》2006年第18期。

秋的互赠礼品等等，都是在不同性别、阶层、社区之间展开，极大提升了个体的社会交往概率，对于社团文化、社区文化、城市文化的形成具有重要作用。

第三，传统节日节俗具有特殊的道德教化和道德宣传功能。传统中国文化具有鲜明的儒家道德化特质，尤为注重对儒家道德的宣传与教育。中国传统节日节俗在历史发展中逐渐与儒家道德礼制相融合，成为儒家道德礼制展示、宣传和教育的重要载体。例如"孝道"是春节、清明节、中秋节习俗的核心要义，过年不回家、清明不祭祖、中秋不归乡都被认为是"不孝"，受到道德舆论的谴责。端午节则是宣示教化"忠君爱国"的重要节日，人们通过各种习俗缅怀屈原的同时，在心头浮现的正是家国之思。由于传统节日节俗具有周期性、广泛性和深入性，随之进行的这种道德宣示和教化自然具有平素所不及的功效，因而历代统治者都会在这些重要节日圣谕布告，乃至躬亲示范。

第四，传统节日节俗具有刺激社会经济发展的功能。俗语说"难过的日子好过的年"，"有钱没钱，买件新衣过年"，传统节日因其所负载的特殊文化内涵，使得人们有着更多的物质享受需求和社会交往需求，因此比起一般假日更能刺激人们的消费欲望。传统节日消费为社会提供了商机，刺激了社会经济的发展。传统乡土社会庙会经济的兴盛，一般都依附于这种节日消费。时至今日，传统节日消费仍然显示出其强大的刺激经济发展功能。

三、新民俗：传统节俗的创新性实践

传统节日节俗之所以能在千年的历史长河中经久不衰，就是因为它具有与时俱进的文化精神和生生不息的创新传承。当代中国，随着现代化进程的迅猛推进，传统农耕社会逐渐转变为以工业文明为核心的商业化、城市化社会，尤其是进入新世纪以来，信息化、网络化成为社会发展的显著趋势。这个过程中，传统节日的某些节俗悄然退出了历史舞台，与此同时，在社会潮流和新观念的影响下，人们也不断利用新载体和新元素，创造出传统节日的新形式和新民俗，为传统节日注入了新的时代内涵和生命力。

首先，最显著的变化，是新民俗的过节意义变得更加纯粹，过节形式变得更加多样化和个性化。比如传统春节的一系列节俗背后都带有较强的道德伦理功能，其形式也大多具有很强的仪式性，而当今娱乐休闲、精神享受则成为春节的主要功能。在农村，传统"年味儿"更浓一些，放烟花、舞龙、跑旱船、踩高跷等

古老娱乐方式依然流行,而在城市,年轻人则更热衷于旅游、健身、观影、唱歌等个性化休闲活动。春节期间,众多城市举办的庙会则汇集古老的民俗文化与多彩的现代文化于一体,各种花会、民间技艺、民俗活动令人目不暇接,成为广大市民热衷的过年方式。

其次,信息化时代,高科技的发展催生出许多新的过节手段和载体,使古老的传统节俗焕发出新的生机。"新载体带来的节俗变化主要体现在节庆中人际间沟通与交往方式的变化和节庆活动的多样化、个性化。"比如近30多年来,随着电视的普及,年夜饭后观看"春晚"已经成为除夕的新民俗,一家人在全国人民共同等待新年钟声响起的热烈氛围中,完成了"守岁",迎来了新的一年。网络通信发达的新时代,手机成为节俗的重要工具载体,先后兴起了电话拜年、短信拜年、社交软件拜年,近年电子红包成了赠予压岁钱的流行方式;红红火火的"网络春晚"则以其草根性和独具一格的内容获得无数网友的喜爱,成为网络空间的新民俗。

再次,在当下市场社会里面,传统节俗的传承主体结构发生了重大变化,企业成为传承的重要力量,这使传统节俗的发展空间和层次得到极大拓展。节俗经济、假日消费是吸引企业参与节俗传承和创新的主要动力。企业设计各种节日文化符号,生产多样的节日节俗产品,通过发达的市场渠道,把新的节日观念、新的节俗形式推广到千家万户。有些企业规模大,市场广,甚至可以创造新的节俗,例如京东"6·18年中购物节"、淘宝"11·11购物节"等,在年轻的消费者群体里面拥有广泛的影响。

第二节 农耕文化传统和乡村振兴

中国是世界上三大农业起源中心之一,自古以来就是农耕生产的大国,两千多年来留下了为数众多的农耕生产生活遗产。2018年中央一号文件《中共中央国务院关于实施乡村振兴战略的意见》提出,"切实保护好优秀农耕文化遗产,推动优秀农耕文化遗产合理适度利用。深入挖掘农耕文化蕴含的优秀思想观念、人文精神、道德规范,充分发挥其在凝聚人心、教化群众、淳化民风中的重要作用"。

一、农耕文化遗产与传统

农耕文化遗产是指人类与其所处环境长期协同发展中创造并传承至今的独特农耕生产系统。这些系统具有丰富的农业生物多样性、传统知识与技术体系和独特的生态与文化景观等,对我国农业文化传承、农业可持续发展和农业功能拓展具有重要的科学价值和实践意义。① 而在具体内涵上,它主要包含四个方面的问题:

其一,传统丰富的农作物产品。中国幅员广大,地质类型多样,气候复杂,传统农业发达,孕育出丰富的农作物产品种类,是世界排名第二的农作物种质资源大国。许多主要农作物的发源地在中国,例如水稻原产在公元前16000—12000年前的湖南,同时中国保有世界上最丰富的水稻品种,清代乾隆七年所修《授时通考》记录的16个省的水稻品种多达3400多个。② 但是随着现代农业的变革,生态环境恶化,生物多样性减少,加上外来物种的入侵,致使传统地方农作物品种和野生种等特有资源丧失严重,如广西壮族自治区1981年有野生稻分布点132个,目前仅剩325个③,湖南1956年有水稻地方品种1366个,2014年仅剩下80个。④ 为应对种质资源的"保种"困境,2015年,农业部、国家发改委、科技部共同出台了《全国农作物种质资源保护与利用中长期发展规划(2015—2030)》,为农作物种质资源的保护和利用确立了具体的思路和方案。

其二,传统农业生产工具、传统农业耕作技术与经验。一方面,生产工具是人类生产力发展的重要标志。传统农业生产工具是古代劳动人民利用聪明才智不断改造世界的产物,具有重要文化价值。在长期的农业生产生活实践中,为了与不同作物独特的种植方式相适应,也为了适合各种地理、地质、气候条件,人们不断改良、创造生产工具,在材料、功能、制作工艺等方面不断进步。其中既有以曲辕犁、龙骨车、耙、耖、耘荡为代表的适合水田稻作的工具,也有耧车、麦钐、麦绰、麦笼、耙耱等适合旱地麦作的工具,有以稻床、连枷等为主的收

---

① 参考《农业部关于开展中国重要农业文化遗产发掘工作的通知》,中华人民共和国农业农村部官方网站,2012年4月。
② 游修龄:《我国水稻品种资源的历史考证》,《农业考古》1981年第2期。
③ 农业部、国家发改委、科技部:《全国农作物种质资源保护与利用中长期发展规划(2015—2030)》,2015年2月。
④ 《我国种质资源面临"保种"困境》,《经济参考报》2018年10月9日。

获农具,以砻磨、碓为代表的加工农具,也有与滨海地域风力资源丰富等自然条件相适应的风车机械,与水网密集相适应的筒车灌溉工具,还有适宜淡水养殖、捕捞、水上运输等农业生产活动相适应的渔船、渔网等渔业生产工具,适合陆地运输的板车等。此外,人们还创造独特的农业生产保护辅助工具,如秧马、竹马甲等。总体来看,中国传统农业工具经过不断改良创造,大体形成了北方旱地耕作以"耕—耙—耢"为主的工具体系,南方水田农业以"耕—耙—耖"为主的工具体系。同时,在山区林地渔业水产等各种农业领域都出现了适宜的生产工具。[1]

另一方面,中国传统农业的基本状况是人稠地窄、自然条件严峻。人们在困难的条件下,积累了丰富的农业经验,创造出一套绣花针式的以保墒防旱为中心的精耕细作的农业耕作体系。这套体系主要包含三个方面:以兴修水利、防洪排涝、引水灌田、抗旱栽培为主的抗逆性耕作;以治理贫瘠土壤为主的农田整治和肥培方法;以精耕细作与复种栽培为主的栽培管理。[2] 传统农业精耕细作技术主要表现在:一是耕作工具先进,如春秋战国时期就开始使用铁犁牛耕、唐代曲辕犁的发明等;二是种植技术多样,如间作法、套种法、使用绿肥等;三是注重地力的养护,重视农作物品种的改良;四是水利灌溉技术发达,例如2013年至2018年,中国农业部将"传统漏斗架葡萄栽培体系——河北宣化传统葡萄园""世界旱作农业源头——内蒙古敖汉旱作农业系统""传统稻鱼共生农业生产模式——浙江青田稻鱼共生系统"等91个传统农业系统列为中国重要农业文化遗产。这些遗产是传统农业精耕细作技术与经验的杰出代表。

其三,传统农业生产制度。农业生产制度是人类为维护农耕生产秩序而制定出来的一系列规则、道德伦理规范以及相应的民间禁忌等等。在"农为国本"的传统思想政治观念影响下,历代封建国家制定发展出一系列以惠农利农、刺激农业增长、鼓励发展农业生产为核心的规则和法规。例如春秋战国时期,秦国从商鞅变法开始,明确提出了发展农业的战略,大力垦荒,建造大量水利工程,制定法令对耕牛进行严格保护,对农民减免徭役,实行奖励制度,极大改造了旧时农业生产方式,解放了大量农业劳动力,为统一六国提供了充足兵员。

---

[1] 丁晓蕾、王思明、庄桂平:《工具类农业文化遗产的价值及其保护利用研究》,《中国农业大学学报(社会科学版)》2014年第3期。
[2] 方原:《试论我国传统农业精耕细作经验》,《经济研究》1984年第2期。

秦统一天下后,颁发"使黔首自实田"(《史记·秦始皇本纪》)的法令,承认并保护农民的土地私有权;还设置了统一管理国家土地、农事的官吏,负责及时向国家报告田地播种面积、庄稼的生产状况、旱涝虫害等自然灾害情况。汉代初期,统治者汲取秦代过度赋税徭役而至亡国的教训,开始推行"与民休息"的政策,大大减轻农民徭赋,到文景之治以三十税一作为固定税率,促进了农业生产,加强了西汉社会的稳定。为保证农业生产环境的稳定,秦汉时期政府设置了专门负责管理生态环境的职官,对山川林泽进行严格管理,执行"四时之禁",封山育林、冬禁渔猎。汉代还实行均水之法,对水资源的合理利用制定了相关法令;同时冶铁水平发达,"铁器者,民之大用也。器用便利,则用力少而得功多"(桓宽《盐铁论·水旱篇》),官方对铁制农具的制造和推广非常重视①,因而农业中铁制农具的使用非常普及,大大促进了农耕生产水平的提升。

其四,传统农耕信仰。传统农耕信仰是中华民族在长期的农耕生产生活中形成的一套世界观、价值观和人生观。它是农耕民族的精神心理支柱,在漫长的封建时期,对维系传统农耕社会秩序、道德秩序曾发挥过十分重要的作用,并作为文化基因深刻塑造、影响了中华民族的精神信仰。传统农耕信仰的核心是"应时、取宜、守则、和谐",主要涉及以下诸方面内容②:

第一,天地人和谐的三才观。在传统农耕时代的哲学信仰中,人敬天畏天效天,不是自然的主宰,但也不是自然的奴隶,而是"赞天地之化育""为天地立心"的调控者,故而东汉许慎在《说文解字》里面把人定义为"天地之性最贵者也"。人和自然之间不是对抗的关系,而是"天人合一"的和谐共生关系。在尊重自然规律的前提下,强调人的主观能动性。在农业生产中,人们认识到地力是有限的,因而逐渐摒弃原始农业刀耕火种的撂荒耕作制,通过精耕细作、施肥保墒、改良工具等方式提高粮食产量;但同时也强调"顺天时,量地力,用力少而成功多"(贾思勰《齐民要术》),注意通过轮耕复作等方式让地力得以恢复,以保持土地肥力的持续和稳定,即俗谚所谓"人不亏地皮,地不亏肚皮"。

第二,顺时避灾的农时观。传统农业高度依赖自然条件,如降水、气温、日照等,而水、旱、虫、雹等自然灾害都是不可预知的,故古人特别注重对自然天象

---

① 如《后汉书·杜诗传》曾记载杜诗在南阳太守任上"造作水排,铸为农器,用力少,见功多,百姓便之",利用水力鼓动冶铁风箱吹风助燃,既省劳力,又增高炉温,大大提高冶铁的效率。
② 可参考夏学禹:《论中国农耕文化的价值及传承途径》,《古今农业》2010年第3期。

的记录和研究。通过漫长的经验总结，人们逐渐掌握了时令节气与农业生产之间的规律性联系，把一年分为二十四节气，依据节气安排农业生产。《尚书·尧典》指出"食哉唯时"，违反自然规律就不可能获得农业丰收，把遵守农时当作解决民食的关键。"不违农时"成为几千年来农民从事农业生产的核心指导思想。"瑞雪兆丰年""不怕种子旱，就怕秋苗干""柳毛开花，种豆点瓜"等时谚流传民间，正是这种观念的反映。"不违农时，谷不可胜食也；数罟不入洿池，鱼鳖不可胜食也；斧斤以时入山林，材木不可胜用也"（《孟子·梁惠王》），顺时的观念也被贯彻到林木砍伐、水产捕捞和野生动物的捕猎等方面。

第三，因地制宜的物性观。先秦时期，人们就认识不同的土壤气候条件，适合生长不同特点的农作物，每种农作物也都有其适合的生长环境，需要采用不同的栽培管理措施。古人将其概括为"物宜""时宜"和"地宜"，发展出古代土壤生态学的两种理论——土宜论和地脉论。土宜论认为不同地区、不同地形和不同土壤都各有其适宜生长的植物与动物，地脉论则把土壤视为有血脉、能变动、与气候变化相呼应的活的机体。另外，古人也认识到农作物的适应性也不是一成不变的。正是在这种物性可变论的指引下，人们不断培育、引进新的农作物品种，为农业持续发展增添新的因素。

第四，尚俭节欲的消费观。"天育物有时，地生财有限，而人之欲无极"（白居易《策林二》），传统农业相对低下的生产力与持续增长的消费水平之间的不平衡始终是农耕社会的主要矛盾。为了应对物资匮乏，古人提倡"节俭"，反对奢靡浪费，抑制过度消费，限制必需消费。与"节俭"相对应的则是"节欲"，要求人主动节制内在需求，从而减少对外部物质的消费。这种消费观念经过统治者的提倡、思想家的提炼和宣传，上升为中国人的道德约束、道德信条和传统美德。先秦主要的思想流派中，无论儒家、道家还是墨家、法家，都把"节俭"视为道德善恶判断的重要标准。荀子提倡"强本而节用"，讲"足国之道，节用裕民"，墨子说"俭节则昌，淫佚则亡"，将其与国家治理和兴衰联系在一起。后世历代所流传的道德箴言中，"尚俭节欲"始终是其中最为重要的一类。

第五，变废为宝的循环观。传统农业是"小而全"的封闭生态系统，几乎所有的副产品废弃物都被循环利用，通过废弃物的再利用，降低了农业生产成本，提升了生产效率，实现了"变废为宝"的绿色有机生产。例如将种植业和畜牧业结合起来，将作物秸秆作为畜牧饲料，又将人畜粪便、作物秸秆堆积腐化后作为肥料还田。清代农学家杨岫在《知本提纲》中提到人粪、畜粪、草粪、火粪、泥粪（河淤泥塘）、骨粪、苗粪（绿肥）、渣粪（饼肥）、黑豆粪、皮毛粪等众多肥料，并总结出"造粪十法"，几乎包含了所有生产生活的废弃物。古人还发展出"桑基鱼塘"的循环生产方式，即在鱼塘岸边植桑养蚕，桑叶用来喂蚕，蚕粪用来养鱼，塘泥用来肥桑的良性循环，为当代发展有机农业提供了宝贵的经验。

概言之，传统农耕信仰是在自给自足的自然经济基础上形成的一种思维方式和价值取向，天然带有小农意识的一些局限性和缺陷，如保守封闭缺乏开拓进取精神，推崇平均主义而导致效率低下，秉持浓厚的血缘地缘观念而缺少组织和协作，官本位、等级和特权意识根深蒂固等等，都需要我们批判性地去看待和认识。

二、传统群众文化活动和乡土文化活动

传统群众文化活动是指群众为了满足自身精神生活和知识需求，以自身为文化实践主体，以历史上流传下来的本地区文化活动内容为题材，进行的自我娱乐、自我教育的具有民族特色、地方特色的文化活动。其具体包括了传统文学、传统书法、传统美术、传统戏剧、传统舞蹈曲艺、传统手工艺、杂技与竞技等活动；按其内容特色可概括为节俗文化活动、民俗庆典文化活动和宗教文化活动。

具体来说，节俗文化活动是在传统节日里举行的群众文化活动，如汉族群众春节耍社火，正月十五闹元宵，清明踏青，端午赛龙舟，中秋节赏月，重阳节登高等。流行在大江南北的舞龙舞狮活动，是传统大型节日里不可或缺的节目之一。龙是华夏民族敬畏崇拜的图腾，也是民众喜闻乐见的吉祥物。经过两千多年的发展，舞龙从严肃的祭祀仪式逐渐转变为群众性娱乐活动和讲究技巧的民间舞蹈，广泛出现在民间祭祀、祈福、驱邪、祝贺、节庆、庙会等众多场合，其表演形式也越来越多样化，全国不同地区的特色舞龙多达上百种。与舞龙一样，舞狮早已成为民间节俗庆典司空见惯的娱乐项目。随着华人移民到世界各地，舞龙舞狮活动和文化，已经传播到世界各个华人集中的地区，成为中华文化的重要符号和标志。

民俗庆典文化活动指地域性、民族性的文化活动，如甘肃临洮花儿会的唱花儿，壮族三月三男女对歌节，傣族泼水节等。例如，那达慕大会是蒙古族的传统盛会,在每年七八月牲畜肥壮的时节举行。那达慕,是蒙语译音,意思是娱乐或游戏。这是人们为了庆祝丰收而进行的娱乐大会。大会上有刺激的赛马、摔跤比赛,有技艺纷呈的射箭、套马、棋艺较量,更有多姿多彩的歌舞欢庆。大会期间,各地民众骑马赶车,携带皮毛、药材等农牧产品,成群结队汇集于大会的广场,在会场周围的草地上搭起彩色蒙古包,形成订货洽谈、物资交流的热闹市场。那达慕大会以其丰富的娱乐、文化和经济内涵,成为蒙古人民心中最重要的节日。

此外,宗教文化活动指与宗教信仰有关的传统群众文化活动,如腊月二十三祭灶神,伏羲太昊陵二月二到三月三的庙会,佛教徒四月初八浴佛节、七月十五超度亡灵的盂兰盆节等等。

另一方面,乡土文化活动是以农民为实践主体的群众文化活动。它和群众文化活动都是民众日常生活的重要内容,具有娱乐功能、知识信仰传播功能、宣传教育功能、交际团结功能和一定的经济功能。如广泛流行在民间的庙会活动,有关帝庙会、城隍庙会等不同名号,其发源大多与佛教寺院、道教庙观的宗教活动密切相关,逐渐发展为集宗教祭祀、市场贸易、娱乐狂欢、信息文化交流传播为一体的综合性活动。一些大型庙会举行时,周匝县乡民众蜂拥而至,村野乡农、商贾、和尚、道士、杂耍卖艺、说书唱戏,参与者的身份不同、角色不同,参与的程度、范围和态度也不尽相同,无论贫富贵贱,人人都可以平等地在神灵面前祈福,在集市上自由买卖,在戏台下共享欢乐时光,制造出一种规模盛大、令人亢奋的狂欢场面。对平常日出而作日落而息的农民而言,庙会既是加强与亲戚朋友交流沟通的场合,也是结识新朋友,扩大交际的好时机。传统农村缺乏娱乐,而庙会则为社会地位低贱的各色人等提供了奢侈的娱乐盛宴。相应的,庙会也成为各类经济文化组织、娱乐教育团体、宗教宣传组织竞相传播知识信仰、吸引人流、筹募资金、发展壮大的重要场合。可见,人们通过庙会达到了娱神娱己的目的,庙会各类活动在传统农耕社会中起着调节生活节奏、推广知识信仰、增加文化交流、扩大人际交往的重要作用。

三、乡村振兴:传统农耕文化与新时代农村建设

习近平总书记在党的十九大报告上提出了"乡村振兴"战略。2018年国务院公布了中央一号文件《中共中央国务院关于实施乡村振兴战略的意见》,《意

见》指出要"传承发展提升农村优秀传统文化",要"立足乡村文明,吸取城市文明及外来文化优秀成果,在保护传承的基础上,创造性转化、创新性发展,不断赋予时代内涵、丰富表现形式"。

传统农耕文化是乡村社会建设可利用的资源宝库。[①] 传统农耕文化扎根于广大乡村,是世代乡村智慧的结晶,可以直接为当今乡村建设提供知识和经验。如传统农业生产方式能最大限度地利用当地自然资源、保护自然环境,不论是桑基鱼塘、稻鱼共生,还是土壤养护、生物治虫,都给我们走绿色兴农、质量兴农之路以重要启发和引导。在乡村治理上,根深蒂固的小农意识往往使农村工作举步维艰。这就需要乡村治理者充分尊重并利用传统农耕文化的经验和智慧,创造性地对传统观念和习俗进行转化。

传统农耕文化是乡村社会最有凝聚力的组织纽带。在普遍空心化的当下乡村,可以看到最热闹最活跃的时间总是在春节、清明、中秋等传统节庆时段。祭祖扫墓修庙等传统公众性活动仍然在广大乡村拥有巨大号召力和影响力,为人们提供了归乡团聚交流的宝贵机会,维持着人们对乡村的情感联系和基本认同。在农村集体经济解体、基层组织涣散、农业合作化举步维艰的时候,民间的红白事团体、艺术团体、仪式群体等以民俗活动为主旨的组织成为乡村活动的主要组织者,一些村集体难以解决的养老、基层选举秩序,乃至公平正义问题,通过这种非正式的组织得到了解决,维持了乡村的基本秩序。

传统农耕文化是乡村社会提升道德水平的重要依赖。传统农耕文化中具有积极正面意义的部分在今天已经成为国家主流认可并加以保护传承的重要物质资源、精神资源。这对于唤醒乡村文化自信、加强乡村自我认同起着重要作用。人们为能"传承老祖宗的好东西"而感到高兴和自豪,香会、庙会等活动被赋予了除"信仰""兴趣"与"社交"以外新的意义——文化传承与民族复兴,这成为乡村社会新的价值认同。乡村实践者们也自觉摒弃传统文化中的封建糟粕的部分,积极向社会主义价值观靠拢。有了正常化的、合法化的精神信仰,民众就没有必要也没有兴趣再参加地下宗教活动。因此,传统文化在客观上也发挥着抵制极端宗教思想或境外反动思想渗入的功能。

[①] 鞠熙:《传统文化与乡村振兴》,《社会治理》2019年第4期。

第三节 中华老字号

中华老字号(China Time-honored Brand)是指历史悠久,拥有世代传承的产品、技艺或服务,具有鲜明的中华民族传统文化背景和深厚的文化底蕴,取得社会广泛认同,形成良好信誉的品牌。[①] 据有关标准,老字号品牌的创建历史应当在50年以上。新中国成立初期,全国约有老字号1万多家,它们大多起始于明清时代。目前,由商务部认定的"中华老字号"品牌有1128家,除此之外,各地方认定的"地方老字号"还有数千家。这些老字号广泛分布于餐饮、零售、食品、酿造、茶叶、医药、丝绸、工艺美术、文物古玩等众多行业,以及书店、照相、美发等社区服务领域。

作为优秀商业文化的代表,中华老字号多数聚集在沿海及内陆经济较为发达的地区,上海、北京、江苏数量最多,加上浙江、山东、天津、广东、四川等五个地区,占到了总数的六成以上。在吸收现代企业文明的基础上,这些老字号发挥着满足消费需求、丰富人民生活、倡导诚信经营、延伸服务内涵、传承和展现民族文化等重要作用,并在全国人民、海外华人和国际友人当中具有深远影响。[②]

一、老字号的产品、技艺或服务

"一块招牌,就是一段传奇",老字号从历史中走来,栉风沐雨,经受了历史洗礼,浸润到中国人的日常生活中。老字号之所以能够在百年商业和手工业竞争中生存、传承下来,靠的是独特的产品、精湛的技艺和周到的服务。

首先,餐饮行业著名的老字号有北京的"全聚德"、天津的"狗不理"、杭州的"知味斋"、苏州的"松鹤楼"等,驰名国内外。其中全聚德,创于1864年,以独具特色的全聚德烤鸭为主。全聚德烤鸭采用挂炉、明火烧果木的方法烤制而成,"皮质酥脆,肉质鲜嫩,飘逸着果木的清香。鸭体形态丰盈饱满,全身呈均匀

---

① 商务部:《"中华老字号"认定规范(试行)》,2006年4月。
② 商务部、发展改革委等13部门:《关于保护和促进老字号发展的若干意见》,2008年3月。

的枣红色,油光润泽,赏心悦目,配以荷叶饼、葱、酱食之,腴美醇厚,回味不尽"①。京城俗谚讲"不到万里长城非好汉,不吃全聚德烤鸭真遗憾",全聚德烤鸭已然成为北京的餐饮名片。

其次,传统医药行业的老字号驰名者有北京"同仁堂"、杭州"胡庆余堂"、云南白药等等。譬如,始创于1669年的同仁堂,以中成药为主要产品,其在技术工艺上恪守"炮制虽繁必不敢省人工,品味虽贵必不敢减物力"的古训,药品以"配方独特、选料上乘、工艺精湛、疗效显著"享誉海内外。

最后,服装行业的老字号以北京"内联升"、济南"瑞蚨祥"、上海"恒源祥"等最知名。其中北京"内联升"始创于1853年,以制做文武官员的朝靴起家,特色产品"千层底"布鞋闻名中外。历史上,内联升以服务周到著称,据记载,内联升把来店做鞋的顾客的靴鞋尺寸、式样等都详细登记在案,如顾客再次买鞋,只需要派人通知,就能迅速做好送去,日积月累,一本详录京城王公贵族制鞋尺寸、爱好式样的《履中备载》由此而生。

简言之,传统老字号对产品、工艺、服务精益求精,经久如一,是其成功的重要秘诀,对现代企业的生产和经营服务有着重要启示。而老字号所传承的传统手工工艺技能、传统工艺流程以及衍化出的相关的口头传说、故事,则是宝贵的非物质文化遗产。

二、老字号的文化内涵

老字号承载着优秀的中华民族文化,是新时期开展诚信兴商、弘扬商业文明的核心内涵和宝贵财富。② 具体来说,主要包含三个方面的意义:

其一,老字号的商道文化。老字号大多都有百年以上的历史,在剧烈的社会变迁中能够屹立不倒,最重要的原因是其所秉持的经营之道。老字号营商之道的核心是:诚信为本,永续经营,情系民生。如全聚德宗旨"全而无缺,聚而不散,仁德至上",同仁堂经营理念"诚信为本,药德为魂",张一元茶道"人品如茶品,做茶先做人",瑞蚨祥宗旨"至诚至上,货真价实,言无二价,童叟无欺",便宜坊宗旨"便利人民,宜室宜家",胡庆余堂"戒欺""是乃仁术""真不二价"的牌匾等都反映出老字号的商道之本。老字号的商道文化深受儒家义利观的影响,主张"先义后利、见利思义、

---

① 《杨全仁与全聚德烤鸭》,《衡水日报》2011年8月10日。
② 商务部、发展改革委等13部门:《关于保护和促进老字号发展的若干意见》,2008年3月。

以义求利",讲求"君子爱财,取之有道",是中国源远流长的儒商文化的杰出代表。

其二,老字号的品牌文化。老字号具有深厚的历史文化底蕴,在民间留下了丰富的历史记忆和意象,使得老字号形成了特色鲜明的品牌文化,并成为地方文化、城市文化的金字招牌和重要组成部分。如北京民间流传的歇后语,如"东来顺的涮羊肉——真叫嫩""六必居的抹布——酸甜苦辣都尝过""同仁堂的药——货真价实""砂锅居的买卖——过午不候"等,生动地表述了这些老字号的品牌特色和品牌影响力。这种品牌文化也是老字号容易获得消费者信任和追捧的重要原因。

其三,老字号的工匠精神。老字号在历史长期的生产经营实践中,吸收民族传统技艺精髓,凝聚数代经营者智慧,创造了诸多具备"独家秘方""独门绝技"的产品、技术和服务,成为中国工匠文化和工匠精神的重要代表。比如内联升布鞋制作工艺的特点可以概括为"一高四多",即"工艺要求高,制作工序多,纳底的花样多,绱鞋的绱法多,品种样式多"。制作一双"千层底"布鞋,大的工序有30多道,总工序达到90余道。其男鞋千层底的层数为34层,纳制鞋底工艺,达到每平方寸用麻绳纳制81针,接着将纳好的鞋底经热水浸泡热焖后,用铁锤锤平。这样的鞋底坚固耐用、柔软舒适、不起层、不变形,即便有汗脚毛病的人穿用,鞋底也不会湿。过去老北京人有句口头禅:"头顶马聚源,脚踩内联升,身穿八大祥,腰缠四大恒。"杰出的工艺造就了过硬的品牌,"脚踩内联升",成为身份的象征。2007年,"内联升千层底布鞋制作工艺"被列入北京市非物质文化遗产名录。

三、老字号在当代的传承与变革

老字号作为传统商业精英的代表,在当代延续着巨大而宝贵的文化价值、品牌价值和经济价值,在市场经济时代的变革中,迎来了与时俱进、创新发展的时代挑战。据统计,目前商务部认定的中华老字号有1128家,其中发展良好的如片仔癀、稻香村、全聚德、东阿阿胶、中茶等仅占20%—30%,而大多数则受困于缺资金、缺人才和缺品牌等三大问题,因而企业经营情况欠佳,以致众多老字号在市场大潮中黯然退场。[①]

---

① 李慧:《老字号价值在老出路在新》,《光明日报》2017年6月22日。

总体而言,老字号的价值在"老",出路却在"新"。面对上述机遇挑战:一是企业运营模式和人才培养要创新。传统老字号多为子承父业式的家族企业,虽说可以保证"血统纯正",但难以保证继承人一定是合格的管理者,且企业内部的家族矛盾往往十分突出,派系分立,对企业形成极大负面影响。因此老字号需要以现代企业运营理念进行革新,促进企业经营从传统模式向现代企业制度转变。传统老字号企业的核心技术一般是保密性极强的"祖传秘方"之类,需要依靠血缘关系加以维护,产品生产也是依靠师徒制代代传承下来,但这样的人才培养效率低下,无法适应现代市场经济对人才的大量需求。二是生产工艺和产品类型上应当不断创新。传统老字号的显著特点是手工劳动方式下的产品单一,虽然保证了老字号产品的精良品质,但是生产效率难以提升,市场接受不广,这就成为制约老字号企业发展的重要因素。只有迎合市场需求,积极开发新型产品,引进现代技术设备,在生产工艺、流程上大胆创新,是老字号发展的必然选择。三是老字号在市场营销上必须创新。过去较长的一段时间,传统老字号凭借其独特的产品和服务以及良好信誉,秉持"皇帝的女儿不愁嫁""酒香不怕巷子深"的观念,不太注重市场营销手段的创新。在当今网络信息发达的时代,这样的理念显然难以为继。老字号要想在当下有所作为,倚"老"卖"老"显然不行,必须掌握现代企业传播手段与营销理念,展开有针对性的、线上线下联动的多层次营销,才能开辟出一片"新"天地,进而实现传统商业文化的永续发展。

第四节　家训文化与家教、家风[①]

2015年2月17日,习近平总书记在春节团拜会上说:"不论时代发生多大变化,不论生活格局发生多大变化,我们都要重视家庭建设,注重家庭、注重家教、注重家风。"注重家庭、注重家教、注重家风,是中华民族历来的传统,在数千年的家庭教育实践中,古人积累了丰富的家庭教育经验,留下了大量家教、家训

[①] 家训是家教的主要表现形式之一;家规,则是家训的重要内容;家风,也称"门风",是由家教体现出来的家庭、家族风气,是家教的结果。这四个概念内涵不同却密切相关,故总体以"家训"概括之。

类文献,在传统文化宝库中占据重要地位,至今仍广泛流传。

一、传统家训文化的产生和发展

家训,也称家范,是家庭或家族中长辈对晚辈作出的某种训示、教诫,"其内容可以是教诫者自己制定的,也可以是教诫者取材于祖上的遗言和族规、族训、俗训或乡约等文献中的有关条款,或者具有劝谕性,或者具有约束性"[1]。家训最初大多是口头形式,后来被记录下来,形成书面家训。中国家训传统源远流长,历史上流传下来的众多书面家训文献,其思想以儒家文化为指向,呈现出丰富的教化内容和多样的教育方法,形成了中国独具特色的家训文化。

具体来说,先秦儒家认为教育的序列是"修身、齐家、治国、平天下",将家庭作为教育的基本单元,强调家庭人伦教育和个人修养。先秦时期出现了零散的家训,如《论语》中散见的孔子训导儿子孔鲤的记录;周公旦的《诫伯禽》教育儿子伯禽谦恭下士,仅百余字,其中"一沐三捉发、一饭三吐哺"成为千古名句;楚国孙叔敖的《临终戒子》仅50字,告诫儿子如何才能保持长久。

两汉至三国时期是传统家训文化的成型期。这一时期奠定了传统教育以儒家学说为主体的基本特征,家训越来越多,形成了儒家思想为主导,以仕宦家训为主体,包括帝王家训、贵族家训、女训、遗训等在内的各类家训。像刘邦、马援、曹操、刘备、诸葛亮都留下了家训的篇章或名言。如诸葛亮的《诫子书》和《诫外甥书》等。

魏晋南北朝时期则是传统家训文化的发展期。这时期士族门阀占据了社会主导地位,他们对门风和家教极为重视,反映在教化上就是宗族家庭教育十分发达,家训大量涌现。此时产生了历史上第一本系统化、理论化的家训专著——颜之推的《颜氏家训》,备受后人推崇,一度被认为"古今家训,以此为祖"[2]。

隋唐是家训文化的成熟期。科举制的创立和推广促进了社会对教育的重视,与科举相结合的家庭教育占据重要地位。此时诗歌发达,许多大诗人留下了家训的诗篇,如杜甫的《宗武生日》《又示宗武》,勉励幼子用功学习,确立远大志向。还出现了帝王家训的代表作——李世民的《帝范》,教诲儿子要做圣明

---

[1] 张敏:《我国古代家训中的家庭教育思想初探》,华东师范大学硕士论文,2009年。
[2] 陈振孙:《直斋书目题解》,上海古籍出版社1987年版。

君王所应当具备的品格。

宋元时期是家训文化的繁荣期。这时期的家训从父对子的道德劝导,发展为面向整个家族成员的、带有惩处性质的家法族规。其内容除对家族子弟的道德教育外,还包括日常行为规范、相应奖励和惩戒、产业的经营管理等。平民教育的发达,促使对家庭教育的重视开始从贵族、官僚阶层下降到了一般平民家庭。此期家训代表作有北宋司马光的《温公家范》。这是一部完整地反映封建家庭道德关系的伦理学著作,分别对祖、父、母、子、女、夫、妻等家庭成员作出了详尽道德要求。还有包拯《包孝肃公家训》,郑太和《郑氏家范》,陆九韶的《居家正本制用》等。

明清为家训文化的鼎盛期。这个时期家训数量繁多,大量家训族规附于族谱之后印刷流行在乡村城市,深入到街头巷尾;"内容上更加丰富多彩,不仅有传统的忠孝观念、仁义思想、治家理财、待人接物、兄弟和睦、耕读传家,还增加了强化贞操观念、女子家训、养生健康、民族气节等新的内容"[①];形式上趋向多样化,既有鸿篇巨制,也有箴言、格言、警句、诗训等,更便于受训者理解记忆。同时,家训作者范围更加广泛,尤其是帝王亲自撰写谕训、庭训,以教化子民,如明太祖朱元璋颁布了《教民六谕》:"孝顺父母,恭敬长上,和睦乡里,教训子孙,各安生理,毋作非为。"

鸦片战争后,传统家训整体趋于没落,但同时又出现了局部创新的现象。这就是以曾国藩、左宗棠、李鸿章为代表的洋务派在西风东渐的大背景下接受了西方的新思想、新观念,将其运用在家人子弟的家庭教育中,为传统家训带来了一股新风。著名者如《曾国藩家书》,在家教中主张顺应时势,意识比较开明,倡导经世济用,强调读书与世事历练有机结合。

二、传统家训文化的基本内容

我国传统家训文化延续数千年,累积了中华民族在日常生活和精神生活上的各种经验和真知灼见,其内容十分广泛和丰富,涵盖了对子孙后代修身、行事、持家、处世、家国关系等诸多方面的教诫建议。总体来说,传统家训文化的思想内容包括对家庭层面的要求、对个人道德修养的要求、对社会关系处理的

---

① 戴进:《中国传统家训文化及其当代价值》,广西民族大学硕士论文,2017年。

要求、对从政为官方面的要求等。

首先,个人修身立业方面。立志是修身之本,是成就事业的根基。汉代孔臧《与子琳书》中说"人之进道,唯问其志",人进修道业,最关键的是看他的志向。劝勉子孙树立远大志向,是传统家训的核心内容。诸葛亮在《诫子书》中说"非淡泊无以明志……非志无以成学",强调学习的前提是"明志",不明确志向,就不能在学业上获得成就。王守仁在《教条示龙场诸生·立志》中也说:"志不立,天下无可成之事。虽百工技艺,未有不本于志者……志不立,如无舵之舟,无衔之马,漂荡奔逸,终亦何所底乎?"《曾国藩家书·修身之道》第一条便是"勉君子应立志","君子之立志也,有民胞物与之量,有内圣外王之业,而后不忝于父母之生,不愧为天地之完人",提倡立志要立为民之志、圣贤之志。"圣贤之志"正是古人最为重视的志向,其核心是强调个人道德修行。如诸葛亮《诫外甥书》说"夫志当存高远,慕先贤,绝情欲,弃疑滞",王守仁《示四侄正思等》说"尔辈须以仁礼存心,以孝弟为本,以圣贤自期"等,都是儒家修身观念的典型反映。

耕读传家是传统社会家庭教育的基本模式,因而鼓励子孙读书治学成为家训的重要主题。读书治学之目的,孔子曾说"学而优则仕",古谚说"书中自有黄金屋"等,出仕做官的确是古人读书的正途。如唐代杜牧《冬至日寄小侄阿宜诗》:"朝廷用文治,大开官职场。愿尔出门去,取官如驱羊。"但如果认为古人读书无非是为了功名利禄,则有失偏颇。霍松林教授在《中国家训经典》序言中说:"'学而优则仕'是孔子为知识分子规定的一种行为模式,旨在学以致用,大济苍生,却并不是说学习好了就只求做官,谋取个人利益。"①此说在传统家训中得到了验证。如《袁氏世范·子弟不可废学》中说,"大抵富贵之家,教子弟读书,固欲其取科第,及深究圣贤言行之精微。然命有穷达,性有昏明,不可责其必到,尤不可用其不到而使之废学。盖子弟知书,自有所谓无用之用者存焉"。所谓"无用之用",即《颜氏家训·勉学》中指出的:"夫所以读书学问,本欲开心明目,利于行耳。"郑板桥在《潍县署中寄舍弟墨第二书》中说:"夫读书中举中进士做官,此是小事,第一要明理做个好人。"朱子《治家格言》也说"子孙虽愚,经书不可不读",因为读书是修身进德的必经

---

① 翟博:《中国古代家训经典》,海南出版社2002年版。

之途。

　　综而言之,人生立志、读书是建立在一定的物质基础之上的,从安家立业的角度,实际生活技能(谋生手段)的培养是第一要务。《颜氏家训·勉学》说:"积财千万,不如薄伎在身","有学艺者,触地而安"。南宋袁采在《袁氏世范》中说:"人之有子,须使有业。贫贱而有业,则不至于饥寒;富贵而有业,则不至于为非。"读书即使不能出仕,也可为安身立命之业提供佐助。《曾国藩家书·教诸弟进德修业》云:"吾辈读书,只有两事:一者进德之事,讲求乎诚正修齐之道,以图无忝所生;一者修业之事,操习乎记诵词章之术,以图自卫其身。"

　　其次,齐家治家方面。传统社会中,齐家既是修身的目标,又是治国的基础,《大学》有言:"欲治其国者,先齐其家;欲齐其家者,先修其身。"因而,传统家训的重要目的之一,是对子孙进行"齐家"教育。齐家,即颜之推所谓"整齐门内,提撕子孙",就是要端正门风,和睦家庭。齐家须以"礼教为本"①,既要规范家庭中的父子、兄弟、夫妇等各种人伦关系,同时也要对家业治理进行规范:

　　一是要父慈子孝,兄友弟恭。《颜氏家训·勉学》有云:"孝为百行之首。"孝道是传统社会对父母子女关系的核心规范,也是儒家伦理道德的主要体现。传统孝道包含了敬亲奉养,侍疾送终,立身立业,光耀门庭,娶妻生子,传宗接代等内容。子女孝顺,需家长先以身作则。《颜氏家训·治家》又说:"夫风化者,自上而行于下者也,自先而施于后者也。是以父不慈则子不孝,兄不友则弟不恭,夫不义则妇不顺矣。"司马光《涑水家仪》也强调"凡为家长,必谨守礼法,以御群子弟及家众"。兄友弟恭则要求兄弟之间要相互友爱,弟弟要敬事兄长。苏洵《安乐铭》曰:"兄弟同胞一体,弟敬兄爱殷勤。须要同心竭力,毋分尔我才真。"唐王梵志《世训格言诗》云:"兄弟须和顺,叔侄莫轻欺。财物同箱柜,房中莫蓄私。"兄弟关系会影响到子侄、妯娌、奴仆之间的关系,因而尤为古人所重。正如颜之推所说:"兄弟不睦,则子侄不爱,子侄不爱,则群从疏薄;群从疏薄,则童仆为仇敌矣。如此,则行路皆踏其面而蹈其心,谁救之哉!""若能恕己而行,换子而抚,则此患不生矣。"如果能够本着仁爱之心,把兄弟的孩子当成自己的孩子对待,各种弊端就可以避免了。

　　二是要夫义妻顺,贤淑知礼。夫妇关系是家庭伦理的核心一环。《颜氏家

---

① 颜之推:《颜氏家训》,岳麓书社1999年版。

训》中说:"有夫妇而后有父子,有父子而后有兄弟。"夫妇关系的伦理是《礼记·礼运》所谓的"夫义妇听",意为做丈夫的要处事得当,重点是做妻子的要能随顺丈夫的。随着封建礼教的加强,传统家训遵循儒家礼教,倡导"三从",即"未嫁从父,既嫁从夫,夫死从子"(《礼记·丧服》),对女子提出了一系列顺从父母、丈夫的"女训"。如汉代女学者班昭在《女戒》中说,女子"修身莫若敬,避强莫若顺。故曰敬顺之道,妇人之大礼也"。又如唐代女诗人宋若昭写的《女论语》,从立身、学作、学礼、早起、事父母、事舅姑、事夫、训男女、营家、待客、和柔、守节等12个方面,要求妻子温柔贞顺、谨慎洁身、勤俭持家、通情达理、礼待亲朋、尊敬长者、善待夫君、关爱儿女。

三是要勤俭持家,力戒奢侈。"历览前贤国与家,成由勤俭败由奢。"维持家庭正常吃穿用度,做到收支平衡,是家庭治理的基本原则,而勤俭持家是其最重要的实现途径。历代家训反复谈到这一点。如朱伯庐在《治家格言》中教导"一粥一饭,当思来之不易;半丝半缕,恒念物力维艰",在《劝言》中说:"勤与俭,治生之道也。不勤,则寡入;不俭,则妄费。寡入而妄费,则财匮。财匮则苟取。"勤俭不只是持家之道,也是修身之则。如诸葛亮《戒子书》要求"俭以养德","淡泊以明志",司马光在《训俭示康》中说"俭,德之共","侈,恶之大也"。

四是要传承家业,标榜家风。古人家教家训内容庞杂,究其目的,最重要的便是树立崇高的家风,保持家业的传承。在浩繁的家训文献中,有许多借总结历史教训来教育子弟,以阐发家门盛衰的真谛。颜之推在《勉学》篇中告诫"父兄不可常依,乡国不可常保",须靠勤学以谋自立,以"务先王之道,绍家世之业"。唐代柳玭在《戒子孙》文中说:"夫名门右族,莫不由祖考忠孝勤俭以成立之,莫不由子孙顽率奢傲以覆坠之。成立之难如升天,覆坠之易如燎毛。"北宋黄庭坚在《家戒》中,阐述那些豪门富族由"蕃衍盛大"到迅速衰败的状况,申明了家和则兴,不和则败的道理。朱伯庐在《劝言》中警告子孙若不勤俭,"愚者以为寡廉鲜耻之事,黠者入行险侥幸之途。生平行止,于此而丧祖宗家声,于此而坠生理绝矣"。曾国藩在家书《谕纪鸿》中说:"凡仕宦之家,由俭入奢易,由奢反俭难……无论大家小家、士农工商,勤苦俭约,未有不兴;骄奢倦怠,未有不败……莫坠高曾祖考以来相传之家风。"

再次,待人接物等社交方面。待人接物,指的是处理各种社会关系、人际关

系,这是古人修身持家立业的重要内容。传统家训在这方面阐发颇多:

第一,慎于接物,谦让待人。慎于接物,指在待人处事时要小心谨慎。其中最重要的是交友要谨慎。自从孔子提出"友直、友谅、友多闻"的标准,后来历代家训都在交友择友上反复铺陈其义。如汉代《孔子家语》中有一段中国人耳熟能详的话:"与善人居,如入芝兰之室,久而不闻其香……与不善人居,如入鲍鱼之肆,久而不闻其臭……是以君子必慎其所处者焉。"在与朋友相处的方法上,须懂谦让。明代温璜《温氏母训》记载母亲陆氏教导他说:"汝与朋友相与,只取其长,弗计其短。如遇刚鲠人,须耐他戾气;遇朴厚人,须耐他滞气;遇骏逸人,须耐他罔气;遇佻达人,须耐他浮气。不徒取益无方,亦是全交之法。"与其他人相处,也是同样道理。周公在《诫伯禽》中训导儿子不要怠慢亲戚,不要使大臣埋怨不被信用,不要轻易舍弃故旧,不要对人求全责备,并形象指出"君子力如牛,不与牛争力;走如马,不与马争走;智如士,不与士争智"。

第二,克己慎独,与人为善。儒家谈论修身,以"克己复礼"为中心,发展出"己所不欲,勿施于人"的恕道。"君子慎独","吾日三省吾身",这种道德内省的文化也是传统家训所秉持的重要理念。曾国藩60岁时在《诫子书》中写了著名的家训"日课四条",第一条便是:"慎独而心安。自修之道,莫难于养心;养心之难,又在慎独。能慎独,则内省不疚,可以对天地质鬼神。人无一内愧之事,则天君泰然。此心常快足宽平,是人生第一自强之道,第一寻乐之方,守身之先务也。"

第三,大肚能忍,吃亏是福,与人相处,应将心比心,相互谅解,而不是小肚鸡肠,斤斤计较。如《郑氏家范》中说:"宁我容人,毋使人容我。"朱熹《朱子家训》中说:"人有小过,含容而忍之;人有大过,以理而谕之。"王夫之《姜斋文集·丙寅岁寄弟侄》中说:"和睦之道,勿以言语之失,礼节之失,心生芥蒂。如有不是,何妨面责,慎勿藏于心,以积怨恨。"曾国藩在致澄侯等三弟信中说:"兄自庚子到京以来,于今八年,不肯轻受人惠,情愿人占我的便益,断不肯我占人的便益",并告诫诸弟"以后凡事不可占人半点便益,不可轻取人财,切记切记"(《曾国藩家书·交友篇》)。

最后,孝于亲忠于国。传统中国社会"家国同构",就是说把协调父子关系的孝道转移到君臣关系之上,而家庭推行孝道也是稳定君臣关系、家国关系的有效手段。正如《论语·学而》所云:"其为人也孝弟,而好犯上者鲜矣。"封建统治者注意到"孝道"对巩固封建秩序的作用,因此都大力提倡,进而宣扬忠是孝的扩大,孝是忠的缩小。传统家训将忠孝观念进一步推广到家庭教育之中。①三国时期虞潭母孙氏,当儿子兴兵讨贼时临别告诫:"吾闻忠臣出孝子之门。汝当舍生取义,勿以吾老为累也。"魏国妇人辛宪英在儿子出征时的赠语:"古之君子,入则致孝于亲,出则致节于国,在职思其所司,在义思其所立,不遗父母忧患而已。"(《晋书·列女传》)精忠报国,"在职思其所司",要求子孙为官者要勤政廉洁,奉公守法,心系民生——这是历代家训的重要主题。如明代何伦《何氏家训》倡导"从小当立安邦志,睿智造福天下乐";五代十国时期吴越国国王钱镠《钱氏家训》强调"利在一身勿谋也,利在天下者必谋之";南宋赵鼎在《家训笔录》中要求"凡在仕宦,以廉勤为本";包拯在家训中训诫子孙说:"后世子孙仕宦,有犯赃滥者,不得放归本家;亡殁之后,不得葬于大茔之中。不从吾志,非吾子孙。"(《能改斋漫录》)

三、传统家训文化的继承和创新

传统家训文化是当代建设美好新型家庭的重要精神资源。2016 年 12 月 12 日习近平总书记在会见第一届全国文明家庭代表时说:"家风是社会风气的重要组成部分。家庭不只是人们身体的住处,更是人们心灵的归宿。家风好,就能家道兴盛、和顺美满;家风差,难免殃及子孙、贻害社会,正所谓'积善之家,必有余庆;积不善之家,必有余殃'。诸葛亮《诫子格言》、《颜氏家训》、《朱子家训》等,都是在倡导一种家风。毛泽东、周恩来、朱德同志等老一辈革命家都高度重视家风。"

传统家风家教是当代培育社会主义核心价值观的重要资源,对于提升公民思想境界、提高公民的道德修养具有重要作用。如我国古代家风家训中的八德即"孝、悌、忠、信、礼、义、廉、耻",既是做人的根本,也与社会主义核心价值观多有相通之处。同时,家风家教也是加强党员干部廉政教育的重要抓手。《中国共产党廉洁自律准则》第八条明确要求:"廉洁齐家,自觉带头树立良好家风。"习近平曾经在多个场合强调,"每一位领导干部都要把家风建设摆在重要位置,廉洁修身、廉洁齐家,在管好自己的同时,严格要求配偶、子女和身边工作人

---

① 牛志平:《"家训"与中国传统家庭教育》,《海南师范大学学报(社会科学版)》2012 年第 3 期。

员","特别是各级领导干部要带头抓好家风。《礼记·大学》中说:'所谓治国必先齐其家者,其家不可教而能教人者,无之。'领导干部的家风,不仅关系自己的家庭,而且关系党风政风"。党员干部的家风与作风和党风紧密相连,家风建设是党员干部的必修课。①

值得注意的是,传统家训文化本质上具有宗法性,等级色彩浓厚,重士农轻工商,性别歧视严重,有些还含有迷信思想,在新时代精神文明建设中,必须对其具体内容加以仔细甄别,去除糟粕,留其精华,并认真加以总结和汲取,结合时代的发展,赋予其新的含义和理解,使其与社会主义核心价值观相适应。

---

① 石青健、薛敏航:《家规家训与廉政教育》,http://www.xmcdi.gov.cn/gzdt/llyj/201709/t20170921_5114641.htm。

第九章 中国故事与世界共同价值

推动构建"人类命运共同体",是中国为解决当今全球治理结构性矛盾提出的"中国方案"。如何用中国话语向世界讲述好中国故事,阐释好这一套中国理念、中国方案,增进国际社会对中国的了解和认知,进而让世界理解并接受中国的声音,是推动构建"人类命运共同体"实践开展的重要前提。

第一节 "和平崛起"的中国故事

党的十八大以来,习近平在多个场合从多个角度谈到在国际上要"讲好中国故事,传播好中国声音"。"讲好中国故事"思想是在特定的国内、国外形势下提出的,具有重大理论指导意义和实践价值。首先,讲好中国故事可以回应国际社会对中国在当今国际格局变化中扮演何种角色的疑问。近年西方资本主义世界陷入了现代市场经济、民主政治和福利国家困境,以中国为代表的新兴经济体的崛起,给当今由西方主导的世界带来强烈震撼。面对中国经济文化实力的日益增长,西方国家"并非仅是疑虑,而是恐惧",促使西方世界重构对中国的认知。面对国际社会的疑虑,中国必须阐释好自身的文化历史和价值理念,保持与西方社会的良性沟通。其次,讲好中国故事是提升中国文化软实力的需要。文化软实力是一个国家对国际社会的影响力、凝聚力和号召力。提升软实力,是中国参与国际新秩序构建、确立中国文化与价值的全球定位、全面提升国际竞争力的重大战略部署。讲好中国故事,是塑造和展示中国良好的国际形象,增强中国文化软实力的重要途径。

讲好中国故事,就是要对国际社会讲清楚中国的历史传统、基本国情、制度优势、人民意愿和发展进步,同时也不讳言我们发展中面临的困难和问题,还原给国际社会一个真实、清晰、完整的中国图式。① 具体来说,讲好中国故事,就是要讲好中国人和中华优秀文化的故事,讲好中国特色社会主义和中国梦的故事,讲好中国和平发展的故事。②

一、"和平崛起"与中华优秀文化

中国是世界四大文明古国之一。中国人及其创造传承的中华优秀文化为世界文明的发展进步作出过巨大贡献,而且在漫长的历史时期内一度领先世界、领跑世界,代表着世界文明的最高水平。与西方文化相比,中国文化具有自身显著的特色,成为中华民族立足世界民族之林的强大精神支撑。

第一,"贵和尚中"的文化精神。"贵和"是中国文化古老的精神理念。春秋时期的史伯说"夫和实生万物,同则不继",《中庸》里说"致中和,天地位焉,万物育焉",和谐才能生成万物,同一就不能发展,把宇宙万物视作有机联系的整体。首先,"贵和"表现在人与自然的关系上,是古代"天人合一"的哲学理念。与西方文化天与人相分离、人与自然二元对立的思想理念不同,中国文化追求"天人合一"。在中国人看来,天与人、天道与人道、天性与人性是息息相通的,人可以"赞天地之化育",是自然世界的调控者。西方文化强调人对自然的征服和改造,中国文化则向来注重人与自然的和谐相处,认为人应该顺应自然规律,进而利用自然规律去改造自然,使之更符合人类需求。这种"天人合一"的思想理念为当今世界处理"经济发展与环境保护"这一重大课题提供了重要理论启示。另一方面,在两种不同观念的影响下,中西发展出两条不同的知识路径:西方重视对"天道"(自然之道)的研究,发展出比较系统的自然科学知识;中国则重视对"人道"(人事和人伦之道)的探讨,发展出比较成熟的古代政治和伦理思想体系。著名学者钱穆曾批评传统思想"太看重人生,容易偏向于人类中心、人类本位而忽略了四围的物界与自然"③,指出了传统文化这一特点在现代的缺陷,值得我们警醒。其次,"天时不如地利,地利不如人和","贵和"表现在人际关系上,则是提倡和睦、和顺、和解的处世态度,追求和谐的家庭、社

---

① 徐占忱:《讲好中国故事的现实困难与破解之策》,《社会主义研究》2014年第3期。
② 参考2016年2月习近平在党的新闻舆论工作座谈会上的讲话。
③ 钱穆:《中国文化史导论》,商务印书馆1994年版。

会氛围。孔子讲"礼之用,和为贵","和"既是人际交往的价值尺度,也是人际交往的追求目标。诚信待人是为了"和",谦恭忍让是为了"和",团结互助是为了"和","井水不犯河水"也是为了"和"。"以和为贵"的精神转移到民族、国际关系上,则是"亲仁善邻""协和万邦"等基本原则。战国思想家孟子提出"交邻国有道",汉代与匈奴"和亲"、开辟丝绸之路,唐高祖李渊主张对邻国"尽抚育之方""宏仁恕之",明代李善长提出对东西洋诸国,"凡日月所照,无有远迩,一视同仁"等等,都是这个原则的反映。

"尚中"是"贵和"精神的进一步发展。《易传》云"刚健中正,纯粹精也",要人们效法天,在行为上允当适度,持中而行。孔子发展了古代"中和"思想,提出"中庸"的思想方法和原则。"不偏不倚谓之中,恒常不易谓之庸",坚守中正,反对极端,无过无不及,是"中庸"的真谛。另外,孔子说"中庸之为德也,其至矣乎",把"中庸"发展为儒家至高的道德标准。自古以来,"中庸"深刻影响了中国人的思维与行为方式。孔子赞扬《关雎》说"乐而不淫,哀而不伤",战国时期宋玉描写东邻之女的美"增之一分则太长,减之一分则太短,著粉则太白,施朱则太赤",俗谚说"水至清则无鱼,人至察则无徒"等等,都是中庸观念的反映。

第二,"以人为本"的伦理观念。"天道远,人道迩"(《左传·昭公十八年》),"天视自我民视,天听自我民听"(《尚书·泰誓》),中国文化表现出鲜明的"人本主义"特色,强调"人事为本,天道为末"。表现在政治伦理上,为民本主义政治思想。《尚书》里说"民为邦本,本固邦宁",孟子讲"民为贵,君为轻",《管子》言"夫霸王之所始也,以人为本,本理则国固,本乱则国危",唐太宗李世民说"民可以载舟,亦可以覆舟"等等,都是这种政治观念的阐述。表现在神人关系上,则是"敬鬼神而远之",远鬼神而重人伦。西方文化则将"天"绝对神圣化,上升为主宰一切的"上帝"观念。这种观念在中国文化中是难以存在的——这也是中国神学观念不发达、宗教思想相对薄弱的重要原因。

第三,"以德治国"的政治传统。中国自古就是"礼仪之邦","道德仁义,非礼不成;教训正俗,非礼不备;纷争辩讼,非礼不决;君臣上下,父子兄弟,非礼不定"(《礼记·曲礼》),"礼"不仅是规范人伦关系的规范,也是协调社会秩序的原则。"礼义者,治之始也"(《荀子·王制》),"以礼治国"是传统政治理念和政治实践的核心要素。"礼"是"德"的外在规定,"德"是"礼"的内在约束,因此,"以礼治国"的实质是"以德治国"。孔子说:"道之以政,齐之以刑,民免而无耻;道之以德,济之以礼,有耻且格。"(《论语·为政》)在儒家的政治理念中,道德、礼法的力量比法律更为有效,要求统治者以道德、礼仪去调整社会关系,而不是简单地依靠法律条文去治理国事。对于个体而言,首先要考虑的,不是是否符合法律条文,而是是否符合道德要求、礼仪规定。传统政治文化也有"以法治国"的法家思想,也是历代统治者资以利用的重要统治手段,但总体上对中国文化的影响远远不及儒家的德治和礼治。但传统政治不论是"德治礼治"还是"法治",其本质都是"人治",与现代法制体系中"以德治国"和"依法治国"不可等同而语。

第四,"刚健有为"的人格追求。春秋时期,孔子说:"刚毅木讷近仁"(《论语·子路》),对"刚毅"这种品德予以高度赞扬,并且告诫弟子"士不可以不弘毅,任重而道远,仁以为己任,不亦重乎?死而后已,无以为君子也"(《论语·泰伯》),勉励他们发奋作为,敢于担当,勇于弘道。战国时期,孟子充分发展了孔子弘毅任道的学说,提出以培养"浩然之气"为核心的心性修炼方法。这种"浩然之气",至大至刚,充塞于天地之间,宋代苏轼歌颂它"不依形而立,不恃力而行,不待生而存,不随死而亡矣。在天为星辰,在地为河岳,幽则为鬼神,而明则复为人"(《韩文公庙碑》)。养浩然之气,则可以成为"大丈夫","居天下之广居,立天下之正位,行天下之大道","富贵不能淫,贫贱不能移,威武不能屈"(《孟子·滕文公》),具有弘毅任道、刚正无畏的崇高品格。这种"刚健有为"的人格追求,《易传》将它凝练发展为"天行健,君子以自强不息",认为君子刚健自强,乃是效法天地之道。自古以来,刚健有为、自强不息的思想深入人心,强烈激励着知识分子以及一般民众,促使他们在逆境中磨炼自我、奋起抗争。与这种人格追求密切联系在一起的,就是中华民族讲正气、重气节的民族精神。"三军可夺帅也,匹夫不可夺志也",做人不可不讲气节,"志士仁人,无求生以害仁,有杀身以成仁"(《论语·卫灵公》),把为真理、为国家、为民族牺牲视为最大的"仁"。这种刚健的民族精神与中国人日常生活中所秉持的"贵和尚中"的中庸精神既互相补充,又相得益彰,共同展现了中国人的精神品格。

走入新时代,中国提出了以爱国主义为核心的民族精神和以改革创新为核心的时代精神。这是中国传统文化与中国的时代特征相结合的思想成果,是中国主流文化意识的重大提升。

二、"和平崛起"的制度优势：中国特色社会主义与中国梦

中国特色社会主义道路，就是在中国共产党领导下，立足基本国情，以经济建设为中心，坚持四项基本原则，坚持改革开放，解放和发展社会生产力，巩固和完善社会主义制度，建设社会主义市场经济、社会主义民主政治、社会主义先进文化、社会主义和谐社会、社会主义生态文明，促进人的全面发展，逐步实现全体人民共同富裕，建设富强、民主、文明、和谐、美丽的社会主义现代化强国。

中国特色社会主义道路是近代以来中国人民经过艰辛探索最终选择的适合自身实际、契合本国国情的现代化道路，是中国共产党和中国人民在长期实践中逐步开辟出来的中国道路。习近平指出："中国特色社会主义不是从天上掉下来的，是党和人民历尽千辛万苦、付出各种代价取得的根本成就。"[①]近代以来，为了摆脱半殖民地半封建社会的悲惨命运，广大仁人志士努力探索救国救民的道路。从太平天国运动、洋务运动、戊戌变法到辛亥革命，农民、封建地主阶级开明派、资产阶级改良派和民族资产阶级纷纷登上历史舞台。但这些运动、变法和革命都没有能使中国走上富强之路。历史的教训表明，照搬西方资本主义的道路是走不通的。以毛泽东为主要代表的中国共产党人深入研究中国国情和中国革命的特点，创造性地运用马克思主义解决中国的问题，开创了一条由新民主主义通向社会主义的革命道路，实现了民族独立和人民解放，为中国现代化的转型之路扫除了障碍。新中国成立后，中国共产党领导全国人民在探索社会主义建设道路方面进行了艰辛探索，为后来开辟中国特色社会主义新道路奠定了基础。党的十一届三中全会以后，以邓小平为核心的中国共产党人带领全国人民实现了指导思想的拨乱反正和工作重点的转移，开启了改革开放的伟大实践，开辟了中国特色社会主义新道路。中国从此逐渐实现了经济富强、政治民主、文化繁荣、社会稳定，走向了民族复兴的伟大征程。历史实践充分证明，中国特色社会主义道路是中国共产党和中国人民唯一正确的历史性选择。

改革开放以来我国经济社会的伟大成就再次证明了中国特色社会主义道路是唯一正确的道路。1978年改革开放以来，我国政治、经济、文化、社会等各

---

① 习近平2013年12月26日在纪念毛泽东同志诞辰120周年座谈会上的讲话。

方面都取得巨大发展,综合国力显著提升。政治上,中国特色社会主义制度牢固树立,政治体制改革不断深入,社会主义民主政治不断发展,党和国家领导体制日益完善,全面依法治国深入推进,社会主义法制体系日益健全,人民当家作主的制度保障和法制保障更加有力;经济上,社会生产力水平取得巨大提升,国内生产总值年均实际增长9.5%,占世界生产总值的比重由改革开放之初的1.8%上升到15.2%,多年来对世界经济增长贡献率超过30%,一跃成为世界第二大经济体,是世界制造业第一大国、货物贸易第一大国、商品消费第二大国、外资流入第二大国,外汇储备连续多年位居世界第一;文化上,社会主义精神文明建设取得巨大成就,社会主义核心价值观得到确立和发扬,中华优秀传统文化得到传承和发扬;社会建设上,民生得到保障和发展,建成了世界最大的社会保障体系,社会大局保持长期稳定,成为世界上最有安全感的国家之一;生态文明建设上,自然环境得到保护,节能减排取得重大进展,生态文明制度体系加快形成,主体功能区制度逐步健全;国防和军队建设上,人民军队的革命化、现代化、正规化水平显著提高,人民军队维护国家主权、安全、发展利益的能力显著增强。40年改革开放的历史,是中国特色社会主义创立、发展、完善的历史。总结改革开放40年的宝贵经验,最重要的就是坚持走中国特色社会主义道路,这也是我们在新的历史起点上再出发的坚实基石。我们只有不断深化改革开放,才能不断拓展中国特色社会主义道路,持续开创中国社会主义现代化建设的新局面。

"中国梦"是中国特色社会主义道路内在衍生的历史性宏伟蓝图和具体目标。党的十八大以来,"中国梦"成为中国共产党执政的重要指导思想和执政理念。习近平指出:"中国梦意味着中国人民和中华民族的价值体认和价值追求,意味着全面建成小康社会、实现中华民族伟大复兴,意味着每一个人都能在为中国梦的奋斗中实现自己的梦想,意味着中华民族团结奋斗的最大公约数,意味着中华民族为人类和平与发展作出更大贡献的真诚意愿。"①

从历史传承和历史发展的层面讲,"中国梦"是走向民族复兴的伟大梦想。中国有着五千年历史的文明史,代代传承的有文字记载的历史也长达三千多年。自从商代以来,中国历代王朝几乎一直雄踞于世界文明国家的前列,虽然

---

① 参见习近平2013年12月30日在中共中央政治局第十二次集体学习时的重要讲话。

屡经挫折与苦难,但中华民族始终不屈不挠,怀有远大抱负——构建一个富强的、稳定的、和平的、统一的中国始终是中国人民的追求和梦想。近代以来,闭关锁国的封建中国,在世界工业化革命潮流中日趋衰败,逐渐沦为世界二流三流国家,尤其是1840年鸦片战争以后,中国饱受列强侵略和压迫,国家领土和资源被瓜分,国家独立和主权被侵犯,国家和人民的尊严饱受屈辱。20世纪前半叶,中国人民又深受军阀割据的折磨和日本军国主义的侵犯,民生凋敝,社会分裂,经济濒于崩溃。在苦难的历史环境下,无数仁人志士为了救亡图存,顽强奋斗,艰苦求索,始终不渝地追求民族独立、国家富强的伟大梦想。1949年,新中国的成立实现了民族和国家的独立,中国人民在中国共产党的带领下,开始了开创社会主义道路、建设社会主义强国的伟大探索和实践。在艰苦的国际环境下,探索的道路是曲折的,20世纪从50年代到70年代,社会主义经济文化和社会的发展深受"极左"思潮的干扰。1978年,在历史的紧急关头,中国共产党在以邓小平为中心的第二代领导集体的带领下,顺应时代要求,拨乱反正,统一思想,作出了以经济建设为中心的伟大决策,开启了改革开放的新征程。改革开放以来,中国综合国力不断提升,民族信心不断增强,民族复兴的梦想应运而生。因此,新时期"中国梦"的提出,不仅是对100多年来中华民族艰苦求索奋斗的历史回应和继承,也是对改革开放40年来中国特色社会主义建设的历史展望。

从国家层面讲,"中国梦"是强国梦,意味着全面建成小康社会,建设社会主义现代化强国,具体可以概括为"两个一百年"奋斗的目标,即"到建党一百年时,全面建成小康社会;到新中国成立一百年时,全面建成社会主义现代化强国"。中华民族的强国梦包含了丰富的内涵:国际地位高、和平统一的强大的中国;经济发达、人民富裕的富强的中国;社会健康稳定、人民爱国敬业、各阶层各民族和睦相处的和谐的中国;公平正义、民主法治、文化丰富、道德高尚的文明的中国;环境美好、人与自然和谐相处的美丽的中国;科技领先、思想先进的创新的中国。

从个人层面讲,"中国梦"是实现了个人全面发展的梦想。根据马克思主义理论对"个人全面发展"的论述,"个人全面发展"包括了人的劳动、人的能力、人的需要、人的社会关系和人的个性的全面发展。概括地讲,"个人的全面发展"包括了物质的满足和精神的丰富两个层面。中国人的总体追求是和每一个个体的追求密切联系在一起的,实现"中国梦",就是让每一个人的物质需要与精神需要得到满足,感受到幸福。习近平说:"我们的人民热爱生活,期盼有更好的教育、更稳定的工作、更满意的收入、更可靠的社会保障、更高水平的医疗卫生服务、更舒适的居住条件、更优美的环境,期盼着孩子们能成长得更好、工作得更好、生活得更好。人民对美好生活的向往,就是我们的奋斗目标。"①实现个人幸福,要求每一个人能够平等自由地发展、不同社会阶层间能够自由畅通流动、人民群众均等享有基本公共服务……也就是说,要让"每一个人都能在为中国梦的奋斗中实现自己的梦想",要让每一个中国人都有与祖国和时代共同进步的机会。②

从全球层面讲,"中国梦"不仅仅是中华民族的国家富强、民族振兴、人民幸福之梦,也是世界"大同"之梦。在全球化的国际背景下,中国的发展离不开世界,世界也需要中国,中国的发展与全球政治、经济、文化的发展密切相关。"中国梦"的实现对世界是有利的。作为世界上最大的发展中国家,中国解决好自己的经济增长、粮食、环境治理等具有全球性的问题,就是对世界最大的贡献。"实现中国梦给世界带来的是和平,不是动荡;是机遇,不是威胁。"中国与世界在政治上相互尊重,经济上开放互利,同时也在文化、生态等各个方面密切相连,中国与世界具有共享战略机遇和经济利益的本质特征。并且,"中国梦"根植于中华民族的独特的文化传统,成熟于新时代中国特色社会主义实践,其本身蕴含着丰富文化内涵和实践经验,对促进世界经济发展、文化融合和价值认同具有重要借鉴意义,也为探索人类文明多样化发展道路提供了重要的启示意义和参考价值。③

三、新时代中国的和平发展与崛起

和平发展道路是中国发展的国际战略。走和平发展道路,在中国有着深厚的历史渊源和文化基础,是中国政府和人民顺应时代发展潮流,遵循中国发展的根本利益作出的战略抉择,不仅是中国走向现代化的必然要求,也符合人类社会发展的客观要求。2018年,"坚持和平发展道路"被写入中国宪法。④

---

① 参考2012年11月15日习近平对中外记者的讲话。
② 韩建旭:《论实现中国梦进程中人的全面发展》,重庆行政学院硕士论文,2016年。
③ 王秋山:《"中国梦"的理论渊源与内涵研究》,青岛理工大学硕士论文,2014年。
④ 可参考中华人民共和国国务院新闻办公室:《中国的和平发展》白皮书,2011年9月。

(一)和平发展是中国历史文化的传承

走和平发展道路,是基于中国历史文化传统的自然选择。中国文化崇尚"天人合一""以和为贵""和而不同"的理念,认为世界是一个有机和谐的整体。这种观念深刻影响着中华民族的思想和行为,成为中国人处理人与人、人与自然包括国与国关系的重要法则。和谐文化培育了中华民族热爱和平的民族性格,和合万邦、和睦家庭、亲善邻里、友爱他人是中华民族的传统美德。自古以来,中华民族对外睦近交远,待之以礼,以"海纳百川,有容乃大"的胸怀,持续开展中外经济文化的交流,接纳融合有益的外来文化,留下了"玄奘西游""鉴真东渡"等众多对外文化交流的千古佳话。中国人民在对外文化交流中崇尚"己所不欲,勿施于人"的观念,注重推己及人、将心比心,尊重不同文化和观念,不将自己的意志强加于人,更不会侵犯他人利益。正如英国学者克里斯托弗·库克在《文明国家的崛起》一书所说,中华文明是"天生的和平、非扩张主义和非帝国主义的文明"。历史上从汉代张骞"凿空西域"开始开辟的"丝绸之路",不仅是一条贸易之路、文化之路,更是和平合作之路,铭刻着中国人民同西域各国友好交流、互利互惠的历史足迹。600年前,明代著名航海家郑和为了"通好他国,怀柔远人",带领当时世界上最强大的船队"七下西洋",远涉亚非30多个国家和地区,不仅没有战火劫掠、殖民剥削,反而留下了中华灿烂文明和先进科技,播下了和平与友谊的种子。直至今天,东南亚有很多国家仍然在纪念郑和。

习近平多次指出:"中华民族历来是爱好和平的民族","在5000多年的文明发展中,中华民族一直追求和传承着和平、和睦、和谐的坚定理念","中华民族的血液中没有侵略他人、称霸世界的基因,中国人民不接受'国强必霸'的逻辑,愿意同世界各国人民和睦相处、和谐发展,共谋和平、共护和平、共享和平"。[①] 从五千年文明史中走来的中国人民,传承中华文化的优秀传统,在新时代对外交往中"坚持独立自主的对外政策,坚持互相尊重主权和领土完整、互不侵犯、互不干涉内政、平等互利、和平共处的五项原则,坚持和平发展道路,坚持互利共赢开放战略,推动构建人类命运共同体",又赋予传统文化以新的时代内涵。

---

① 参考2014年5月15日习近平在中国国际友好大会暨中国人民对外友好协会成立60周年纪念活动上的讲话。

(二)和平发展道路是中国基本国情和根本利益的要求

中国的基本国情和国家根本利益、长远利益是中国必须走和平发展道路的决定性因素和内生动力。中国的基本国情是我国仍处在并将长期处于社会主义初级阶段。中国人口多、人均资源占有量少，经济社会发展成就要由13亿多人共享，不断满足众多人口生存和发展需求将是长期面临的难题。2018年，中国人均国内生产总值约为9800美元，居世界第70位左右，尚未达到世界人均水平。人民生活水平仅在总体上达到小康，还约有1/4的人口未达到小康水平，社会保障体系还很不完善，与发达国家相比还有很大差距。从工业化和城市化程度看，中国仍低于世界平均水平。中国城乡、区域发展很不平衡，经济社会发展结构性矛盾突出，资源环境等发展的瓶颈制约突出，经济增长过于依赖物质资源投入，转变经济发展方式任务艰巨。中国科技自主创新能力还不高，在国际产业体系和贸易分工中仍处于产业链低端。

中国的现代化是世界1/5人口的现代化，无论规模还是难度，在当今世界都是绝无仅有的。在相当长历史时期内，中国要集中力量推进现代化，集中精力解决发展和民生问题，就始终需要和平稳定的国际环境，持续加强开展对外交流合作。

(三)和平发展道路是顺应时代发展潮流的选择

和平与发展是当今时代的两大主题，也是不可阻挡的世界潮流。中国走和平发展道路，正是在这一时代大背景下的必然选择。习近平强调："前进道路上，我们必须高举和平、发展、合作、共赢的旗帜，恪守维护世界和平、促进共同发展的外交政策宗旨，推动建设相互尊重、公平正义、合作共赢的新型国际关系。我们要尊重各国人民自主选择发展道路的权利，维护国际公平正义，倡导国际关系民主化，反对把自己的意志强加于人，反对干涉别国内政，反对以强凌弱。"纵观世界历史上西方资本主义大国的崛起过程，无不与经济掠夺、殖民剥削和战争侵略联系在一起，而中国的发展壮大是在现有的国际规则下，坚持走独立自主的道路，通过本国人民的艰苦奋斗和自力更生以及世界范围内的分工合作、互惠互利来实现的。正如习近平总书记向世界郑重承诺的："无论中国发展到什么程度，我们都不会威胁谁，都不会颠覆现行国际体系，都不会谋求建立势力范围。"

新中国成立70年以来，在风云变幻的国际形势下，中国奉行独立自主的外交政策,坚持和平共处五项原则,在冷战两极对立的格局中坚持独立自主,在亚非拉争取民族独立解放的斗争中主持公道正义,在经济全球化进程中秉持互利共赢,在单边主义、保护主义和民粹主义逆流中维持开放合作、捍卫国际秩序,推动全球治理体系朝更加公正合理的方向发展,为充满不确定性的国际形势注入正能量,为维护世界团结和世界和平发展作出了重大贡献。[①] 70 年来的中国特色社会主义建设和中国特色外交为应对人类社会发展所面临的共同挑战提供了新模式和中国智慧,为当今中国在国际上树立起负责任的大国的形象,赢得了世界人民的尊重和赞誉。

第二节　文明交流互鉴与人类命运共同体

40 年来的改革开放造就了新时代中国特色社会主义建设的新局面。总结这 40 年的经验,最重要的一条,就是必须坚持扩大开放。通过开放,中国不仅要走向世界,还要推动世界发展。在新的世界环境下,中国积极倡导并推动构建人类命运共同体。这是习近平着眼于人类发展和世界前途面临的重大问题提出的中国理念和中国方案,体现了中国立场和中国智慧。推动构建人类命运共同体,其核心内涵是要和平不要战争、要发展不要贫穷、要合作不要对抗、要共赢不要单赢。中国作为构建人类命运共同体理念的倡导者,负责任、有担当,率先垂范,致力于构建人类命运共同体的伟大实践。"一带一路"重大经济合作倡议和全球范围内孔子学院的建立,就是中国推动构建人类命运共同体在经济和文化领域的重要实践。

一、"一带一路"

2013 年,习近平提出建设"丝绸之路经济带"和"21 世纪海上丝绸之路"的经济合作倡议,后被概括为"一带一路"(The Belt and Road)。"一带"是将中国与欧亚大陆联系起来;"一路"将通过海洋把中国与亚洲沿海、中东、东非和欧洲联系起来。中国政府积极推进"一带一路"倡议的发展和实施。2015 年 3 月,

---

① 参考郑立樵:《新中国外交 70 年:成就与启示》,《学习时报》2019 年 8 月。

国家发改委、外交部和商务部联合发布了《推动共建丝绸之路经济带和21世纪海上丝绸之路的愿景与行动》，提出了一个全面的构想，阐述了共建原则、框架思路、合作重点、合作机制和中国政府采取的行动。2016年，"一带一路"被写入"十三五"规划，新疆被定位为"丝绸之路经济带核心区"，福建被定位为"21世纪海上丝绸之路核心区"。2017年10月，在中国共产党第十九次全国代表大会上，推进"一带一路"建设被写入党章。中国政府积极推动"一带一路"建设，加强与沿线国家的沟通磋商，推动与沿线国家的务实合作。截至2018年年底，"一带一路"合作方已经有122个国家、29个国际组织，签署了170份政府间合作文件，覆盖全球2/3的人口。"一带一路"是一个多元开放包容的合作性倡议。2017年4月18日，中国外交部部长王毅表示，中国"无意为'一带一路'划定明确的地理界限，因为'一带一路'本质上是一个国际合作的倡议，可以也应当向所有志同道合的国家和地区开放。这一倡议不是会员俱乐部，而是广泛参与的朋友圈"。"一带一路"的开放包容性特征是区别于世界其他区域性经济倡议的一个突出特点。

具体来说，首先，"一带一路"具有深厚的历史背景。古代丝绸之路起源于中国，是古代东西方交流的主要通道。其中陆上丝绸之路形成于汉代，从中国内陆出发，经甘肃、新疆，进而到达中亚、南亚、西亚和欧洲；海上丝绸之路，也开辟于秦汉时期，从中国南方沿海城市出发，经南洋到阿拉伯海，远达非洲东海岸，是古代中国与世界来往的海上通道。丝绸之路是古代东西方经济文化交流的大动脉，两千多年来为世界不同文明的交流和融合作出了巨大贡献。习近平称赞古代丝绸之路构筑了古代中国"和平合作，开放包容，互学互鉴，互利共赢"的黄金时代，丝绸之路精神是人类文明的伟大遗产。英国历史学家彼得·弗兰科潘说："丝绸之路曾经塑造了过去的世界，甚至塑造了当今的世界，也将塑造未来的世界。""一带一路"传承古代丝绸之路的精神，是和平、繁荣、开放、创新、文明之路，为当今世界经济文化的交流合作提供了新的模式和路径，将为人类文明增添光彩，推动构建和谐的新时代。

其次，"一带一路"也具有鲜明的时代背景。一方面从国内来讲，经过40年的改革开放，我国社会主义建设取得了巨大成就，但地区间发展不平衡的矛盾依然突出，东西部开放程度和经济社会发展水平的差距逐渐扩大。"一带一路"开创了中国全方位改革开放的新局面，促进了社会主义经济建设的发展。"丝绸之路经济带"的建设,是从中国中西部地区出发加强与中亚国家的经贸往来,既为中西部地区经济发展提供了契机,也促使中西部地区加快开放的步伐。近年,中国的工业、基础建筑相关行业长期以来处于产能过剩状态,迫切需要开拓市场空间。中国与"一带一路"国家积极开展贸易合作,优势互补,充分发挥自身比较优势,获取利润的同时,也为国内过剩产能提供了新的消化途径。习近平强调:"推进丝绸之路经济带、海上丝绸之路建设,形成全方位开放新格局。"新时代"一带一路"的建设必将为我国谋求经济发展空间新格局,谋求全方位的对外开放新格局注入新的生机。不仅如此,"一带一路"也有利于中国保持边境稳定、维持地区和平。随着中国的崛起,对全球资源和世界范围内的贸易交往的依赖程度不断加深,不可避免要拓展海外市场,引起一些国家特别是周边国家的恐惧和担忧。"一带一路"建设的推进,通过与周边国家加强经贸文化等方面的合作,建立起互惠互利互信的和谐关系,可以减少、消除因主权领土等争端引起的政治互信缺失,保持地区稳定与和平。

另一方面,当今世界多极化、经济全球化、文化多样化、社会信息化的潮流不可阻挡,不同国家和地区之间只有通过加强各领域内的分工合作,才能互利共赢,持续发展。"一带一路"以基础设施建设为主要抓手,促进经济要素在世界范围内有序自由流动,推动中国与相关国家的宏观政策进行协调对接。对于参与"一带一路"建设的发展中国家来说,这是一次搭中国经济发展"快车""便车",实现自身工业化、现代化的历史性机遇,有力推动了南南合作的广泛展开,同时也有助于增进南北对话,促进南北合作的深度发展。"一带一路"致力于亚欧非大陆及附近海洋的互联互通,建立和加强沿线各国互联互通伙伴关系,构建全方位、多层次、复合型的互联互通网络,实现沿线各国多元、自主、平衡、可持续的发展,符合国际社会的根本利益,彰显人类社会共同理想和美好追求,将为世界和平发展增添新的正能量。①

再次,"一带一路"实施数年来,已经取得巨大成绩。由于"一带一路"沿线国家资源禀赋各异,与中国经济互补性强,彼此合作发展的潜力和空间巨大。习近平指出,构建"丝绸之路经济带"要创新合作模式,加强"政策沟通、设施联通、贸易畅通、资金融通、民心相通,五大领域齐头并进"。详而言之:一是政

---

① 国家发展改革委、外交部、商务部:《推动共建丝绸之路经济带和21世纪海上丝绸之路的愿景与行动》,2015年3月28日。

策沟通,加强政策沟通是"一带一路"建设的重要保障。截至2018年,各个参与国根据本国国情,积极与"一带一路"建设进行相关战略对接。例如欧盟"容克计划"、俄罗斯"欧亚经济联盟"、蒙古国"发展"之路、哈萨克斯坦"光明之路"、波兰"琥珀之路"等众多发展战略与"一带一路"建设实现对接。

二是设施联通,基础设施互联互通是"一带一路"建设的优先领域。在基础设施建设上,中国和"一带一路"国家在港口、铁路、公路、电力、航空、通信等领域开展大量合作,有效提升了这些国家的基础设施水平。如中俄黑龙江大桥、珲马铁路、中越国际铁路、中越沿边公路、中蒙俄铁路、中哈公路、阿亚古兹铁路、缅甸公路等等。

三是贸易畅通与资金融通。投资贸易合作是"一带一路"建设的重点内容。目前,我国已经与200多个国家的600多个主要港口建立航线联系,海运互联互通指数保持全球第一。铁路贸易运输增长迅速,如中欧班列2018年开行突破12000列,到达15个国家、49个城市,年运送货物总值达160亿美元。货物由电脑、手机等电子用品,扩大到服装、粮食、酒品、汽车及配件等人民生活必需品。2013年至2018年,中国与"一带一路"沿线国家进出口总额超过6万亿美元,对外直接投资超过800亿美元,签订对外承包合同总额超过5000亿美元。同时,资金融通是"一带一路"建设的重要支撑。金融合作方面,截至2018年,亚洲基础设施投资银行成员已达93个;中国出资400亿美元成立丝路基金,2017年获增资1000亿元人民币;24个国家设立中资银行102家,人民币跨境支付覆盖40个"一带一路"国家。投资体系不断推进,开发性和政策性金融支持持续加大,多边投资机制和平台发展迅速,为"一带一路"建设提供了有力支持。

此外,民心相通。民心相通是"一带一路"建设的社会根基。"一带一路"相关参与国家秉持丝绸之路的友好合作精神,广泛开展文化交流、人才交流、旅游合作等,为深化双边、多边合作奠定坚实的民意基础。截至2018年4月底,中国与61个"一带一路"国家建立了1023对友好城市,占我国对外友好城市总数的四成;中国每年向沿线国家提供1万个留学生政府奖学金名额,目前在"一带一路"国家已设立173所孔子学院;2017年,中国与"一带一路"国家双向旅游交流达六千万人次,"一带一路"旅游成为世界旅游的新增长点。

二、孔子学院

孔子学院(Confucius Institute)是中国与世界各地合作设立的教授汉语、传播中国文化的非营利性教育机构。其主要职能是：面向社会各界人士开展汉语教学；培训汉语教师，提供汉语教学资源；开展汉语考试和汉语教师资格认证；提供中国教育、文化等信息咨询；开展中外语言文化交流活动等。

孔子学院成立与发展的背景是中国和平崛起所催生的"中国热"和"汉语热"。改革开放以来，中国经济飞速发展，成为推动世界经济增长的重要引擎，引起世界瞩目，在世界范围内掀起一股认识中国、了解中国、研究中国的"中国热"潮流。在世界经济全球化背景下，中国的对外开放和经济增长为世界各国经济发展带来了历史性机遇，汉语作为经济贸易的信息载体和交流工具，影响力迅速增长，国际地位不断提升，刺激世界"汉语热"的形成。外国人要了解当代中国、了解中国崛起的文明机制，就必须通过汉语了解中国的文化。因此，汉语国际地位提升的背后是中国文化的全球影响力显著增强。另一方面，汉语、汉字和中国文化在中国和平崛起过程中作为软实力，是中国综合国力的重要组成部分。向世界推广汉语和中国文化，成为中国特色社会主义文化建设以及政府对外工作的重点内容。孔子学院就是在这样的时代背景下应运而生。在国外设立专门机构以推广本国语言文化，早已是国际社会通行的做法。如英国的英国文化委员会，法国的法语联盟，德国的歌德学院，西班牙的塞万提斯学院。这些兴起于不同历史时期的欧洲文化机构，都是以本国语言教授为起点，以本国文化传播为中心，开展国际文化交流活动，为世界了解本国历史文化和国家面貌搭建平台。中国政府推广孔子学院，也是基于同样的目的。《孔子学院章程》明确规定，孔子学院作为非营利性教育机构，其宗旨是增进世界人民对中国语言和文化的了解，发展中国与外国的友好关系，促进世界多元文化发展，为构建和谐世界贡献力量。

从2004年第一家孔子学院在韩国首尔建立，全世界范围内孔子学院如雨后春笋，发展迅速。截至目前，全球已有162个国家(地区)设立了545所孔子学院和1170个孔子课堂。其中，亚洲39国(地区)，孔子学院135所，孔子课堂115个；非洲46国，孔子学院61所，孔子课堂48个；欧洲43国(地区)，孔子学院187所，孔子课堂346个；美洲27国，孔子学院142所，孔子课堂560个；大洋洲7国,孔子学院20所,孔子课堂101个。① 孔子学院根据各国各地的实际情况,开展了不同的办学模式,主要类型有:中外高等学校合作办学、中外高校联合跨国公司合作办学、外国政府与中国高校合作办学、外国社团机构和中国高校合作办学等,其中依托中小学开展办学的一般称为"孔子课堂"。为满足各国师生多样化需求,陆续建立了一些专项孔子学院,如2006年4月中国教育部和汇丰银行等5家英国企业在伦敦联合设立全球首家"商务孔子学院",2008年2月,在伦敦南岸大学成立世界第一所"中医孔子学院",2009年11月,美国宾汉顿大学"戏曲孔子学院"成立等,各类专项孔子学院目前已超过80所。各地孔子学院充分利用自身优势,开展丰富多彩的语言教学和文化交流活动,不断创新教学模式,打造优势品牌项目,例如"孔子新汉学计划"、"汉语桥"大赛、孔子学院数字图书馆等。孔子学院不断加强汉语考试服务体系建设,考生和考点数量迅速增长,HSK、HSKK、BCT、YCT等汉语水平考试已成为全球权威汉语水平测试;成立"世界汉语教学学会",吸纳78个国家4000多名会员。孔子学院不仅是汉语教学机构,也是加强中外文化沟通交流的驿站和桥梁。海外孔子学院在汉语教学的同时,也开展专门的中国文化课,注重使外国学生拥有中国文化的体验,例如教学生用筷子、包饺子、练武术、学习民族舞蹈、观摩中国戏曲影片,等等。国家孔子学院总部在2014年孔子学院十周年之际,把每年的9月27日定为全球孔子学院日,各国孔子学院在这一特定时间纷纷举办"孔子文化展""中国文化周""中国文化月"等活动,多层次多角度介绍中国文化,吸引了众多国外友人的参与。孔子学院已经成为世界各国学习汉语、了解中国文化的重要场所,也是世界认识当代中国的重要窗口。

世界范围内孔子学院的建立和发展对于中国文化的国际传播、中国特色社会主义文化建设和中国推动构建人类命共同体的实践有着重要意义。

首先,孔子学院开创了以各级院校为组织依托开展中国文化国际交流和传播的新型模式,为实现中国语言文化的系统性、持续性架设了平台,为实现中外人文交流和全球化背景下多元文化的共享架构了基础组织设施,以一种"建构主义"的姿态矗立于世。《人民日报》将孔子学院誉为改革开放30年的大事之一。外国主流媒体称赞孔子学院是"迄今中国出口的一个最好最妙的产品"。孔子学院已经成为当下中国文化传播的国际名片。

---

① 参考孔子学院官网:http://www.hanban.org/confuciousinstitutes/node_10961.htm。

其次,孔子学院在全世界范围内的教育实践加强了中国教育尤其是高等教育的开放程度和深度,显著提升了中国教育的国际化水平。在语言教授和文化交流活动的引领下,国内外大学突破语言、文化、艺术等领域的合作,在国际政治、经济、社会学、哲学等人文社科领域,乃至自然科学等领域展开了频繁深入的学术交流与协作,极大拓展了中国教育发展的国际空间。孔子学院丰富了中国大学对外开放的途径,提升了中国大学的国际影响力,加深了中国教育参与国际教育资源融合与配置的程度,同时也提高了中国教育人才的国际化水平,引进了先进的办学思想、成功的经验和优质教育资源,优化了国内的教育环境。[1]

再次,孔子学院提升中国文化国际影响力的同时,拓展了中国公共外交的广度和深度,构建了国家民族良好的国际形象。孔子学院的特色在于走近外国民众,服务外国民众。从一个个走出国门的中国教师和志愿者的言谈举止之中,外国民众认识了中国文化、熟悉了中国人的性格和为人,从而构建起他们对于中国国家民族形象的深入认知。从这个意义上,孔子学院的公共外交价值弥足珍贵。据 2018 年统计,孔子学院累计派出教师和志愿者达到 10.5 万人,培养培训各国本土汉语教师 46 万人次,各类面授学员 186 万人,网络注册学员 81 万人,全年举办各类文化活动受众达 1300 万人。自 2009 年开始,总部每年组织国内高校师生赴各国孔子学院开展艺术汇演,累计派出 302 个艺术团赴 112 国 468 所孔子学院,开展文艺演出 2500 多场,观众共计 243 万人。孔子学院自 2002 年开展"汉语桥"中文比赛以来,已经有 152 个国家近 130 万名大中学生参与,其中近 6000 名选手来华参与决赛。[2] 这些走出去请进来的跨文化交流者,既是中国文化传播的使者,也是中国公共外交的实践者。

最后,孔子学院在国际人文交流中发挥了巨大作用,有力推动了中国构建人类文明共同体的伟大实践。孔子学院大力支持"一带一路"倡议,目前已经在"一带一路"各国设立学院 173 所。2009 年至今,共有 163 个国家 45000 余名学生获得各类孔子学院奖学金,其中"一带一路"沿线 59 个国家占 56%。习近平指出:"掌握一种语言就是掌握了通往一国文化的钥匙。学会不同语言,才能了

---

[1] 马晓乐、宁继鸣:《孔子学院的文化功能与社会价值》,《山东社会科学》2015 年第 8 期。
[2] 宁继鸣主编:《2018 年度孔子学院发展报告》,商务印书馆 2018 年版。

解不同文化的差异性,进而客观理性看待世界,包容友善相处。"①孔子学院在"一带一路"人文交流领域起到了促进民心相通的作用。例如,肯尼亚蒙内铁路是"一带一路"建设的重要设施联通工程,其管理人员、列车工作人员大都毕业于内罗毕大学的孔子学院,并且能用流利的汉语与中方人员交流。习近平说:"孔子学院属于中国,也属于世界。"②孔子学院践行共商共建共享原则,根据不同国家的地域、国情和文化,形成了一套共建共管机制。中方和外方组成理事会,共同规划设计项目蓝图,协调双边需求,兼顾双边目标,实现汉语文化的国际推广与所在国家地区实际需求的有机结合。

三、人类命运共同体:全球化时代的"中国方案"

"构建人类命运共同体",是习近平提出的全球治理"中国方案",也是"中国智慧"的集中体现。他指出:"中国特色社会主义道路、理论、制度、文化不断发展,拓展了发展中国家走向现代化的途径,给世界上那些既希望加快发展又希望保持自身独立的国家和民族提供了全新选择,为解决人类问题贡献了中国智慧和中国方案。"

具体而言,第一,"人类命运共同体"这一"中国方案"根植于传统中国文化,是中华文明的自然表达。迥异于西方文化重视二元对立,"和合"是中国传统文化的核心基因,深刻影响着中国人的处世原则和交往理念。在对外交往中,中国传统文化主张"协和万邦,和衷共济,四海一家",坚持互信、互利、平等、协商,尊重多样文明、谋求共同发展,强调求同存异、合作共赢。中国传统文化的最高理想是实现"世界大同",追求不同国家、民族在和平发展中的高度融合。构建"人类命运共同体",正是中国文明"协和万邦""世界大同"理念的高度升华和最新表达。

第二,构建"人类命运共同体",是中国近半个世纪以来开展改革开放伟大实践、建设中国特色社会主义道路的宝贵经验总结。1978年以来,中国开启了经济、政治、文化、社会等各方面的深入改革,逐步开放国门,融入世界,各方面

---

① 《习近平同德国汉学家、孔子学院师生代表座谈》,2014年3月29日,新华网,http://www.xinhuanet.com/world/2014-03/29/c_126331994.htm。
② 《习近平致信祝贺全球孔子学院建立十周年暨首个全球"孔子学院日"》,2014年9月27日,新华网,http://www.xinhuanet.com//politics/2014-09/27/c_1112652079.htm。

取得了巨大成就的同时,也成为推动世界经济、政治持续发展的重要动力。中国的发展离不开世界,世界的发展也需要中国。推动构建"人类命运共同体",是中国持续发展的内在需要,也是维护世界和平发展的必然选择。

第三,构建"人类命运共同体",是解决当今世界各种难题、消弭全球各种乱象的"中国钥匙",是推进全球治理能力和治理水平提升的助推器。在经济全球化、政治多极化、文化多元化并存的时代背景下,面对气候恶化、粮食安全、贫困加剧、跨国犯罪、金融危机、传染病等全球性问题,现行的以美国等西方国家为主导、以发展援助为主要内容的全球治理架构暴露出治理领域严重失衡,缺乏公正性、公平性和代表性等种种弊端。中国等新兴经济体的崛起,促使全球治理体系向着更加平等、更加包容、内容更全面丰富的方向转型。作为世界上最大的发展中国家,中国秉持"人类命运共同体"价值,坚持"共商、共建、共享"的原则,推动"一带一路"倡议实施,深化与周边国家的合作,建设"周边命运共同体",加大对非洲的援助,深化"中非命运共同体"建设等等,为新型全球治理结构和体系的发展作出了重大贡献。

后　记

2017年2月以来,响应党和国家号召,河南师范大学历史文化学院积极推进《中国优秀传统文化概论》的课程建设,使其列入校级公共必修课,并于2018年面向全校开设讲授。在此基础上,2019年3月,本书主编苏全有教授动议以相关部门文件为指导,参照领导人有关讲话精神,撰写一本中国优秀传统文化的通识教材。历经一年多的时间,苏全有教授从内容提纲筹划、写作团队组建,到草稿编写、内容修改以及统稿、审阅付出了极大心血。在他的悉心指导下,经过编写组共同努力,2020年9月全书大体完成。

在本书编撰过程中,我们充分借鉴了学界现有成果,尤其是罗国杰主编《中国传统道德》、张岂之主编《中华优秀传统文化核心理念读本》、公丕祥主编"社会主义核心价值观研究"丛书、韩震主编"社会主义核心价值观·关键词"丛书以及陈洪和徐兴无主编"中国文化二十四品"丛书等,在此前提下形成了自身内容与框架。全书总计9章30节,前4章对中华优秀传统文化包含的核心理念与范畴进行系统梳理与解读,后5章则结合中国特色社会主义道路的发展历程,从国民历史教育、文化遗产保护传承、融入生产生活、中外文化交流互鉴等视域全面介绍中华优秀传统文化继承发展的实施路径,以及目前取得的实际成效。作为教材,本书力图把握中华优秀传统文化的经典来源与时代内涵,旨在形成体例新颖、资料翔实、贴近实践的特色,期待能够得到后续教学研究的充分检验与提升。

本书主要执笔人及具体分工如下:第一部分(第一章、第二章),由王涛锴博士(河南师范大学历史文化学院)撰写;第二部分(第三章、第四章),由申冰冰博士(新乡学院人文学院)撰写;第三部分(第五章、第六章、第七章),由王淑兰博士(河南科技学院食品学院)撰写;第四部分(第八章、第九章),由侯佳利博士(洛阳师范学院文学院)撰写。诸位同人在繁重的日常教研工作之余,利用周末与假期时间大量阅读文献,写出初稿。随后,在主编苏全有教授的严格要求、督促下,诸君又多次修改、调整与补充。本书得以面世,可以说凝聚着大家的辛勤汗水与团队精神。王涛锴博士还在其中负责沟通、协调以及校对等工作。此外,本书编写还得到申红星、晁根池、刘志坤等友人的大力支持,在此特别致谢。

需要说明的是,由于学力、笔力限制,本书成稿与原定目标尚有一定差距,书中也难免存在一些疏漏甚或错谬之处,敬请方家及读者批评指正。不过,文责自负,来日重版时我们必将尽力修订完善。

编　者

2021 年 10 月